D1723911

Herausgegeben von corps. Corporate Publishing Services GmbH in Zusammenarbeit mit der Verlagsgruppe Handelsblatt

BeraterGuide
Das Jahrbuch für Beratung und Management 2011

Verlag, Redaktion und Anzeigenleitung:
corps. Corporate Publishing Services GmbH
Kasernenstraße 69
40213 Düsseldorf
www.corps-verlag.de
info@corps-verlag.de

Geschäftsführer:
Holger Löwe, Wilfried Lülsdorf

Chefredaktion: Christian Pietschner
Redaktion: Katharina Hodes

Objektleitung: Christiane Reiners, Nica Schmidt

Lektorat: Bärbel Döring

Grafik: Katharina Höhner

Anzeigenmarketing:
Dagmar Schaafs, Alexandra Zoll

Auftragsmanagement: Tatjana Kampermann

Druck: Buersche Druckerei Neufang KG,
Nordring 10, 45894 Gelsenkirchen

© 2010 corps. Corporate Publishing Services GmbH

Printed in Germany
1. Auflage Dezember 2010

ISBN 978-3-937596-42-6

BeraterGuide

Das Jahrbuch für Beratung und Management

2011

Inhaltsverzeichnis

Kapitel III
Human Resources-Beratung: Aktuelle Themen und Trends

Kapitel IV
Unternehmensberatungen stellen sich vor

Alles wieder beim Alten?

Was war 2010 nur für ein Jahr: Noch zu Jahresbeginn war die Stimmung in der Wirtschaft wie in der Berater-branche durchwachsen, viele Consulting-Dienstleister leckten sich ihre Wunden aus Krisenzeiten. Denn der heftig über den Märkten tobende Sturm, der im Vorjahr mehr als ein Unternehmen in die Insolvenz zwang, hatte auch den Beratern leere Kassen beschert. Allerdings prophezeite bereits im Februar Antonio Schnieder, Verbandspräsident des Bundesverbands Deutscher Unternehmensberater: „Es spricht vieles dafür, dass wir die aktuelle Krise schneller überstehen als die nach dem Zusammenbruch des neuen Marktes." Und tatsächlich zog die Konjunktur, zur Freude der Unternehmer und auch der Berater, wenige Monate später wieder an.

Ist damit also wieder alles beim Alten? Weder die Unternehmensleiter noch die Consultants sollten sich zurück-lehnen, denn die Krise hat auch strukturelle Probleme und Umwälzungen intensiviert.

Viele Unternehmen haben sich durch eine gute Personalpolitik über die Krise gerettet. Jetzt muss der Bereich Human Resources im Fokus bleiben und weiterentwickelt werden. Denn kaum sind die Arbeitnehmer von der Kurzarbeit entbunden, wird landesweit der Fachkräftemangel ausgerufen. Auch die Consulting-Branche stellt sich auf einen erbitterten Kampf um Talente ein: Ohne frische Ideen droht der Aufschwung auszubleiben. Zudem werden die Anforderungen des Marktes immer spezifischer, kleine Unternehmensberatungen halten mit den Großen der Zunft Schritt, indem sie sich Nischen suchen, um ungestört zu wachsen. Die Großen versuchen indes, sich noch breiter aufzustellen und versprechen immer mehr Dienstleistungen aus einer Hand.

Wo das alles hinführen soll? Darauf kann und will die vorliegende Ausgabe des BeraterGuide 2011, das nun schon zum neunten Mal erschienene Jahrbuch für Beratung und Management, keine Antwort geben. Statt unsiche-ere Prognosen zu wagen, beleuchten die 30 Fachbeiträge die Realität der Unternehmensberater: Wie die Consu-lting-Branche es schafft, sich immer wieder kreativ an die gegebenen Verhältnisse anzupassen und Unternehmen Lösungen aufzuzeigen, die wegweisend für ganze Wirtschaftszweige sein können. Rund 40 Experten aus den Bereichen Management-, Technologie- und Human Resources-Beratung haben ihr Fachwissen eingebracht und zeichnen damit ein hoffnungsvolles Bild. Denn solange Deutschland seinem Ruf als „Land der Ideen" gerecht wird, kann seine Wirtschaft auch unter widrigsten Umständen mit Krisen fertig werden.

Und weil alle guten Ideen nichts helfen, wenn man es nicht vermag, sie alleine umzusetzen, bietet das abschlie-ßende Kapitel wie gewohnt Orientierung und Hilfestellung bei der Wahl des richtigen Consulting-Partners: Klar, verständlich und übersichtlich stellen sich Beratungsunternehmen in Einzelprofilen vor und geben so einen umfassenden Überblick über den Markt der Consulting-Dienstleister.

Eine in diesem Sinne ideenstiftende Lektüre wünschen Ihnen

Christian Pietschner und Katharina Hodes
Redaktion BeraterGuide
November 2010

Zurück auf dem Wachstumspfad?

Den Beratungsdienstleistern gelingt es unterschiedlich gut, sich auf die Marktveränderungen einzustellen. Ein Überblick über die aktuelle Branche.

Auch für die Beratungsbranche scheint inzwischen zu gelten: Heute fressen nicht mehr die Großen die Kleinen, sondern die Schnellen die Langsamen. Ein Trend, der schon seit einigen Jahren sichtbar wird, hat sich in der Krise 2009 weiter verstärkt: kleinere und mittlere, hoch-spezialisierte Beratungsunternehmen erweisen sich als flexibler und wachstumsstärker als die großen Marktteilnehmer und konnten Marktanteile hinzugewinnen. Die Nachteile kleiner Betriebseinheiten werden durch Vernetzung mit anderen Unternehmensberatungen kompensiert.

Für die Branche gilt es, sich auf die neuen Marktdynamiken auszurichten. Gab es nach Angaben des europäischen Dachverbandes der nationalen Beraterverbände FEACO im Jahr 2008/2009 noch ein Wachstum von 8 Prozent bei einem Gesamtumsatz von 86,7 Milliarden Euro in Europa (ein knappes Drittel des weltweiten Marktes für Beratungsdienstleistungen), hat der Bundesverband Deutscher Unternehmensberater (BDU) 2009 in seiner Studie „Facts & Figures zum Beratermarkt 2009/2010" Verluste in Deutschland von 3,1 Prozent bei einem Umsatz von 17,6 Milliarden Euro ermittelt. In der Schweiz verzeichnete der Unternehmensberaterverband ASCO ein Minus von 4 Prozent auf insgesamt 1,25 Milliarden Franken in seiner Studie „Fakten und Trends zum Management Consulting Schweiz 2010". Bei den der Sparte Information und Consulting der Wirtschaftskammer Österreich angeschlossenen Unternehmen wurde für 2009 ein nominales Umsatzwachstum von 2 Prozent ermittelt.

Inzwischen hat die Beraterbranche wieder Grund zum vorsichtigen Optimismus: Der Markt für Beratungsdienstleistungen wächst derzeit stärker als die Gesamtkonjunktur. Der BDU geht von Wachstumsraten von 5 Prozent für Deutschland aus, die ASCO prognostiziert 4 Prozent für die Schweiz. Damit wäre die Delle des Vorjahres ausgeglichen. In einer aktuellen Studie des globalen Beratungsmarktes prognostiziert Kennedy Information, dass die Wachstumsraten in den nächsten drei Jahren moderat bleiben und nicht an die teilweise zweistelligen Steigerungen in den Jahren vor der Krise heranreichen werden. Die grundsätzliche Dynamik wird weltweit ähnlich sein, allerdings von unterschiedlichen Niveaus ausgehend.

Keine Statistik ohne Interpretation

Die Daten beziehen sich auf die klassische Unternehmensberatung in den Feldern Strategie-, Organisations-, Human Resources- und IT-Beratung. Alle Daten, die zum Beratungsmarkt publiziert werden, sind jedoch interpretationsbedürftig, da typischerweise unterschiedliche Definitionen, Segmentierungen und Abgrenzungen zu Grunde liegen. Zum einen ist Beratung als Dienstleistung nicht eindeutig definiert. Zum anderen werden die Beratungsbereiche wie Management-, Personal- oder IT- und Technologieberatung unterschiedlich abgegrenzt.

Projekte in einem Beratungsbereich führen zu Folgeprojekten in weiteren Bereichen. Die Grenzen zwischen den Bereichen werden damit fließend. Auch die Abgrenzung zwischen klassischen Unternehmensberatern und anderen Dienstleistern, wie Wirtschaftsprüfern, Anwaltskanzleien, Anbietern von beruflicher Weiterbildung, Media Agenturen und anderen, ist schwierig, da eine Ausweitung der Leistungsangebote in andere Beratungskategorien auf breiter Ebene stattfindet. Die länderspezifische Zuordnung führt zu weiteren Verzerrungen: So haben gerade in der Krise zahlreiche in Deutschland ansässige Beratungsunternehmen ihre Mitarbeiter im Ausland eingesetzt, die Umsätze aber in Deutschland verbucht.

Zwei weitere Bereiche der Unternehmensberatung werden in Statistiken selten erfasst und oft auch unterschätzt: Zum einen sind hier die unternehmensinternen

Berater zu nennen. Mehrere hundert solcher Inhouse Consulting-Einheiten gibt es im deutschsprachigen Raum. Sie können in den Unternehmen als starke Wettbewerber für externe Berater auftreten, sind aber je nach Rollenverständnis auch deren Partner. Etliche Inhouse-Berater bieten außerdem ihre Dienstleistungen auf dem externen Markt an. Die zunehmende Entwicklung hausinterner Consulting-Kompetenz, oft eingebracht von früheren Mitarbeitern externer Beratungshäuser, ist zweifellos ein Grund für die Wachstumsschwäche mehrerer großer Beratungsunternehmen.

Zum anderen sind die Anbieter von Produkten, die Beratung im Zusammenhang mit ihrem Produktportfolio anbieten, statistisch nicht erfasst. Dazu zählen beispielsweise Geräte- und Anlagenhersteller, aber auch die Computer- und Telekommunikationsbranche, die wichtige Felder der Technologieberatung darstellen.

Der BDU hat deshalb auch beratungsnahe Dienstleistungen untersucht. Rechnet man zum genannten Umsatz von 17,6 Milliarden Euro, der im klassischen Consulting erzielt wurde, die Systemintegration, die Software-Entwicklung, Outsourcing und die Personalberatung hinzu, so ergibt sich in Deutschland für 2009 ein Gesamtumsatz von 25,8 Milliarden Euro.

Die Strategieberatung musste 2009 laut BDU Umsatzverluste hinnehmen (minus drei Prozent), noch stärker traf es die Organisations- und Prozessberatung (minus 6,2 Prozent), wo vor allem kostenintensive Umsetzungsprojekte zurückgestellt wurden. Es ist zu erwarten, dass angesichts des so entstandenen Nachholbedarfes in diesen Segmenten im Jahr 2010/2011 eine deutliche Steigerung auftreten wird. Die IT-Beratung konnte hingegen sogar in 2009 ein Wachstum von 2,3 Prozent erzielen. Mit Themen wie Cloud Computing versprechen sich die Kunden direkte Kostenvorteile. Mit Blick auf den Schweizer Markt legt ASCO eine

Übersicht über die zu erwartenden Trends in den funktionsorientierten Beratungssegmenten aus Kunden- und Beratersicht vor. Allerdings werden die dort prognostizierten Trends nicht in allen deutschsprachigen Ländern gleich ausgeprägt sein. Während beispielsweise in der ASCO-Studie der Bereich Merger&Acquisitions als rückläufig eingeschätzt wird, sieht der BDU-Präsident Antonio Schnieder 2010 als ein günstiges Jahr für Übernahmen an. Auch der aktuelle M&A-Report des Zentrums für Europäische Wirtschaftsforschung berichtet von einem starken Anstieg der abgeschlossenen Transaktionen. Das Thema Kooperationsmanagement (beispielsweise in Form von Allianzen mit anderen Unternehmen, Lieferanten oder Hochschulen) wird für viele Firmen in einer zunehmend vernetzten Welt überlebenswichtig. Neben diesen und anderen Strategieberatungsthemen, darunter auch Nachhaltigkeit und Compliance, werden in naher Zukunft weiterhin Kostenstruktur-Projekte auf der Agenda stehen.

Mehr als die Hälfte der Nachfrage nach Beratungsdienstleistungen entsteht in Deutschland laut BDU im verarbeitenden Gewerbe (31,6 Prozent) und bei den Finanzdienstleistern (23,8 Prozent). Auch der öffentliche Sektor trägt mit 10,2 Prozent deutlich zur Nachfrage bei. Unter anderem sollen Prinzipien der schlanken Produktion im Sinne einer „Lean Administration" auf die öffentliche Verwaltung übertragen werden.

Unternehmensberater im Rollenwechsel

Die Spezialisierung von Beratern ist nicht immer fach- und branchenspezifisch, sondern zunehmend auch kundenspezifisch. Aufgrund zahlreicher Entlassungswellen fehlt in vielen Unternehmen das Personal für die Bewältigung von Veränderungsaufgaben. Gerade Einzelberater und kleinere Beratungsunternehmen werden dann nicht mehr nur in klassischen Projekten,

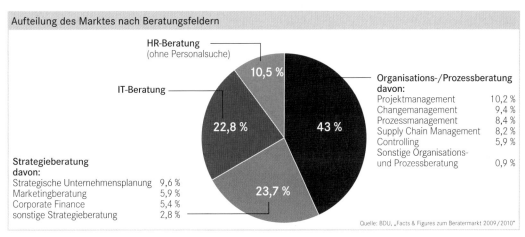

Aufteilung des Marktes nach Beratungsfeldern

HR-Beratung (ohne Personalsuche)

10,5 %

IT-Beratung — 22,8 %

43 %

23,7 %

Organisations-/Prozessberatung
davon:

Projektmanagement	10,2 %
Changemanagement	9,4 %
Prozessmanagement	8,4 %
Supply Chain Management	8,2 %
Controlling	5,9 %
Sonstige Organisations- und Prozessberatung	0,9 %

Strategieberatung
davon:

Strategische Unternehmensplanung	9,6 %
Marketingberatung	5,9 %
Corporate Finance	5,4 %
sonstige Strategieberatung	2,8 %

Quelle: BDU, „Facts & Figures zum Beratermarkt 2009/2010"

sondern auch als verlängerte Werkbank, als Zu- und Abarbeiter für Führungskräfte genutzt. Der Consultant erfährt dabei einen Rollenwechsel vom „Ratgeber" zum „Management-Unterstützer" und „Realisierer".

Hinsichtlich der Breite der Angebotsspektren kann man zwei gegenläufige Trends feststellen: einerseits der durch die Anbieter und Kundennachfrage getriebene Trend zum allumfassenden „One Stop Shopping"-Anbieter und die Ergänzung des Serviceangebots um weitere Kompetenzen. Dieser Trend manifestiert sich in der Politik einiger Großunternehmen, nur noch mit wenigen, intern gelisteten Beratungshäusern zusammenzuarbeiten. Andererseits ist ein Kundenverhalten festzustellen, sich bewusst für unterschiedliche Disziplinen verschiedene Berater ins Haus zu holen. Diese Rosinenpicker-Strategie wird gewählt, um sich nicht zu sehr von einem Anbieter abhängig zu machen, aber auch, um das für ein Teilproblem am besten qualifizierte Beratungsunternehmen beschäftigen zu können. Auch für große Beratungsunternehmen ergibt sich dadurch die Notwendigkeit zur projektbezogenen Zusammenarbeit mit ihren Wettbewerbern. Gleichzeitig werden interne Mitarbeiter und Beratergruppen einbezogen, womit die Anforderung an das Projektmanagement steigt und was mit der Erwartung eines Know-How Transfers an den Kunden verbunden ist.

Um den Markt für Beratungsdienstleistungen bewerben sich in Deutschland rund 13.000 Unternehmen mit insgesamt knapp 85.000 Beratern. Damit beschäftigt die durchschnittliche deutsche Unternehmensberatung weniger als sieben Berater, allerdings bei einer starken Streuung: Circa ein Drittel der Berater arbeiten laut BDU in einer der 60 größten Beratungsgesellschaften. Nach der ASCO-Klassifikation sind in der Schweiz 570 Firmen mit 3.300 Beratern am Markt.

Nach der Lünendonk-Liste werden die umsatzstärksten Firmen in Deutschland von McKinsey & Company Inc. mit einem Umsatz von mehr als 500 Millionen Euro im Jahr angeführt. Allerdings steht gerade das Geschäftsmodell der klassischen großen Managementberatungen auf dem Prüfstand. Deren Kunden, üblicherweise die Groß-Unternehmen, emanzipieren sich durch den Ausbau und die steigende Professionalisierung der internen Beratungseinheiten immer mehr von diesen Beratungshäusern. Die zunehmend modularisierten und standardisierten Beratungsinstrumente und –ansätze sind bei diesen Unternehmen bereits bekannt. Es gibt eine Bewegung weg vom Hausberater mit Dauer-Abonnement, die Kostenstrukturen der großen Beratungsunternehmens werden stärker hinterfragt und es wird auf allen Unternehmensebenen strickt auf den „Return on Consulting" geachtet.

Abschläge auf die Honorare, wie sie in den Krisenjahren verbreitet waren, sind jetzt schwer zurückzudrehen. Zumindest in den reifen Industrieländern gibt es keinerlei Anzeichen für die Möglichkeit, deutlich

Entwicklung bei Beratungssegmenten aus Kunden- und Beratersicht

Consulting Schwerpunkt	Bereich	Beratungs-unternehmen	Kundenunter-nehmen
Strategieberatung	Unternehmensstrategie/Geschäftsmodelle	↑	↗
	IT- und Online-Strategie	→	↑
	Marketing und Verkaufsstrategie	↗	↗
	Corporate Finance	↓	↘
	Mergers & Acquisitions	↘	↘
Organisations- und Prozessberatung	Finance & Controlling	→	↗
	Shared Services	↘	↘
	Supply Chain Management	→	→
	Direct & Indirect Procurement	↓	↓
	Lean Management	→	↘
	Cost Management	↘	→
	Customer Relationship Management	→	→
	Risk Management (z.B. Basel II)	↓	↘
	Human Capital Management	→	→
	Business Processes Outsourcing	→	↘
Technologie-Beratung	System Integration	↘	↑
	Implementierung ERP	→	↗
	Application Outsourcing	↗	→

Quelle: ASCO, „Management Consulting, Fakten und Trends zum Management Consulting Schweiz 2010"

↑ Relevanz stark steigend   ↗ Relevanz steigend   → Relevanz gleichbleibend   ↘ Relevanz sinkend   ↓ Relevanz stark sinkend

höhere Honorare durchzusetzen. Festpreise und ergebnisabhängige Vergütungsmodelle setzen sich in einigen Segmenten des Beratungsmarktes durch.

Seitens der Kundenunternehmen werden immer höhere Ansprüche gestellt. Sie haben sich beim Einkauf von Beratungsdienstleistungen professionalisiert, viele deutsche Großunternehmen haben eine eigene Einheit zum Einkauf von Beratungsdienstleistungen aufgebaut. Mit dem Meta Consulting entsteht eine Profession innerhalb der Branche, die ihren Kunden beim Projektdesign und bei der Auswahl qualifizierter Berater unterstützt.

Fachliche Kompetenz schlägt Persönlichkeit

Die Wahrnehmung der Relevanz der Beratungsvergabekriterien ist zwischen Beratern und Ihren Kunden noch recht unterschiedlich. Die in der rechten Grafik zusammengefassten Ergebnisse der ASCO-Studie zeigen, dass der Berater die Bedeutung seiner Persönlichkeit eher überschätzt, während das Fach- und das Branchenwissen weit wichtiger für den Kunden sind, als vom Berater vermutet. Das stimmt mit der Beobachtung überein, dass es eine Orientierung hin zu Themen- und Branchenspezialisten gibt. Die Verknüpfung der Fachberatung mit der Begleitung der resultierenden Veränderungsprozesse im Sinne einer Komplementärberatung wird dabei immer selbstverständlicher.

Den hohen Anforderungen entsprechend ist die Bedeutung der Auswahl des geeigneten Beraternachwuchses. Bei den Hochschulabsolventen konkurrieren die großen Beratungsfirmen zunehmend mit den klassischen Blue Chip-Unternehmen und den Ikonen der Internet-Ökonomie. Frauen interessieren sich verstärkt für den Beraterberuf, ihr Anteil steigt gerade in den führenden Beratungsunternehmen beständig.

Kunden wünschen sich erfahrene Berater, sie möchten nicht einen Teil der Ausbildungskosten der Berater übernehmen. Deswegen wird die Diskussion um Fachkarrieren neben den klassischen Managementkarrieren konkreter. Gleichzeitig können Quereinsteiger eine Chance bekommen. Das „Up or Out"-Prinzip wird in seiner Absolutheit ein Auslaufmodell für die Personalpolitik der Beratungsunternehmen sein. Der Wettbewerb um die besten Köpfe findet auch zwischen den Beratungsfirmen statt. Dies betrifft auch die Führungsebenen, indem erfolgreiche Partner mitsamt ihrer Kundenbasis angeworben werden.

Mit steigender Bedeutung von Corporate Governance-Themen gewinnt auch die Consulting Governance weiter an Bedeutung für die Marktteilnehmer. Angesichts der zunehmenden Sensibilität von Auf-

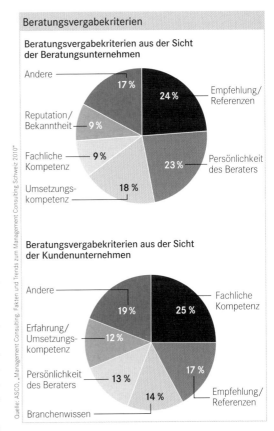

Beratungsvergabekriterien

Beratungsvergabekriterien aus der Sicht der Beratungsunternehmen

- Andere — 17 %
- Empfehlung/Referenzen — 24 %
- Reputation/Bekanntheit — 9 %
- Fachliche Kompetenz — 9 %
- Persönlichkeit des Beraters — 23 %
- Umsetzungskompetenz — 18 %

Beratungsvergabekriterien aus der Sicht der Kundenunternehmen

- Andere — 19 %
- Fachliche Kompetenz — 25 %
- Erfahrung/Umsetzungskompetenz — 12 %
- Persönlichkeit des Beraters — 13 %
- Empfehlung/Referenzen — 17 %
- Branchenwissen — 14 %

Quelle: ASCO, „Management Consulting. Fakten und Trends zum Management Consulting Schweiz 2010"

sichtsorganen steigt der Stellenwert einer tatsächlichen Unabhängigkeit der Beratungsunternehmen gerade in Bereichen, wo der Berater in Gefahr läuft, als „Bestätiger bereits gefundener Lösungen" aufzutreten.

Effektivität und Effizienz in der Nutzung externer Beratungsressourcen setzt also interne Transparenz voraus, die durch entsprechende Maßnahmen sichergestellt werden muss. Dies trifft auch die Erwartungshaltung vieler Mitarbeiter der Kundenunternehmen, denen angesichts des verbreiteten Gefühls von Überlastung das Aufsetzen immer neuer Projekte immer schwieriger zu vermitteln ist. Ein strategisch orientiertes Portfolio-Management sämtlicher Beratungsprojekte und die Einrichtung entsprechender Prozesse sind somit hoch aktuelle Themen. ∎

Zum Autor

Prof. Dr. Rolf-Dieter Reineke ist Leiter des Executive MBA Management Consulting International an der Fachhochschule Nordwestschweiz und Geschäftsführer von zwei Beratungsunternehmen.

Kapitel I

Managementberatung: Aktuelle Themen und Trends

Die Zukunft erfordert erfahrene Sherpas

Die zurückliegende Krise endete auch mit Klagen über Managementberater. Zu Recht. Umso wichtiger ist ein offener Blick auf die eigene Branche: Gute Managementberatung geht nicht ohne Begabung und Erfahrung, nicht ohne Know-what und Know-how. Und sie muss sich als kritische Instanz verstehen.

Unternehmensführung und Herdentrieb sind Verhaltensmechanismen, die sich eigentlich ausschließen. Manager sind ihrer Haltung nach keine Mitläufer. Dennoch unterliegen auch sie dem Mainstream des Denkens sowie wechselnden Moden des Handelns. Die Schlagworte in den Medien, auf Podien und bei Kolloquien offenbaren es regelmäßig aufs Neue: Der Diversifikation folgt die Fokussierung, der Aufspaltung die Fusion, der kurzfristigen Profitmaximierung die langfristige Gewinnorientierung, dem Shareholder-Value die Orientierung an Stakeholder-Interessen, dem Aufbruch ins globale Marketing die Rückbesinnung auf lokale Märkte.

Irgendwann schlägt das Pendel dann wieder zurück – zwar nie in dieselbe Ausgangslage, aber ein Stück weit zumindest in die alte Richtung. Denn ein bisschen Retrospektive mischt sich in jeden neuen Trend. Manche sehen in diesem Hin und Her eine irrationale Schwarm-Mechanik mit immer gleich gearteter Fehlsteuerung. Andere betrachten diese Form des nicht linearen Fortschritts als ein vernünftiges System der ständigen Selbstregulierung.

Keine methodischen Modeberater

Natürlich reflektieren auch Managementberater aktuell angesagte Managementmethoden und Führungsphilosophien. Sie kommen gar nicht umhin, gegenüber neuesten Strömungen in Theorie und Praxis aufgeschlossen zu sein. Ihrem Selbstverständnis nach sind sie sogar die Avantgarde für Inspiration und Innovation. Aber ein Managementberater, der langfristig erfolgreich sein will, darf sich aller Opportunität zum Trotz nie zum Modeberater in Sachen Unternehmensführung machen. Im Gegenteil: Im Idealfall und erst recht im Zweifel sollte er eine gegenüber dem Zeitgeist kritische Instanz darstellen. Das erfordert allerdings innere Unabhängigkeit und fachliches Standing.

Nun rekrutieren bekanntlich die meisten Beratungshäuser ihre Leute direkt von der Uni. Die akademische Potenz und das intellektuelle Potenzial dieser Einsteiger sind in der Regel unbestritten. Umstritten ist allerdings deren Eignung als Lotsen in rauer See bei diffuser Sicht. Was können sie beitragen, was die mit dem eigenen Schiff vertraute Crew nicht selbst leisten kann? Woher nehmen sie das strategische Sensorium und die operative Sicherheit, um erfahrenen Offizieren und Mannschaften zu sagen, wo es lang geht und wie man die Dinge sowohl auf der Brücke als auch im Maschinenraum besser macht?

Begabung allein reicht nicht – Erfahrung hat mindestens den gleichen Stellenwert! Know-what und Know-how müssen sich entsprechen. Auch Kadetten mit den besten Patenten trainieren erst einmal als Adjutanten, bevor sie als Steuermänner über den Kurs der Unternehmung (mit)entscheiden. Schließlich sind es die zahlreichen situativen Erkenntnisse aus der Praxis, die den intuitiven Experten formen. Doch in unserer Profession wird allzu oft jungen Beratern ohne betriebliche Herkunft ein Stück unternehmerische Zukunft anvertraut.

Seien wir ehrlich: Das teils stagnierende Honorarvolumen der gesamten Beraterbranche hierzulande ist keinesfalls allein der Volatilität der Weltwirtschaft geschuldet, es spiegelt auch eine wachsende Skepsis des Marktes gegenüber unserer Zunft wider. Unternehmer und Manager suchen im Berater eben nicht in erster Linie das smarte Egghead, sondern die profilierte Persönlichkeit. Und Profil hat, wer nicht nur im Trockendock geübt, sondern bereits stürmischen Märkten an Deck getrotzt hat. Lotse kann also nur sein, wer selbst schon Untiefen und Klippen „erfahren" und dabei den Horizont nicht aus den Augen verloren hat.

Entscheidungsträger erwarten folglich einen Counterpart mit Courage, denn guter Rat ist bisweilen recht unbequem – und zwar für beide Seiten. Qualität bedeutet immer ein Quantum an Qual und die Bereitschaft, dicke Bretter zu bohren. Ein schlechter oder ein gefälliger Rat hilft bestenfalls bis zur Abrechnung der Analysephase. Doch schon beim Rollout und spätestens bei der Evaluation wird klar, ob ein Konzept dem betrieblichen Alltag Stand hält und jene Milestones erreicht, die in Aussicht gestellt worden sind.

Damit der Stresstest in der Umsetzungsphase auch gelingt, muss ein Berater mit seinem konzeptionellen Rat bisweilen kräftig gegen den konventionellen Strich bürsten. Falsche Rücksichten gegenüber dem modischen Mindset entwickeln sich nämlich schnell zum Bumerang, der ihn an seiner empfindlichsten Stelle trifft: seinem Leistungsversprechen, mit dem er Qualität und Originalität zusichert.

Wer dieses Leistungsversprechen mit Arroganz gleichsetzt, übersieht, dass der Berater seine Erkenntnisse und Empfehlungen nicht mit funktionaler Macht, sondern allein mit einem Mix aus rationaler und emotionaler Überzeugungskraft umsetzen kann. Und das auch nur mittelbar, denn er ist kein Executive im direkten Sinne. Eigenständiges Denken muss also mit diplomatischem Agieren einhergehen, damit aus der Blaupause ein Lastenheft wird. Wer beides beherrscht, das Inspirieren und das Kommunizieren, dem gelingt in der Regel auch das Realisieren. Anders gewendet: Wer über Autorität und Authentizität verfügt, kann allen Gesprächspartnern über alle Hierarchien hinweg auf Augenhöhe überzeugend begegnen.

Die künftige Entwicklung der ökonomischen Koordinaten ist heute viel unkalkulierbarer als früher. Die Perspektiven unserer Industrien und Unternehmen lassen sich daher weder mit Lehrbuchweisheiten noch mit Simulationsmodellen prognostizieren. In der Welt der Wirtschaft bewegen wir uns sozusagen offroad. Da helfen – um im Bild zu bleiben – weder tradierte Landkarten noch kalibrierte Navigationsgeräte. Stattdessen braucht es den versierten Sherpa, der mit strategischen Optionen und operativen Manövern vertraut ist, der einen inneren Kompass für unwägbare Konstellationen und ein Gespür für unbekannte Gelände besitzt.

Der Management-Sherpa balanciert dabei stets zwei Hüte gleichzeitig auf dem Kopf: Er ist Risiko-Erkenner und Chancen-Wahrnehmer in Personalunion. Sein Auftrag ist es, Unternehmen zu verändern, um ihre Wettbewerbsfähigkeit und Performance am Markt zu verbessern. Dabei müssen Richtung und Geschwindigkeit stimmen; und die Prozesse bei der Restrukturierung und Neuausrichtung müssen stimmig sein. Es steht eben viel auf dem Spiel. Deshalb braucht der Berater sowohl ein in der Praxis geschärftes Risikobewusstsein

als auch ein Chancensensorium. Je profunder und ausgewogener sein Urteilsvermögen, desto verlässlicher und treffsicherer ist seine Conclusio.

Als externer Insider hat der Berater allerdings einen wichtigen Standortvorteil: seine neutrale Sicht auf das Unternehmen und dessen Wettbewerber. Diese Position gestattet ihm eine emotionale Unvoreingenommenheit und rationale Rücksichtslosigkeit. Er ist weder der Kausalität historischer Vor-Entscheidungen verpflichtet, noch steht er selbst am Ruder und steuert eigenmächtig den angeratenen Kurs in die Zukunft. Er sekundiert. Das heißt, er entwickelt Szenarien, skizziert Optionen, gestaltet Lösungen, präsentiert Empfehlungen. Ist er deshalb ein Zaungast und frei von Verantwortung? Nein, keineswegs! Enttäuscht er nämlich das in ihn gesetzte Vertrauen, verliert er sein wichtigstes Asset: seine Reputation. Das für Managementberater entscheidende Erfolgskriterium ist daher der Erfolg des Klienten.

Wie die Hefe im Teig

Mit der Industrialisierung griffen Unternehmer, Ingenieure und Kaufleute mutig in die Speichen der Neuzeit. Die Dynamik der ökonomischen Entwicklungsprozesse forderte schließlich auch eine neue Statik der betrieblichen Entscheidungsinstanzen. Auf der kontrollierenden und verwaltenden Seite bildeten sich Aufsichtsgremien, Prüfungsgesellschaften und Behörden. Auf der initiierenden und gestaltenden Seite formierten sich Verbände, beratende Institutionen und Dienstleister. In diesem Netzwerk unternehmerischen Denkens und Handelns sind Managementberatungen wie die Hefe im Teig. Sie verstärken die Kreativen: die Entrepreneurs, Entdecker, Erfinder und Erneuerer. Sie bewegen mit Innovation und beschleunigen so die Evolution, damit das Pendel des Fortschritts ungeachtet aller wiederkehrenden Moden nicht nur neuen Schwung, sondern auch eine neue Richtung bekommt. ■

Die Autoren

Dr. Hanno Brandes und **Helmut Surges** sind Geschäftsführer der Management Engineers GmbH + Co. KG. Beide verfügen über langjährige industrielle Führungserfahrung und umfassende Beratungspraxis. Brandes baute für Management Engineers den Branchenschwerpunkt Chemicals & Life Sciences auf und verantwortete die Functional Practice Procurement & Supplier Management. Surges betreute vor allem im Fahrzeug-, Maschinen- und Anlagenbau eine Fülle von Beratungsprojekten und entwickelte das Branchenteam Automotive von Management Engineers.

Wertorientierte Beratung:
Mehr als der „Return on Consulting"

Die wertorientierte Unternehmensführung, also die Absicht, den Unternehmenswert kurz- und langfristig zu steigern, ist heute habilitiert. Einen Standard zur Messung des Wertbeitrages durch Berater gibt es jedoch nicht. Auch ist es noch nicht gängige Praxis, Beratungsprojekte konsequent nach dem Return on Consulting zu steuern.

Berater werden beauftragt, um den Unternehmenswert des Auftraggebers nachhaltig zu steigern. Sie haben für ihre Klienten eine vernünftige Rendite zu erbringen oder besser: einen hohen Return on Consulting (RoC). Allerdings können nach einer aktuellen Studie der Meta-Consultants von Cardea 41 Prozent der befragten Unternehmen keine Auskunft über das Verhältnis von Kosten und Nutzen eines Beratungsprojektes geben, elf Prozent bewerten den Nutzen gar geringer als die Kosten.

Berater sind also gut beraten, die Beratungsqualität in den Mittelpunkt zu rücken und den von ihnen generierten Nutzen für den Klienten möglichst quantitativ herauszuarbeiten.

Den Beraternutzen messen

Den Nutzen von Beratungsleistungen zu messen, ist allerdings nicht standardisiert. Dabei gibt es unterschiedliche Ansätze:

- **Messung von Kundenzufriedenheit:** Oft werden nach Beratungsprojekten die Beteiligten nach ihrer Zufriedenheit befragt. Das lässt in der Regel jedoch mehr Rückschlüsse auf die Sozialkompetenz des

eingesetzten Beraterteams zu als auf den tatsächlich generierten Nutzen im Business des Klienten.
- **Qualitative Messung:** Die rein qualitative Bewertung des generierten Nutzens ist deshalb problematisch, weil die Messgrößen wie Lieferfähigkeit oder Rüstzeiten oft nur schwer miteinander vergleichbar sind. Zudem bleibt offen, ob sich die Investition für den Klienten gelohnt hat.
- **Monetäre Messung:** Das größte Potential bietet daher eindeutig die monetäre Messung des RoC. Wie viel Rendite in Euro generiert das umgesetzte Beratungsprojekt? So werden die Consultingprojekte untereinander und auch direkt mit anderen Investitionen vergleichbar.

Der monetäre Return On Consulting (RoC) und seine Schwierigkeiten

Die Umsetzung des monetären Ansatzes wirft immer wieder Fragen auf. Wie viel ist die reine Analyse eines Beraters wert, wenn sie in der Supply Chain Einsparungspotenzial von insgesamt 50 Millionen Euro aufspürt? Ist die Steigerung des Umsatzes alleine auf das Strategieprojekt zurückzuführen oder durch

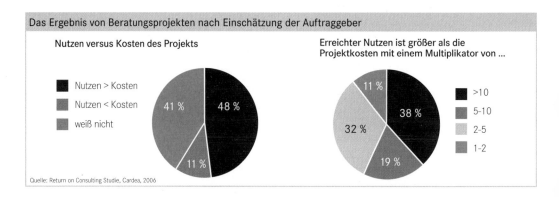

Das Ergebnis von Beratungsprojekten nach Einschätzung der Auftraggeber

Nutzen versus Kosten des Projekts

- Nutzen > Kosten
- Nutzen < Kosten
- weiß nicht

41 % 48 % 11 %

Erreichter Nutzen ist größer als die Projektkosten mit einem Multiplikator von ...

11 % 38 % 32 % 19 %

- >10
- 5-10
- 2-5
- 1-2

Quelle: Return on Consulting Studie, Cardea, 2006

unbeeinflusste Marktschwankungen? Wie viel monetären Wert generiert es, eine Investitionsentscheidung abzusichern oder Transparenz zu schaffen? Insgesamt kann der Nutzen also nicht einfach monetär gemessen und die Leistung des Beraters kaum isoliert herausgefiltert werden.

Die Messung des RoC in der Beratungspraxis

Es verwundert angesichts der Schwierigkeiten nicht, dass nur in einem Drittel der Beratungsprojekte der Nutzen teilweise monetär gemessen wird. J&M Management Consulting hat in den letzten Jahren für jedes Beratungsprojekt den RoC in Form eines standardisierten Business Case berechnet. Dabei wurden sowohl die Aufwände des Klienten für den Beratereinsatz als auch die Nutzen (Kosteneinsparungen, Umsatzzuwächse und andere) berücksichtigt. Wichtige Punkte waren zu klären wie zum Beispiel:

- **Projektklassifizierung:** Können 100 Millionen Euro Einsparungspotenzial in der Analysephase hundertprozentig als Nutzen angerechnet werden oder erst wenn das Konzept zur Realisierung dieser Einsparungen ausgearbeitet und umgesetzt wurde? Zu beachten ist, dass nicht immer nur ein Beratungshaus von der Analyse bis zur Umsetzung beauftragt wird. Der Nutzen ist jedoch nur einmal anzurechnen. J&M Management hat sich entschieden, Projekte entsprechend nach Analyse, Strategie und Konzept sowie Realisierung zu klassifizieren und diese mit einem Nutzenfaktor versehen (siehe Grafik S. 18). Diese Prozentsätze wurden validiert und damit wurde ein ähnlicher RoC über alle drei Klassen errechnet.
- **Dauer der Investition:** Ein großer Hebel um den RoC zu verändern, ist die Anrechnung des Nutzens über einen längeren Zeitraum. In der Praxis hat es sich als nützlich erwiesen, den Zeitraum auf drei Jahre zu beschränken. Weiterführende Prognosen sind wegen der dynamischen Wirtschaft unsicher.
- **Berücksichtigung interner Aufwände:** Die Messung der internen Aufwände beim Kunden ist in der Regel weder gewollt noch möglich. Außerdem ist eine Berücksichtigung nicht sinnvoll, weil hier auch die Leistung der Mitarbeiter des Klienten einen erheblichen Einfluss auf den RoC nehmen könnten.
- **Reale vs. erwartete Nutzen:** Auf Grundlage des erwarteten Nutzens wird ein Business Case errechnet. Dies ist Standard in der Projektmanagementmethodik wie zum Beispiel Prince 2. Ob dieser Nutzen später durch andere Faktoren überlagert wird, durch den Klienten auch wirklich realisiert wird und nicht durch andere Entscheidungen kon-

terkariert wird, liegt außerhalb des Einflusses eines Beraters.
- **Qualitativer Nutzen:** Während Kosten noch relativ einfach zu messen sind, gibt es gerade auf der Nutzenseite große Unbekannte. Insbesondere wenn es um strategische Grundentscheidungen geht, der Aufbau von Infrastruktur bewertet werden muss oder weiche Faktoren wie Kundenzufriedenheit oder Glaubwürdigkeit der Marke im Fokus stehen. Hier ist eine konservative Schätzung, die durch den Klienten bestätigt werden sollte, auf Grundlage von Best Practices sinnvoll.

Nicht trivial, aber notwendig

Fazit: J&M Management hat mit dem RoC überaus gute Erfahrungen gemacht. Die Ergebnisse sind valide. Durch die immer weiter verbesserte Berechnungsmethodik hat die Qualität zugenommen und der Aufwand ist gesunken. Entscheidend sind standardisierte Rahmenbedingungen zur Berechnung des monetären RoC wie zum Beispiel die einheitliche Anrechnung des Nutzens über einen Zeitraum und Best Practices bei der Bewertung qualitativer Nutzen. Dennoch bleiben in der Praxis Schwierigkeiten in der Nutzenbewertung. Das ist aus Objektivitätsgründen durchaus problematisch, gemeinsam mit den Klienten können hier jedoch sinnvolle Schätzungen erarbeitet werden.

Vom Messen zum Steuern im Projekt

Das Messen darf kein Selbstzweck sein. Der RoC ist darauf ausgelegt, die Zusammenarbeit möglichst gewinnbringend für beide Seiten zu gestalten. Denn auch für Beratungsprojekte gilt: Nur was man messen kann, kann man auch steuern. Hier gilt es, zwei Vertragsarten zu unterscheiden:

- **Projekte nach Aufwand oder Festpreis:**
  Wertorientierte Beratung beginnt in der Angebotsphase, indem der Nutzen für den Klienten quantifiziert wird. Es folgt ein Business Case für den Klienten, wenn die exakten Rahmenbedingungen bekannt sind. Dieser Business Case ist dann nichts anderes als der monetäre RoC. Im Projektverlauf wird dieser dann weiter geschärft und falls nötig nachjustiert. Übrigens kann die Akzeptanz der Beteiligten und Betroffenen deutlich erhöht werden, wenn der Nutzen des Vorhabens offen dargestellt wird. Dies gilt auch für das Projektende und die Nachbereitung.
  Ein entscheidender Vorteil eines wertorientierten Ansatzes ist, dass sowohl Berater als auch Klienten im Projektverlauf die eigentlichen Projektziele im Blick haben und auf veränderte Bedingungen

Drei Phasen führen zum Return on Consulting (RoC)

Beteiligungszeitraum des Beratungsunternehmens — 100 %

Analyse
Projekte, die für Transparenz sorgen, Potentiale deutlich machen und erste Lösungsmöglichkeiten aufzeigen

Strategie & Konzept
Projekte, die Strategien entwickeln, Organisations- und Prozessänderungen konzipieren etc.

Umsetzung
Projekte, die Strategien oder Konzepte umsetzen, Prozesse transformieren oder IT-Lösungen implementieren etc.

Return on Consulting (RoC)

Anteil an der Wertschöpfung **15 %**

Anteil an der Wertschöpfung **25 %**

Anteil an der Wertschöpfung **60 %** — 100 %

Quelle: J&M Management

reagieren können. So kann zum Beispiel deutlich werden, dass die Auftragsabwicklung nicht durch neue IT-Hardware, sondern durch einen einfacheren Prozess beschleunigt werden kann.

• **Erfolgsbasierte Verträge:**
In der Regel ist es bei erfolgsbasierten Verträgen einfacher, den Wertbeitrag zu messen und das Projekt nutzenorientierter zu steuern, als bei anderen Vereinbarungen. Allerdings gilt auch hier: Ein guter Berater orientiert sich nicht nur an den vertraglich festgelegten Zielgrößen, sondern an dem Wertbeitrag für den Klienten. Dazu gehört es, den Klienten darauf hinzuweisen, falls das konsequente Erfüllen der Projektziele an anderer Stelle Probleme aufwirft. Ein Beispiel: Eine Bestandssenkung darf nicht auf Kosten der Lieferfähigkeit gehen.

Wertsteigernde Beratung in der Value Chain von Beratungsunternehmen

Wir haben gesehen, dass der Nutzen von Beratern heute selten transparent ist, der RoC nicht leicht zu messen ist und auch im Projektverlauf immer wieder beachtet und vielleicht nachjustiert werden muss.

Der wertorientierte Beratungsansatz erfordert von Beratungsunternehmen eine durchgängig hohe Professionalität. Es fängt mit der Fähigkeit jedes Beraters an, den RoC messen zu können. Ferner muss der RoC ins Projektmanagement eingebunden und konsequent zur Steuerung genutzt werden. Entsprechend gilt es gegebenenfalls die Personalentwicklung zu justieren. Es geht um die Fähigkeit, konsequent kunden- und wertorientiert zu arbeiten.

Die Wertorientierung fängt bereits im Vertriebs- und Angebotsprozess an. Wenn hier schon absehbar ist, dass der Nutzen für den Klienten gering sein wird,

muss der Klient darauf hingewiesen werden. Im Zweifelsfall sollte der Auftrag nicht angenommen werden.

Natürlich spielt nicht nur das operative Projektmanagement eine Rolle. Beratungsunternehmen müssen sich auch genau überlegen, welche Themen, welche Methoden, welche Lösungen usw. den meisten Wert für ihre Klienten generieren. Dies hilft beiden Seiten. Den Klienten ihren RoC zu erhöhen und den Beratern sich auf die lukrativen Projekte zu konzentrieren.

Die Potenziale eines konsequent wertorientierten Ansatzes sind erheblich. Schon das Messen des RoC steigert die Kundenzufriedenheit. Außerdem werden die Ergebnisse besser, wenn das Projektteam monetär bewertbare Ziele verfolgt. Für ein wertorientiertes Beratungshaus wird es zudem einfacher, Firmen von sich zu überzeugen und nach Projektende als zufriedenen Kunden zu behalten. Auch für Klienten selbst wird es leichter, die Qualität einer Beratung zu beurteilen und Investitionsentscheidungen zu fällen.

Das heißt also: Trotz aller methodischen Fragezeichen lohnt es sich, den monetären RoC zu messen. Übrigens haben Berechnungen von J&M gezeigt, dass Klienten im Schnitt für jeden investierten Euro sechs Euro Ergebnisverbesserung erhalten. ■

Der Autor

Frank Braun ist Marketing Director bei J&M Management Consulting. Er verantwortet die gesamte Marketingkommunikation und befasst sich insbesondere mit strategischen Themen wie der kundenorientierten Verbesserung der Beratungsqualität. Die Auszeichnungen für J&M als Hidden Champion des Beratungsmarktes durch Prof. Fink und Capital sowie Best of Consulting durch die WirtschaftsWoche unterstreichen diesen Ansatz.

Die neue Rolle des CFO

Datenintegration und Risikomanagement, vor wenigen Jahren nur am Rande beachtet, stehen heute auf der Arbeitsagenda der Finanzchefs ganz weit oben. Die Rolle des CFO und seine Arbeitsziele haben sich zuletzt dramatisch verschoben, analysieren die seit 2005 durchgeführten IBM CFO-Studien: vom Zahlenmeister zum Strategen.

Agieren und Reagieren: In globalen Märkten müssen Unternehmen sofort auf Änderungen reagieren, Risiken frühzeitig erkennen, Marktlücken identifizieren sowie Chancen konsequent nutzen. Die jüngste Krise hat diese Notwendigkeiten wie in einem Brennglas gebündelt. In dieser extrem angespannten Zeit mussten die Chief Finance Officer (CFOs) und ihre Finanzorganisationen wichtige Kapitalakquisitionen, Cashflow- und Gewinneinbrüche unter den verschärften Bedingungen der Krise managen. Die Unbeständigkeit der Märkte hat sie zudem gezwungen, häufiger in Vorstandssitzungen über Schätzungen und Prognosen, Profitabilität, geeignetes Risikomanagement und notwendige strategische Entscheidungen Auskunft zu geben. Dem CFO wird dabei eine zunehmend wichtigere Rolle zuteil: Er ist als Beratungs- und Sparringspartner gefragt, der die Geschicke seines Unternehmens maßgeblich mitsteuert.

Auch die jüngste IBM CFO-Studie bestätigt, dass die Position des CFOs an strategischer Bedeutung gewinnt: weg vom „Meister über Zahlen und Finanzen", hin zum Strategen, der vernetzt denken und Chancen und Risiken frühzeitig erkennen kann sowie in der Lage sein muss, entsprechende Maßnahmen abzuleiten und umzusetzen.

Gestern und Morgen im Blick

Eine qualifizierte Prognose für die Zukunft erfordert Wissen über die Vergangenheit. Genügte es in der Vergangenheit, die Finanzen, die internen Zahlen für das Management und den Jahresabschluss im Griff zu haben, findet sich der Finanzchef neuerdings an vorderster Front auch bei zukunftsorientierten Entscheidungsprozessen wieder. Er befindet sich dabei im Spannungsfeld zweier wesentlicher Funktionen: Zum einen ist er Hüter der internen und externen Governance und Compliance und sorgt für ein professionel-

les Risikomanagement. Er sichert somit die Reputation des Unternehmens an den Finanzmärkten, bei Aufsichtsbehörden und weiteren wichtigen Stakeholdern. Zum anderen ist er Service- und Sparringspartner des Managements und der Geschäftseinheiten. Er unterstützt diese bei der Leitung und Steuerung des Unternehmens und bei anstehenden strategischen Entscheidungen. Es wird also von ihm erwartet, dass er sowohl Vergangenheit als auch Zukunft stets im Blick hat.

Schon vor zehn Jahren wurde über diese notwendige Weiterentwicklung der Finanzorganisation zwar diskutiert, aber sie wurde bis heute nur ansatzweise umgesetzt. Im Mittelpunkt standen in den letzten Jahren vor allem Projekte wie eine Verkürzung der Abschlusszeiten oder die Harmonisierung des internen und externen Reportings. Auch trat der CFO als Treiber wichtiger unternehmensweiter Projekte wie Prozessharmonisierungen und nationaler oder globaler Enterprise Resource Planning-Einführungen (ERP) auf. Nicht zuletzt wurde häufig sehr viel Energie auf Compliance-Aspekte verwendet, von International Accounting Standards (IAS) und International Financial Reporting Standards (IFRS) über Sarbanes Oxley vor einigen Jahren bis zum Bilanzrechtsmodernisierungsgesetz (BilMoG) in jüngster Zeit.

Nun gilt es, die nächsten Schritte zu gehen. Eine Mehrheit der CFOs plant laut der IBM-Studie in den kommenden Jahren deshalb massive Veränderungen in ihren Abteilungen im Sinne einer umfassenden Finanztransformation. Durch eine Erneuerung der vorhandenen Strukturen sollen signifikante Verbesserungen der Finanzdisziplin, der Finanztransparenz, der Finanzkontrolle, des globalen Risikomanagements und der Prozesseffizienz herbeigeführt werden. Die Prozesseffizienz zielt dabei nicht nur auf eine Beschleunigung der Abläufe ab, sondern vor allem auf die Reduktion der Gesamtkosten im Finanzbereich. Doch Prozesseffizienz alleine reicht nicht aus: Sie muss ergänzt werden durch ein höheres Maß an Transparenz und Steuerungsinformationen über alle Unternehmensbereiche und Prozesse hinweg, sowohl vergangenheitsbezogen als auch zukunftsorientiert.

Neue Strukturen

Die Kernaufgaben einer umfassenden Finanztransformation lauten deshalb:

1. Effizienzsteigerung durch Standardisierung: solide Prozess- und Datenstandards, nicht nur im Finanzbereich, sondern im Gesamtunternehmen, die zu einer insgesamt verbesserten Finanz-Performance führen.
2. Aufbereitung und Nutzung von geschäftsspezifischem Wissen: Hier sind ausgereifte analytische Fähigkeiten notwendig, die integrierte Reporting- und Planungssysteme nutzen. Auch bei der Szenarioplanung (z. B. neues Geschäftsfeld), bei mehrdimensionalen Ergebnisrechnungen und verhaltens- und risikobasierter prädiktiver Analytik (z. B. Simulation über Veränderung des Kundenverhaltens) sind diese Fähigkeiten essentiell. Nur wer dezidiertes Wissen über das Unternehmen und das Marktumfeld hat, kann die Zukunft aktiv gestalten.

Bei der Finanzorganisation der Zukunft laufen somit Finanz-, Betriebs- und Risikoinformationen zusammen. Das versetzt sie in die besondere Lage, Daten aus den verschiedenen Quellen gebündelt zu analysieren und zu interpretieren mit dem Ziel, Entscheidungen fundiert vorzubereiten.

Die vernetzte Finanzorganisation

Ausschlaggebend für den Erfolg einer Finanzabteilung der Zukunft sind also Kriterien wie Kosteneffizienz, Kundenorientierung, Qualität, Schnelligkeit, Transparenz, Verlässlichkeit und das damit verbundene Markt-, Wettbewerbs- und Geschäftsverständnis. Um diese Kriterien immer im Blick zu haben, ist eine maximale Vernetzung mit allen Geschäftsbereichen des Unternehmens unabdingbar. Unsere jüngste CFO-Studie ergab, dass etwa jeder vierte CFO über eine so gut vernetzte Finanzfunktion verfügt und deshalb auch mit außergewöhnlich guten Finanzkennzahlen überzeugt. Genau hingeschaut, erfüllen diese Organisationen die angesprochenen Kriterien – hohe Standardisierung, sehr gute Vernetzung sowie tiefreichendes Geschäfts- und Strategieverständnis – überdurchschnittlich gut. Sie schneiden bei praktisch allen untersuchten Finanzkennzahlen besser ab als alle übrigen. Bei der Rendite auf investiertes Kapital (ROIC) sind sie um 30 Prozent besser als der Durchschnitt und beim Umsatzwachstum erreichen sie ein Plus von 49 Prozent. Auch das Ergebnis vor Zinsen, Steuern und Abschreibungen (EBITDA) ist bei den Unternehmen mehr als 20-mal höher als im Durchschnitt aller befragten Unternehmen.

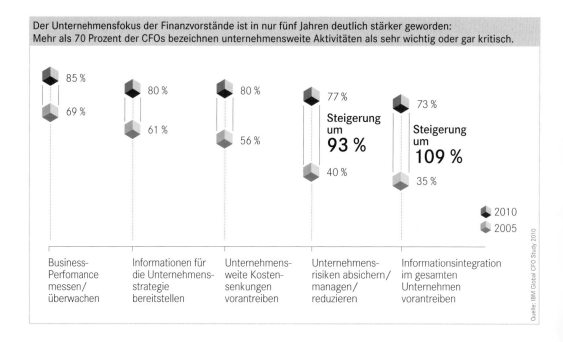

Der Unternehmensfokus der Finanzvorstände ist in nur fünf Jahren deutlich stärker geworden: Mehr als 70 Prozent der CFOs bezeichnen unternehmensweite Aktivitäten als sehr wichtig oder gar kritisch.

85 %
69 %

80 %
61 %

80 %
56 %

77 %
Steigerung um **93 %**
40 %

73 %
Steigerung um **109 %**
35 %

2010
2005

| Business-Perfomance messen/ überwachen | Informationen für die Unternehmensstrategie bereitstellen | Unternehmensweite Kostensenkungen vorantreiben | Unternehmensrisiken absichern/ managen/ reduzieren | Informationsintegration im gesamten Unternehmen vorantreiben |

Quelle: IBM Global CFO Study 2010

Vernetzte Finanzorganisationen sind im Idealfall Wegbereiter der Gesamtunternehmens-Transformation. Sie arbeiten mit allen Bereichen des Unternehmens eng zusammen. Dabei beschäftigen sie sich insbesondere mit folgenden Aufgaben:

- Umsetzung neuer Organisationsmodelle: Ziel der neuen Modelle muss sein, transaktionale Finanzprozesse so effizient und zentral wie möglich, gegebenenfalls in Form von Shared Services oder gar im Outsourcing, abzuwickeln und die Unternehmenssteuerung so dezentral und nahe am Geschäft wie möglich anzusiedeln
- Einführung eines durchgängigen, unternehmensübergreifenden Steuerungskonzeptes horizontal über alle Unternehmsbereiche hinweg
- Integration von Reporting und Planung mit effizienten Prozessen und adäquatem Detaillierungsgrad auf einer einheitlichen Plattform
- Ergänzung finanzieller Kennzahlen um einheitliche, unternehmensweite Steuerungsgrößen hinsichtlich Prozesseffizienz sowie Kunden- und Mitarbeiterorientierung
- Verbesserung von Datenintegrität und Informationszufluss durch Automatisierung der Informationsbeschaffung und allgemeinen Zugriff auf einen Datenpool (Single Source of Truth)
- Aufbau einer zentralen Governance-Stelle, die unternehmensweit Standards und Definitionen für Prozesse, Daten und Systeme auf- und durchsetzt
- Integration der Risiko- und Compliance-Aspekte in das Steuerungsinstrumentarium und Umsetzung im Rahmen intelligenter interner Kontrollsysteme
- Tiefgehende Analysen zur zielgerichteteren Unterstützung von Entscheidungen
- Auf- und Ausbau des Mitarbeiterpotentials in der Finanzorganisation.

Auf dem Weg ins Jahr 2020

Werden diese Aufgaben in Angriff genommen und erfolgreich implementiert, können der Finanzchef und seine Organisation genau die Rolle einnehmen, welche die moderne Finanzorganisation heute auszeichnet. Ihnen wird es damit möglich sein, mit wertvollen Daten und Analysen strategische Entscheidungen zu unterstützen beziehungsweise vorzubereiten. Der CFO wird dadurch zum wichtigsten Berater und Co-Piloten des Unternehmenschefs.

Die Krise hat das Berufsbild des CFOs noch schneller gewandelt als dies in ruhigeren Zeiten der Fall gewesen wäre – die Finanzchefs gehören immer häufiger zu den maßgeblichen Entscheidern auf Vorstandsebene. Wer diese Rolle aktiv annimmt und ausfüllt,

wird seinem Unternehmen dabei helfen, wichtige Grundlagen für eine bessere Wettbewerbsfähigkeit zu schaffen und höhere Profite zu erwirtschaften. Denn durch die Optimierung der jeweiligen Finanzprozesse erhält der CFO das notwendige Wissen, um sein Unternehmen aus einem zusammenhängenden, globalen Blickwinkel heraus zu analysieren und zu steuern. Auf Basis dieser Daten kann die Finanzorganisation das interne und externe Finanz- und Berichtswesen effektiver gestalten, so dass der Anteil vergangenheitsorientierter Arbeit kontinuierlich abnehmen kann. Die gewonnenen Freiräume können dann genutzt werden, um sich dank höherer Transparenz und aktuellerer Datenlage bei der Unternehmenssteuerung einzubringen: vom Managen der Unsicherheit hin zu strategischer Planung, von Optimierung der veralteten Finanzorganisation hin zum frühzeitigen Erkennen von Möglichkeiten.

Die Entwicklung wird weitergehen: In den kommenden Jahren wird sich die Finanzorganisation weiter vernetzen und der CFO seine Rolle als strategischer Sparringspartner der Geschäftsführung weiter ausbauen. Sein Aufgabengebiet wird dabei im Idealfall folgende Kernelemente umfassen:

- Wächter über eine ausgewogene Kapitalstruktur
- Kontrolleur hocheffizienter Finanzabläufe und -transaktionen
- Aktiver Compliance- und Risikomanager
- Moderator von Veränderungen und Initiator einer lernenden Organisation.

Effizienz als Voraussetzung in Kombination mit geschäftsspezifischem Wissen und hoher Transparenz bilden hierbei die Basis für ein Vorgehen, das nicht nur die Finanzorganisation, sondern das ganze Unternehmen in eine erfolgreiche Zukunft begleiten wird. ■

Die Autorin

Tina Hindemith ist als Beraterin im Bereich Financial Management Services in der Unternehmensberatungssparte Global Business Services der IBM tätig. Zuvor arbeitete die Betriebswirtin bei der Wirtschaftsprüfungsgesellschaft PricewaterhouseCoopers Consulting. Ihre Kernkompetenzen liegen im Bereich Finanz- und Rechnungswesen, Shared Service Center, Outsourcing sowie im Projektmanagement.

Doppelt balanciert zum Erfolg

Die letzten Jahre haben gezeigt, wie wichtig unternehmensinterne Frühwarn- und Kontrollsysteme sind – und wieder das Interesse an der fast schon vergessenen Balanced Scorecard geweckt. Weil deren Umsetzung aber oft gescheitert war, hat Capgemini das Konzept überarbeitet und erweitert: zur „Balanced" Balanced Scorecard.

Als die beiden Harvard-Professoren Robert S. Kaplan und David P. Norton Anfang der 1990er Jahre ihr Konzept der Balanced Scorecard präsentierten, schufen sie einen der am meisten diskutierten, strategischen Steuerungs- und Führungsansätze von Unternehmen. Der Hype um das neue Instrumentarium war enorm. Unternehmen unterschiedlichster Branchen und Größenordnungen entwickelten in aller Eile ihre eigenen Balanced Scorecard-Lösungen. Doch so viel Potenzial der Ansatz auch bot, so schwer taten sich viele Unternehmen damit, die durch die Balanced Scorecard formulierten Ansätze zu operationalisieren. Meist fehlte es an einer strukturierten und vor allem nachhaltigen Vorgehensweise bei der Entwicklung und Implementierung. Oft mangelte es an einer klar erkennbaren Logik. Daher verlor das Konzept der Balanced Scorecard wenige Jahre später wieder an Bedeutung.

Die Marktbegebenheiten jedoch haben sich erneut verändert. Die Finanz- und Wirtschaftskrise führte massenhaft zu unternehmensinternen Budgetkürzungen und machte auch vor den IT-Abteilungen nicht halt: Von ihnen wird ein immer schnellerer Return of Investment verlangt. Die Unternehmen konzentrieren sich wieder verstärkt auf die Integration ihrer Systeme, notwendige Harmonisierungen sowie die konsistente Definition und Umsetzung von klassischen Kennzahlensystemen. Einher geht die fortschreitende Entwicklung von Softwarelösungen verschiedener Hersteller, die sich im Laufe des vergangenen Jahrzehnts deutlich weiter entwickelt haben und die Integrationsanforderungen besser unterstützen. Das Zusammenspiel dieser Faktoren führt dazu, dass der Ansatz der Balanced Scorecard derzeit eine Renaissance erfährt.

Aber auch wenn sich die Rahmenbedingungen für eine erfolgreiche Definition und Umsetzung dieses strategischen Steuerungssystems fühlbar verbessert haben: Ein vorschnelles und übereiltes Handeln muss jedoch weiterhin strikt vermieden werden. Stattdessen gilt es, die Fehler der Vergangenheit offen zu legen und transparent zu machen sowie im Zusammenhang mit den neuen Erkenntnissen und Möglichkeiten

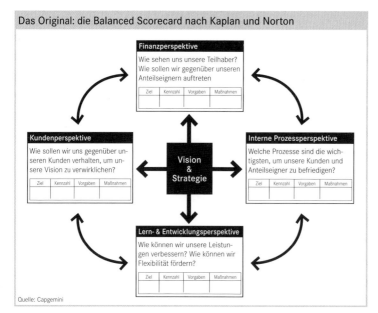

Das Original: die Balanced Scorecard nach Kaplan und Norton

Finanzperspektive
Wie sehen uns unsere Teilhaber? Wie sollen wir gegenüber unseren Anteilseignern auftreten

| Ziel | Kennzahl | Vorgaben | Maßnahmen |

Kundenperspektive
Wie sollen wir uns gegenüber unseren Kunden verhalten, um unsere Vision zu verwirklichen?

| Ziel | Kennzahl | Vorgaben | Maßnahmen |

Vision & Strategie

Interne Prozessperspektive
Welche Prozesse sind die wichtigsten, um unsere Kunden und Anteilseigner zu befriedigen?

| Ziel | Kennzahl | Vorgaben | Maßnahmen |

Lern- & Entwicklungsperspektive
Wie können wir unsere Leistungen verbessern? Wie können wir Flexibilität fördern?

| Ziel | Kennzahl | Vorgaben | Maßnahmen |

Quelle: Capgemini

der Gegenwart zu analysieren. Nur so ist zu verhindern, dass die Balanced Scorecard-Lösung nicht auch bei ihrem Comeback erneut zum Scheitern verurteilt ist.

Der innovative Neuansatz der ‚Balanced' Balanced Scorecard von Capgemini hat sich deshalb den Leitgedanken „Lerne aus den Fehlern der Vergangenheit für einen nachhaltigen Erfolg in der Zukunft!" zu Eigen gemacht, ohne dabei jedoch die ursprünglichen Ideen von Norton und Kaplan aus den Augen zu verlieren. Notwendige Anpassungen und Erweiterungen wurden erarbeitet, um den Bedürfnissen des aktuellen und zukünftigen Marktumfeldes gerecht werden zu können. Die klassischen Grunddimensionen sowie bestehende Ursache-Wirkungszusammenhänge der Balanced Scorecard werden aufgegriffen und anhand spezifisch gewählter Perspektiven ergänzt, die die Ursachen für ein Scheitern früherer Entwicklungen und Umsetzungen in den einzelnen Grunddimensionen aufdecken und visualisieren. Strategische Handlungsempfehlungen helfen dabei, diesen Defekten aktiv zu begegnen und können die Entwicklung einer zukunftsfähigen Balanced Scorecard-Lösung nachhaltig sichern.

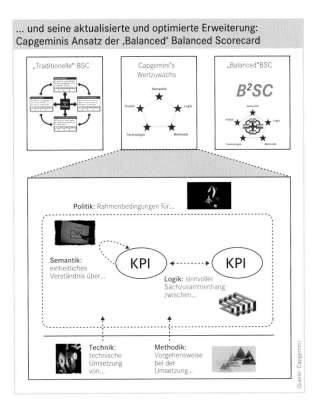

... und seine aktualisierte und optimierte Erweiterung: Capgeminis Ansatz der ‚Balanced' Balanced Scorecard

Quelle: Capgemini

Die angesprochenen Perspektiven zur Aufdeckung der am häufigsten begangenen Defekte durchleuchten das Steuerungsinstrumentarium hinsichtlich der fünf strategisch gewählten Dimensionen Semantik, Logik, Methodik, Technologie und Politik:

Semantik

In vielen Fällen herrscht ein falsches Verständnis über das Tool der Balanced Scorecard an sich, wodurch bereits in einem frühen Stadium des Entwicklungs- und Implementierungsprozesses Probleme auftreten können. Die Dimension der „Semantik" fördert eine unternehmensübergreifende und richtige Wahrnehmung des strategischen Steuerungsinstrumentariums und hilft, diese Probleme zu vermeiden. Defekte innerhalb der strategischen Dimension der Semantik können sich wie folgt äußern: ein zu starker Budgetfokus in der Unternehmenssteuerung (Beat-/Meet-the-Budget); ein fehlender Link zu Incentives und Rewards; eine blumig ausschweifend und nicht konkret formulierte Unternehmensstrategie; eine unzureichende Schnittmenge in der Kaskadierung von Key Performance Indikatoren (KPI) innerhalb der Unternehmen, welche zu Brüchen in der Führung und Steuerung führen können; und nicht bekannte, nicht trendfähige

oder auch zu unspezifische Leistungsindikatoren und -treiber.

Logik

Im Fokus dieser Dimension steht die Harmonisierung der Balanced Scorecard, der in ihr verwendeten Perspektiven unter- und zueinander sowie der identifizierten Ursache-Wirkungszusammenhänge mit dem Ziel, die Konsistenz sämtlicher Teilelemente sicherzustellen. Zu behebende logische Defekte können beispielsweise begründet sein durch: sich widersprechende, strategische Ziele in unterschiedlichen Dimensionen; mangelhafte Abstimmöglichkeiten von operativen Informationen und transaktionalen Daten mit den Balanced Scorecard-Inhalten; zu viele deskriptive statt indikative KPIs; fehlende Berücksichtigung von mittel- und langfristigen Zielvorgaben; falsches Zeitmanagement bei der Erhebung und Auswertung von KPIs.

Methodik

In Bezug auf die Balanced Scorecard existieren für die einzelnen Stufen des Entwicklungs- und Implementierungsprozesses effektive Methoden, die jedoch aus Unwissenheit und fehlender Transparenz oft gar nicht oder falsch eingesetzt werden. Die Dimension der „Methodik" zielt auf die Vorgehensweise bei der Umsetzung von standardisierten Prozessen und Tools ab, damit sie eindeutig und transparent kommuniziert werden und effizient sowie durchgängig zur Anwendung kommen. Typische Defekte der Dimension Methodik können sein: die fehlende Strategie mit Vision, Mission und klar definiertem Zielzustand, die bereits zu Beginn der Entwicklungsphase zu einem Scheitern der Balanced Scorecard führt; die Berücksichtigung nicht nur der relevantesten Bezüge bei der Aufstellung der Ursache-Wirkungsbeziehungen; die fehlende Anerkennung der Top-down-Vorgaben von Zielkennzahlen auf unteren Unternehmensbereichen, aufgrund fehlender inhaltlicher Kommunikation des jeweiligen Sinns/Zwecks; die mangelnde Widerspiegelung aktueller Geschäftsprozesse in der Balanced Scorecard; die unkoordinierte Bearbeitung von Verbesserungspotenzialen innerhalb der definierten Dimensionen, unabhängig davon, welche Auswirkungen diese auf den Geschäftserfolg haben könnten.

Technologie

Daten bilden die Grundlage für sämtliche Entscheidungen im Unternehmen und sie müssen einem bestimmten Qualitätsniveau genügen. Technologische Entwicklungen ermöglichen es, den Datengewinnungs- und Entscheidungsfindungsprozess der Balanced Scorecard zu unterstützen. Die Dimension der „Technologie" hilft bei der technischen Umsetzung von maßgeschneiderten IT-Lösungen, um der Gefahr von Datenverlusten, Qualitätseinbußen, einem hohen Maß an manuellen Prozessschritten und hieraus resultierenden Prozessverzögerungen gezielt entgegenzuwirken. Im Rahmen von technologischen Defekten müssen unter anderem folgende Missstände gezielt behoben werden: die mangelnde Verwendung von durchgängigen IT-Lösungen (Aufbau von Insellösungen) in den verschiedenen Unternehmensbereichen; ein im Push-Verfahren erfolgendes Exception-Handling; die Abbildung von Standardberichten ohne Berücksichtigung der Prozessstruktur; ein fehlender Support nach erfolgreicher Implementierung der Balanced Scorecard-Lösung.

Politik

Die Unternehmenspolitik hat die Aufgabe, externe, zweckbestimmende Interessen am Unternehmen und intern verfolgte Ziele zu harmonisieren, um einen „Fit" zwischen der Um- und der Innenwelt zu erreichen. Dieser soll dabei langfristig die Autonomie des Unternehmens gewährleisten. Die Dimension der „Politik"

schafft die erforderlichen Rahmenbedingungen, um es dem Management zu ermöglichen, die grundsätzlichen Werthaltungen und das Selbstverständnis im Unternehmen sowie die notwendigen Verhaltensmaßnahmen zu definieren und kanalisiert zu kommunizieren.

Häufig zu beobachtende, politische Defekte sind: eine falsche Budgetbelastung beteiligter Unternehmensbereiche bei der Projektdurchführung; eine fehlende oder verspätete Information der relevanten Empfänger bei strategischen Themen; eine geringe Unterstützung und Förderung oder sogar das Untergraben der Balanced Scorecard von der eigenen Führungsspitze, da sie als Steuerungsinstrument auch Fehlentscheidungen des Top-Managements zu Tage fördern kann.

Das schnelllebige Wettbewerbsumfeld verlangt von den Unternehmen eine permanente Wachsamkeit und ein schnelles Reaktionsvermögen in Bezug auf die sich rasant ändernden Marktverhältnisse. Ein von der Unternehmensspitze vorgelebtes und transparent gestaltetes Management- und Steuerungsinstrumentarium wie das der Balanced Scorecard ist dabei notwendig, um den Kurs des Unternehmens permanent unter Kontrolle zu haben. Die Dimensionen des Wertezuwachses helfen den Unternehmen dabei, die richtigen Fragen zu stellen und durch abgeleitete Handlungsempfehlungen auch die richtigen Antworten zu geben, um bestehende Balanced Scorecard-Lösungen zu optimieren und um neu zu entwickelnde Balanced Scorecard-Ansätze für einen nachhaltigen Erfolg des Unternehmens im Markt zu implementieren.

Die Zeit ist reif, den Schritt erneut zu wagen und sich wieder der geschlossenen Auseinandersetzung von Strategien und Zielen zu stellen, um der Zukunft mit der nötigen Flexibilität zu begegnen, die der Wettbewerb den Unternehmen diktiert. Mit dem neugestalteten Ansatz der „Balanced" Balanced Scorecard sind die Unternehmen für diesen Weg gerüstet. ■

Der Autor

 Kai-Oliver Schäfer ist Vice President von Capgemini und verantwortet das Beratungssegment Business Information Management für die Regionen Nord-, Zentral- und Osteuropa. Mit fast 15 Jahren Erfahrung in den Themenbereichen des Business Information Management liegen seine Beratungsschwerpunkte in den Themenbereichen Reporting, Analyse und Planung sowie Konsolidierung und Performance Management.

In sechs Schritten perfekt integriert

Fusionen oder Zukäufe sind nie Selbstläufer, besonders nicht für einen der wichtigsten Kostenhebel: den Einkauf. Die optimale Harmonisierung und Integration der Einkaufsorganisationen sollte im M&A-Prozess so früh wie möglich und nach sechs grundlegenden Schritten erfolgen.

Dem Einkauf kommt bei M&A-Themen eine ganz besondere Bedeutung zu: Über 50 Prozent der Kosten betreffen den Einkauf von Waren und Dienstleistungen. Und: Kein Unternehmensbereich kann Erfolge so schnell darstellen. Bevor Analysten in den Bilanzen die Synergieeffekte finden, ist ein neues Einkaufsverhalten am Markt kommuniziert. Der Einkauf steigert damit bereits in den ersten Wochen nach einem Merger den Unternehmenswert – und sichert langfristig den Erfolg durch das Heben von umfassenden Synergien.

Doch trotz des Schielens auf die „Quick Wins": Die Integration von Einkaufsorganisationen ist ein komplexer und langwieriger Prozess, der zum frühestmöglichen Zeitpunkt einer Fusion oder eines Zukaufs und nicht erst in der Post-Merger-Phase begonnen werden muss. Sinnvoll ist sogar, bereits die Due Dilligence zusammen mit der Einkaufsabteilung durchzuführen, um vorab Synergiepotenziale, aber auch Risiken aufdecken zu können. Sechs Schritte gilt es dabei unbedingt zu beachten, um eine erfolgreiche Integration zu ermöglichen.

1. Festlegung einer gemeinsamen Sprache

Noch vor oder spätestens während einer Fusion müssen sich die bestehenden Einkaufsmannschaften zusammensetzen und definieren, was die zukünftige gemeinsame Sprache sein wird. Aufgrund vieler Fachtermini, die jedoch unternehmensspezifisch sind, reden Einkäufer zu Beginn einer Integration häufig aneinander vorbei – insbesondere bei technischen Begrifflichkeiten. Hier gilt es allgemeinverbindlich festzulegen, was von nun an die Sprache sein wird. Kluge Einkaufschefs drücken dabei der akquirierten Organisation nicht einfach nur die eigene Sprache auf, sondern versuchen gezielt gemeinsame Sprachregelungen zu finden, die beiden Organisationen gerecht

werden. Nur so lässt sich eine größere Abwehrhaltung der akquirierten Mannschaft vermeiden. Im Extremfall kommuniziert diese nämlich wie bisher gewohnt weiter – und die Gefahr ist groß, dass die Chefs ihre neuen Mitarbeiter gar nicht mehr verstehen.

2. Definition der Aufbauorganisation

Ist die gemeinsame Sprache gefunden, ist die Grundvoraussetzung für die Neudefinition einer Aufbauorganisation erfüllt. Nun gilt es zu beantworten: Wie soll zukünftig eingekauft werden? Wird eine vollständige Zentralisierung angestrebt oder soll ein dezentrales Modell zugrunde gelegt werden? Wie lassen sich Compliance-Richtlinien für den Einkauf anpassen? Um diese Fragen zu klären, ist es wichtig, dass von Beginn an sämtliche Daten zwischen den Einkaufsabteilungen ausgetauscht werden. Nur durch ausreichende Transparenz und wenn alle Zahlen offen auf dem Tisch liegen, kann ein Merger zügig und erfolgreich durchgeführt werden. Dazu gehört besonders die Herausstellung von Best Practices auf beiden Seiten, da auf diese Weise Prozesse optimiert werden können. So ergeben sich unter Umständen neue Impulse für die Einkaufsorganisationen, die bisher ausschließlich nach eingefahrenem Muster agiert haben. Um besonders der akquirierten Mannschaft die Ängste zu nehmen, empfiehlt es sich in dieser Phase, keine vollständige „Entmachtungsstrategie" zu nutzen. Dies ist vielmehr die einmalige Chance für Einkaufschefs, der eigenen Abteilung das Gewicht zu geben, das sie benötigt, um die neuen Herausforderungen bewältigen zu können. In der Praxis kann dies so aussehen: Kauft der größere Partner zukünftig alle grundlegenden Bedarfe zentral ein, können dem neuen Partner bestimmte Einkaufskompetenzen übertragen werden, für die nur er künftig gruppenweit tätig ist. Im Optimalfall sollten diese Einkaufskompetenzen auch die Geschäftskompetenzen des Partners abbilden. Ein Beispiel: Kauft ein Nahrungsmittelhersteller eine Molkerei hinzu, liegt es nahe, die Molkerei auch die Milch beschaffen zu lassen. Verpackungen und Etiketten dagegen werden zukünftig zentral bezogen.

3. Verteilung von Posten

Steht die Organisation, kann nun geklärt und im Anschluss auch kommuniziert werden, wer welche Position und damit welche Verantwortung in der neuen Organisation übernimmt. Bei der Zusammenführung der Einkaufsabteilungen müssen die Mitarbeiter von Beginn an offen über die Vorgänge informiert werden und aktiv in die Prozesse eingebunden werden. Diese Maßnahme ist ausgesprochen wichtig, weil die Mitarbeiter das erste Mal etwas über die neuen Pläne zur Organisation erfahren und ihnen hiermit ihre Ängste genommen werden können, ihren Arbeitsplatz zu verlieren. Darum sollte die Kommunikation hier direkt und in Einzelgesprächen erfolgen, auch um noch leichte Nuancierungen in den operativen Aufgaben vornehmen zu können. Weiterhin gilt es, diesen Schritt schnell und zeitgleich in allen Organisationseinheiten zu gehen: Nichts ist schädlicher als unterschiedliche Informationsstände bei den Mitarbeitern.

4. Etablieren einer gemeinsamen Kultur

Mitarbeiter zeigen sich motivierter durch eine gemeinsame Sprache und die Festlegung der neuen Zuständigkeiten. Nun gilt es, darauf aufbauend eine gemeinsame Kultur zu entwickeln. Dazu müssen unterschiedliche Kommunikationsdisziplinen angewandt werden: Von einem Kick-off-Treffen aller Einkäufer, über einen internen Einkaufs-Newsletter bis hin zu speziellen Veranstaltungen – zum Beispiel ein jährliches Treffen mit der ganzen Mannschaft – sind vielfältige Maßnahmen denkbar. Die Einkaufschefs sollten sich mit der Unternehmenskommunikation absprechen, und einen Maßnahmenplan zur Schaffung und Erhaltung einer neuen Firmenkultur erarbeiten.

5. Analyse der Beschaffungsmärkte

Die Organisation steht, die Mitarbeiter sind motiviert – jetzt kann das operative Alltagsgeschäft bald wieder beginnen. Der nächste Schritt ist, unter Einbeziehung der gesamten neuen Mannschaft zu bestimmen, wieviel die neue Organisation eigentlich von wem einkauft und wie der tatsächliche Bedarf aussieht. Aus welchen Regionen werden welche Waren beschafft? In welchen Kategorien haben beide Organisationen bisher eingekauft? Sie gilt es zu harmonisieren und im Anschluss zu bestimmen, aus welchen Regionen sie weiterhin

bestückt werden. Eine Analyse der Beschaffungsmärkte und der Bedarfe macht schnell klar, wo es Redundanzen auf Lieferantenseite gibt. Hier können erste Grundsatzentscheidungen getroffen werden: Welche Lieferanten sollen auch die neue Organisation beliefern, welche nicht? Besonders bei Unternehmen, die bisher vor allem von wenigen Lieferanten ihre wichtigsten Waren und Dienstleistungen bezogen haben, kann die Integration eine Chance darauf sein, ihre Lieferantenbasis zu verbreitern und damit ihr Ausfallrisiko bei einer Lieferanteninsolvenz zu vermindern.

6. Einbeziehung von Lieferanten

Durch den Zusammenschluss von zwei Einkaufsabteilungen können wesentliche Synergieeffekte im Lieferantenmanagement genutzt werden. Dies sollte aber nicht allein über puren Preispoker erfolgen, sondern vielmehr durch die frühzeitige Einbeziehung der Lieferanten in die neue Aufbauorganisation. Die Lieferanten können einen Beitrag für die neue Einkaufsorganisation liefern, zum Beispiel in Form neuer Belieferungskonzepte, und somit zum optimalen Ablauf des Merger beitragen. Ein Zusammenschluss bietet auch dem Lieferanten einen Vorteil, da sich zum Beispiel das Bestellvolumen signifikant erhöhen kann. Diesen Gewinn kann er dann teilweise in Form von niedrigeren Preisen zurückgeben. In einigen Fällen sind grundsätzliche Neuverhandlung von Preisen vonnöten – zum Beispiel, weil ein Lieferant die nun fusionierten Unternehmen bisher zu unterschiedlichen Preisen beliefert hat. Weiterhin gilt es, alle Lieferantenverträge anzupassen und die jeweiligen Einkaufsmodalitäten auf einen Level zu bringen. Der Merger sollte außerdem dazu genutzt werden, die Zahlungskonditionen zu harmonisieren und zu standardisieren, um die Komplexität der Vorgänge zu reduzieren und die Liquidität des Unternehmens zu steigern.

Diese grobe Darstellung kann natürlich nur exemplarisch verdeutlichen, welche Schritte zu gehen sind. Sie spiegelt jedoch deutlich wider, wie komplex die Integration von Einkaufsorganisationen im M&A-Prozess ist – und warum sie nicht früh genug geplant und angegangen werden kann. ■

Der Autor

Christian Michalak ist Geschäftsführer Projekte bei der auf Einkauf- und Supply-Chain-Beratung spezialisierten Kerkhoff Consulting GmbH. Er verantwortet die projektübergreifende Planung und Steuerung von Beratungsaufträgen zur Einkaufsoptimierung.

Innovationen innovativ managen

Es heißt nicht zufällig Entwicklung: Wollen Deutschlands Unternehmen Globalisierungs-gewinner bleiben, müssen sie ihre Innovationsstrategie weiterentwickeln. Sie ist längst nicht mehr allein Sache der Forschungs- und Entwicklungsabteilung, sondern verlangt nach einer unternehmensweit koordinierten Innovationsarchitektur.

Nicht nur Deutschlands traditioneller Wachstumsmotor „Export nach Europa" stottert. Mehr noch, die alte Triade mit den ökonomischen Kraftzentren Nordamerika, Westeuropa und Japan weicht immer stärker einer multipolaren Welt mit einer Vielzahl regionaler Wachstumsinseln. Ob China oder Indien, Brasilien oder Russland - die Schwellenländer sind heute der Motor der Weltwirtschaft. Die wirklich schlagkräftigen Firmen aus Deutschland haben ihren Export deshalb in die aufstrebenden Schwellenländer forciert, besonders nach Asien, aber auch nach Südamerika. Die höhere Mittelschicht in diesen Regionen, die zusammengenommen einen Konsumbedarf von mehreren Hundert Millionen Menschen ausmacht, spielt künftig eine große Rolle als Taktgeber für Innovation und Wachstum.

Auch Neues aus Vorhandenem

Was das für die Unternehmen am Standort Deutschland bedeutet? Ganz einfach: Es gilt, wettbewerbsfähige Produkte für diese Märkte zu entwickeln, die deren lokale Besonderheiten berücksichtigen. Dazu ist es nicht immer notwendig, nach völlig neuen Ideen zu suchen. Vielmehr sollten Unternehmen mehr darüber nachdenken, wie sie bereits vorhandene Erfindungen in adäquate Lösungen für neue Märkte umsetzen können.

Ein geradezu mustergültiges Beispiel dafür liefert die Robert Bosch GmbH. Der Technologieriese hat in Indien vorexerziert, wie sich globale Orientierung mit lokaler Expertise verbinden lässt. Die Automotive-Sparte der Stuttgarter hat dort ein Motor-Einspritzsystem für den Kleinstwagen Tata Nano entwickelt. Dabei setzte Bosch zwar auf bewährte Komponenten, entwickelte aber eine robustere und kostengünstige Variante des Einspritzers, dem die schwankende Kraftstoffqualität in Indien nichts anhaben kann.

Das Beispiel zeigt, dass sich Innovation immer aus Invention und der kommerziell erfolgreichen Platzierung im Markt zusammensetzt. Und dass gerade die zweite Komponente entscheidend ist. In Deutschland mangelt es nicht an Ideen und Erfindungen, die deutsche Wirtschaft spielt bei Patentanmeldungen weltweit in der ersten Liga. Die Chancen liegen bei der Heranführung neuer Produkte und Services zur Marktreife für die Märkte, die künftige hohe Wachstumsraten aufzeigen werden.

Für den Markterfolg ist aber auch entscheidend, dass Innovationsprojekte von der ersten bis zur letzten Prozessphase durch das Unternehmen gesteuert werden - vom Prototyp über den Test im Pilotmarkt bis hin zum Konzept für die Vermarktung und die Kommerzialisierung der Innovation. Es kommt darauf an, die Zeitspanne von der Idee bis zur Vermarktung so kurz wie möglich zu halten. Dies gelingt aber nur, wenn die Innovationsstrategie konsequent bis in alle Details umgesetzt wird.

Die reine Produktinnovation ist passé

Ein gezieltes Innovationsmanagement wird auch deshalb notwendiger, weil der Innovationsprozess insgesamt immer komplexer wird. Die klassische Vorstellung von der reinen Produktinnovation trifft heute nur noch auf einen Teil der Neuerungen zu.

Dasselbe gibt für das Konzept der Prozessinnovation, bei dem die Produktionsverfahren verbessert werden. Inzwischen sind auch Marketinginnovationen gang und gäbe - man denke nur an den Siegeszug des Szene- und Erfrischungsgetränks Bionade, das als „Fanta ohne Chemie" vermarktet wird.

Zum erweiterten, zeitgemäßen Innovationskonzept zählen aber auch die Preispolitik, grundlegende Neuerungen in der Unternehmensorganisation, ja sogar komplette Geschäftsmodelle. Dies zeigt deutlich, dass

Innovationsprojekte nicht allein der Forschungs- und Entwicklungsabteilung eines Unternehmens überlassen werden dürfen. Alle Abteilungen sollten aktiv mitwirken – weil sich das Konzept von Innovation gewandelt hat, aber auch weil Innovation nach dem Stadium der Erfindung eben auch die erfolgreiche Platzierung am Markt bedingt. Auf jeden Fall ist sie keine Aufgabe, mit der die F&E-Experten allein gelassen werden sollten. Vielmehr muss das gesamte Unternehmen durch die konsequente Integration aller Abteilungen eine stabile und nachhaltige Innovationskultur aufbauen.

Dies gelingt jedoch nur, wenn firmenweit ein neues Bewusstsein verankert werden kann: Das Bewusstsein dafür nämlich, dass sich die Produktwelt des Unternehmens, mit der neue Märkte erschlossen werden, kontinuierlich weiterentwickeln muss. Damit wird eine Basis für Veränderung gelegt. Hinzu kommt, sich an einem Megatrend auszurichten. So hat zum Beispiel Schott Ceran – der Gewinner des Deutschen Innovationspreises 2010 – ein modernes Produktionsverfahren für Glaskeramik-Kochflächen entwickelt. Das Produkt ist umweltfreundlich herzustellen, hat neue Designelemente und wurde vom internationalen Marketing begleitet. Schott hat so den Aspekt der Nachhaltigkeit, also einen Megatrend, in sein Kerngeschäft integriert.

„Innovation at its best"

An diesen Veränderungen, die gebündelt zusammenkommen und den Unterschied zu Wettbewerbern ausmachen, zeigt sich „innovation at its best". Gelungene, ganzheitliche Lösungen bestehen zudem darin, hochwertige Produkte zum Verkauf und Betrieb von Lösungen weiter zu entwickeln. Siemens etwa hat eine neue Gasturbine auf den Markt gebracht. Hier wäre denkbar, dass der Technologiekonzern nicht nur die Turbine verkauft, sondern auch das dazu gehörende Kraftwerk baut und obendrein betreibt.

Letztlich werden sich diejenigen Unternehmen durchsetzen, die die neuen Konzepte der Innovation am geschicktesten für sich zu nutzen wissen. Dazu brauchen die Unternehmen allerdings versierte Innovationsarchitekten, die die Projekte koordinieren und vorantreiben. Will Deutschland Globalisierungsgewinner bleiben, kommt aber auch der Politik eine große Verantwortung zu.

Zuvorderst muss der Staat günstige Rahmenbedingungen für Wachstum durch Innovation schaffen. Zu den vordringlichsten Hausaufgaben Deutschlands gehört es, hier zu Lande einerseits eine deutlich breitere Akzeptanz für neue Technologien zu schaffen und andererseits das Finanzsystem so aufzustellen, dass Gründerkredite in ausreichendem Volumen gewährt werden. Darüberhinaus ist die staatliche Verwaltung noch schneller und flexibler zu gestalten. Eine Forderung, die zugegebenermaßen zwar nicht revolutionär neu klingt, gleichwohl aber endlich konsequenter angegangen werden sollte: Dank und mit Hilfe moderner Prozessabläufe und IT-Systeme ist sie ohne Weiteres umsetzbar. Konkret: Die Politik muss sicherstellen, dass Innovationen im Land finanziert werden und dass Patente schneller zugelassen werden. Und sie muss die Genehmigungsverfahren beschleunigen. Nur so lässt sich die Geschwindigkeit des Innovationsprozesses in Deutschland erhöhen.

Nicht jeder kann alles

Wie bei den Unternehmen muss auch auf Seiten des Staates bei der Förderung von Forschung und Entwicklung das Prinzip der Fokussierung gelten. Nicht jeder kann alles. Es gilt, Leuchtturm-Projekte mit internationaler Strahlkraft in den zukunftsorientierten Wachstumsfeldern Energie, Mobilität, Gesundheit und ressourcenschonende Produktion zu generieren. Um allerdings auf den Weltmärkten künftig mithalten zu können, muss Deutschland auch bei der IT-Industrie wieder den Anschluss an die Weltspitze finden. Ein großer Teil der künftigen Produkte wird in komplexe, vernetzte IT-Systeme eingebunden, die einen maßgeblichen Beitrag zur Realisierung der Wertschöpfung leisten. Aus deutscher Sicht darf in dieser Schlüsselbranche das Feld nicht kampflos dem Ausland überlassen werden. ■

Der Autor

Frank Riemensperger, Jahrgang 1962, ist seit November 2009 Vorsitzender der Accenture-Ländergruppe Deutschland, Österreich, Schweiz und in dieser Rolle für die Weiterentwicklung nachhaltiger Marktstrategien und den Ausbau der Geschäftstätigkeiten in den deutschsprachigen Ländern verantwortlich, in denen gegenwärtig mehr als 5.000 Mitarbeiter tätig sind. Vor der Berufung in seine jetzige Position trug er auf globaler Ebene die Gesamtverantwortung für IT-gestützte Unternehmenstransformationen und leitete den Geschäftsbereich Technology innerhalb der weltweiten Accenture-Branchengruppe Products.

Compliance mit System

Nach dem Korruptions-, Bestechungs- oder Betrugsfall ist es zu spät: Ein Compliance Management System sorgt präventiv dafür, Wirtschaftskriminalität gar nicht erst zuzulassen. Das zentrale Element dabei ist – auch mit Blick auf eine Zertifizierung – die individuellen Risiken methodisch identifizieren und bewerten zu können.

Aufgrund von zivil- und öffentlich-rechtlichen Pflichten ergibt sich für gesetzliche Vertreter von Unternehmen ein immer umfangreicherer Verantwortungs- und Handlungsrahmen im Bereich Compliance. Viele Vorstände, Geschäftsführer sowie Aufsichtsräte haben daher realisiert, dass sie präventiv tätig werden müssen, um ihrer Verantwortung hinsichtlich des Themas Compliance nachzukommen. Viele Unternehmen investieren zunehmend in den Aufbau eines unternehmens-adäquaten Compliance Management Systems (CMS), dessen Formalisierungsgrad und Ausgestaltung naturgemäß entsprechend der Unternehmensgröße und -struktur variiert. Häufig investieren jedoch die Unternehmen erst dann, wenn sie konkret von Wirtschaftskriminalität betroffen sind. Dann ist für sie ein direkter Nutzen von Prävention erkennbar – nämlich zur Vermeidung von weiterem Schaden.

Bislang existiert in Deutschland noch kein einheitliches, verpflichtendes Rahmenkonzept für ein CMS, jedoch können Unternehmen bei der Ausgestaltung ihres CMS auf unterschiedliche Standards zurückgreifen. Der sich derzeit im Entwurfsstadium befindliche Prüfungsstandard des Instituts der Wirtschaftsprüfer (IDW) zu ordnungsmäßiger Prüfung von Compliance Management Systemen (IDW EPS 980) stellt Grundsätze für die Angemessenheit eines CMS auf. Diese können als Ausgangspunkt für die Herleitung eines Soll-Zustands herangezogen werden.

Das IDW versteht demnach das Compliance Management System als Teilbereich des Risikomanagements, der auf die Einhaltung von Regeln ausgerichtet ist. Ein CMS besteht danach aus folgenden Elementen: Seine Basis ist die **Compliance-Kultur**. Diese umfasst die Grundeinstellungen und Verhaltensweisen von Management und Aufsichtsrat bis hin zu den Mitarbeitern zur Beachtung von Regeln und regelkonforme

Verhalten. Ähnlich wie das Kontrollumfeld als die wesentliche Basis von internen Kontrollsystemen, bildet eine integritätsfördernde Unternehmenskultur das wesentliche Fundament eines nachhaltig wirksamen CMS. Auf der Basis der Unternehmenskultur sowie allgemeinen Unternehmenszielen und -regeln werden **Compliance-Ziele** formuliert.

Die potenzielle Verfehlung von Compliance-Zielen äußert sich in **Compliance-Risiken**, die kumuliert die Compliance-Risikolandschaft ergeben. Die Risikobeurteilung hat eine wesentliche Steuerungsfunktion für die Wirksamkeit eines CMS, daher sollte die Compliance-Risikoerfassung mit hinreichender Sorgfalt vorgenommen werden.

Klare Verwantwortlichkeiten unverzichtbar

Die Aufgabenträgerebene des CMS wird durch die **Compliance-Organisation** gebildet, die für die Rollen- und Verantwortlichkeitsverteilung, die Aufbau- und Ablauforganisation des CMS sowie dessen Einbindung in das Unternehmen verantwortlich ist. Aufbau und Ablauforganisation eines CMS sollten effizient auf die jeweiligen unternehmensindividuellen Bedingungen abgestimmt sein und werden sich in der Praxis daher hinsichtlich Komplexität und Formalisierungsgrad unterscheiden. Grundlage ist aber eine klare Zuweisung von Verantwortlichkeiten für Compliance; bei der Ausgestaltung der Aufbauorganisation sowie der Compliance-Prozesse werden in der Praxis die Fachbereiche Risikomanagement, Human Ressources, Legal, Interne Revision und andere mit einbezogen, beziehungsweise es werden bereits bestehende Prozesse und Instrumentarien für das CMS genutzt.

Mit Hilfe eines dokumentierten **Compliance-Programms** werden nach Beurteilung der Compliance-Risiken Grundsätze und Maßnahmen eingeführt, die auf die Reduktion oder Vermeidung von Compliance-

Risiken bzw. Compliance-Verstößen abzielen. Beispiele hierfür sind geeignete Anti-Fraud Kontrollen in den Geschäftsprozessen oder die Einholung von Hintergrundinformationen über wesentliche Lieferanten und Mitarbeiter in Schlüsselpositionen. Zur Sicherstellung des Wissens von Mitarbeitern und gegebenenfalls Dritten über Compliance-Ziele, -Organisation sowie -Programm dient die **Compliance-Kommunikation**. Angemessenheit und Wirksamkeit werden durch die **Compliance-Überwachung** gegebenenfalls durch die Einbindung der internen Revision sichergestellt und zudem durch die **Compliance-Verbesserung** fortlaufend optimiert.

In Anlehnung an den Entwurf des IDW-Prüfungsstandards EPS 980 hat KPMG ein Compliance Management Framework entwickelt. Dessen zentrales Element ist die hinreichende Identifikation und Bewertung der **Compliance-Risiken**. In der Literatur existieren zu diesem Themengebiet allerdings bisher wenige Ausführungen und in der Praxis stellt es die Unternehmen immer wieder vor große Herausforderungen.

Auf das Wesentliche fokussieren

Per Definition bedeutet Compliance die Einhaltung aller Gesetze, Richtlinien, Verordnungen sowie eingegangener vertraglicher Verpflichtungen. Dieses stellt jedoch die Unternehmen bei der Ableitung eines entsprechenden Compliance-Programms vor eine große Herausforderung. Aus praktischen Gesichtspunkten ist daher zu empfehlen, dass sich die Unternehmen beim Aufbau ihres Compliance Management Systems zunächst auf die wesentlichen Risikobereiche fokussieren.

Aus der Erfahrung langjähriger Beratung können folgende Themengebiete von den meisten Unternehmen als Risikobereiche angesehen werden: Korruption und Bestechung, Diebstahl und Betrug, Kartellrechtsverletzungen, Datenmissbrauch beziehungsweise Verstöße gegen das Datenschutzgesetz, Kapitalmarktrecht bei am Kapitalmarkt notierten Unternehmen sowie Verstöße gegen arbeitsrechtliche und betriebsverfassungsrechtliche Grundsätze. Hinzu treten die sich aus der Geschäftstätigkeit des Unternehmens ergebenen Risikofelder.

Im ersten Schritt sollte jedes Unternehmen die auf sich zutreffenden Risikofelder „top down" identifizieren. Grundsätzlich treffen nicht alle Risikofelder auf jeden Unternehmensbereich zu. Daher gilt es in einem zweiten Schritt, die identifizierten Risikofelder abgeleitet von der Unternehmensstruktur in Einzelrisiken herunterzubrechen und den entsprechenden Unternehmensbereichen zuzuordnen.

In der Praxis finden sich dazu verschiedene Vorgehensweisen. Eine Möglichkeit ist die zentrale Zerlegung der Risikofelder in einzelne Risiko-Szenarien, welche im Anschluss durch eine unternehmensweite Befragung hinsichtlich ihrer Eintrittswahrscheinlichkeit und Auswirkung beurteilt werden. Eine andere Möglichkeit ist die unternehmensweite „bottom up"-Erhebung der Einzelrisiken in Form von Fragebogen, Interviews oder Workshops. Beide Vorgehensweisen führen in der Regel zu validen Ergebnissen. Die Auswahl der Vorgehensweise sollte idealerweise an der Unternehmenskultur ausgerichtet werden.

Risiken richtig bewerten

In die Identifikation der wesentlichen Compliance-Risiken sollte natürlich auch eine Bewertung der Risiken einfließen. Grundsätzlich kann diese Bewertung an die aus dem operativen Risiko-Management nach Eintrittswahrscheinlichkeit und Auswirkung angelehnt werden. In der Praxis stößt man jedoch vielfach auf Risiken, die sich nicht ohne weiteres bewerten lassen. Als besondere Schwierigkeit gelten solche Risiken, die bei erster Betrachtung dem Unternehmen keinen beachtenswerten materiellen Schaden zufügen, aus denen sich jedoch Folgeschäden wie zum Beispiel ein Reputationsverlust ergeben, der für das Unternehmen schlimmstenfalls sogar existenzgefährdend sein kann. Als Beispiel kann hier der Diebstahl von Kundendaten gesehen werden. In den meisten bekannten Fällen wurden Kopien der Kundendaten angefertigt und durch den Schädiger weiterveräußert. Einzelne Kunden bekamen davon in der Regel nichts mit und das Unternehmen verfügte weiterhin über die Kundendaten. Sollte ein derartiger Fall jedoch öffentlich werden, sieht sich das Unternehmen möglicherweise einer Vielzahl von Klagen und öffentlich rechtlichen Straf- und Bußgeldzahlungen ausgesetzt, welche unter Umständen zu einem erheblichen materiellen Schaden führen können. Es empfiehlt sich daher, in die Bewertung von Risiken auch derartige Folgeeffekte einfließen zu lassen. Darüber hinaus können in die Betrachtung auch die folgenden Aspekte einbezogen werden:

- Wie häufig hat sich ein Risiko bereits im Unternehmen realisiert?
- Ist das Unternehmen in Hochrisiko-Ländern tätig? Orientierung gibt der jährliche „Corruption Perception Index" (CPI) von Transparency International.
- Sind alle Unternehmenseinheiten ausreichend in den Konzernverbund integriert? Dieser Aspekt spielt insbesondere bei Unternehmenserwerben eine Rolle.

- Haben sich Abläufe und Prozesse in letzter Zeit stark verändert?
- Welche Unternehmenskultur herrscht vor?

Da es sich, wie bereits eingangs beschrieben, in der Praxis oftmals als äußerst schwierig herausstellt, dem aus den Risiken möglicherweise resultierendem Schaden einen bestimmten Wert zuzumessen, empfehlen wir den Unternehmen, eine einfache Bewertungs-skala festzulegen. Diese sollte zumindest eine Kategorisierung der Risiken in hoch, mittel, niedrig enthalten, aber selbstverständlich auch weiter differenziert werden.

Um durch die Risikoerhebung und -bewertung eine langfristig nutzbare Basis zu schaffen, empfiehlt es sich, die Risiken zunächst ohne Berücksichtigung etwaiger Maßnahmen zu bewerten (Brutto-Risiko-Bewertung). Erst dann sollten vorhandene oder mögliche Maßnahmen den Risiken zugeordnet werden. Es kann danach eine Betrachtung der Rest-Risiken erfolgen. (Netto-Risiko-Bewertung). Diese Vorgehensweise bietet den Vorteil, dass man bei der Veränderung möglicher Maßnahmen weiterhin das ursprüngliche Risiko und dessen Auswirkung im Fokus hat. Im Ergebnis können sowohl die Brutto- als auch die Netto-Risiken in einer Risikolandschaft transparent dargestellt werden.

Zertifizierung schafft Vertrauen

Aufgrund des komplexen Sachverhalts sowie der rechtlichen Brisanz der Compliance-Thematik bietet es sich für Unternehmen an, ihr CMS zertifizieren zu lassen. Eine CMS-Prüfung birgt für das Unternehmen vielfältige Nutzenpotenziale. Die zertifizierte Angemessenheit, Funktionsfähigkeit und Wirksamkeit des CMS erhöht das Vertrauen bei Kunden, Lieferanten, Kapitalgebern und auch bei den eigenen Mitarbeitern. Mit Hilfe der Prüfung kann zudem den gestiegenen Nachweis- und Dokumentationspflichten gegenüber den Aufsichtsorganen ordnungsgemäß Rechnung getragen werden.

Zudem zeigt eine Prüfung etwaige Verbesserungsmöglichkeiten der Compliance Management Organisation und Prozesse. Grundsätzlich sind bei CMS-Prüfungen drei Arten von Prüfungen (Auftragstypen) zu unterscheiden (vgl. IDW EPS 980):

Auftragstyp 1: Prüfung der Konzeption des CMS
Der Prüfer muss aussagen,
- ob die Aussagen der gesetzlichen Vertreter in der CMS-Beschreibung zur Konzeption des CMS zutreffend dargestellt sind und

- ob die CMS-Beschreibung auf sämtliche genannten Grundelemente eines CMS eingeht.

Auftragstyp 2: Prüfung von Angemessenheit und Implementierung des CMS
Der Prüfer muss aussagen,
- ob die Aussagen der gesetzlichen Vertreter in der CMS-Beschreibung über die Grundsätze und Maßnahmen des CMS in allen wesentlichen Belangen zutreffend dargestellt sind,
- dass diese in Übereinstimmung mit den angewandten CMS-Grundsätzen geeignet sind, Risiken für wesentliche Regelverstöße mit hinreichender Sicherheit rechtzeitig zu erkennen und Verstöße zu verhindern und
- dass die Grundsätze und Maßnahmen zu einem bestimmten Zeitpunkt eingerichtet sind.

Auftragstyp 3: Prüfung von Angemessenheit, Implementierung und Wirksamkeit des CMS
In Ergänzung zum Auftragstyp 2 tritt hier noch die Aussage darüber hinzu, ob die Grundsätze und Maßnahmen des CMS während eines bestimmten Zeitraums wirksam waren.

KPMG hilft Mandanten dabei, ein adäquates CMS aufzubauen, das neben allgemeinen Compliance-Risiken dessen spezifische Compliance-Situation berücksichtigt. Dies kann entweder über komplette Neuentwicklungen oder über den Ausbau und die Optimierung bestehender Systeme erfolgen. Neben der Funktionsfähigkeit wird durch das KPMG-Know-how überprüft, ob ein für den Kunden entwickeltes CMS den Anforderungen an eine Zertifizierung genügt, unabhängig davon, in welchem Umfang (Auftragstyp 1 bis Auftragstyp 3) das Unternehmen sich prüfen lassen will. ■

Der Autor

Dr. Oliver Engels ist Partner von KPMG Deutschland und leitet die Abteilung Internal Audit, Risk and Compliance Services. Der Diplom-Physiker verfügt über langjährige Erfahrung in der Betreuung und Leitung komplexer, internationaler Compliance-, Risikomanagement- und interner Kontroll-Projekte bei DAX- und MDAX-Mandanten in Industrie- und Bankensektor. Er koordiniert im Beratungsbereich die Dienstleistungen zu Internal Audit, Risk and Compliance Services in den Regionen Europa, Mittlerer Osten und Afrika.

Durch Lean Administration Produktivität steigern: Das Potenzial in den indirekten Bereichen

Laut aktueller Studien sind 30 Prozent der Arbeitszeit in den indirekten Funktionen verschwendet, da sie nicht zur Wertschöpfung im Unternehmen beitragen. Diese Bereiche bergen großes Potenzial zur Produktivitätssteigerung und Kostenreduktion.

Oft wird bezweifelt, dass Lean-Methoden auch in den indirekten Bereichen greifen. Der Grund dafür: Es fehlt häufig die Transparenz in den Prozessen oder die Messbarkeit ihrer Effizienz – zumindest auf den ersten Blick. Es wirkt, als ob viele Tätigkeiten nicht standardisierbar wären, Lean nicht greife. Sieht man genauer hin, lässt sich aber in Bereichen mit wiederkehrenden Aufgaben großes Verbesserungspotenzial finden. Die Ergebnisse aus Lean Administration-Projekten der Staufen AG zeigen das deutlich: Steigerung der Arbeitseffizienz um bis zu 50 Prozent, Reduzierung der Durchlaufzeiten um bis zu 70 Prozent und Erhöhung der Qualität der Leistungen um bis zu 60 Prozent. Gleichzeitig steigt die Mitarbeiterzufriedenheit, die interne und externe Kundenorientierung wird besser. Vor allem aber gelingt es, freie Zeit für strategische oder wertschöpfende Aufgaben zu schaffen.

für die einzelnen Leistungen sind und was genau das „Produkt" einer Tätigkeit ist. Oft stellt man dabei fest, dass beispielsweise statt zwei Mitarbeitern, die die Tätigkeit im Kern ausführen, sieben weitere aus anderen Bereichen in den Prozess eingebunden sind, der Aufwand also weit höher ist, als man angenommen hat.

Im Anschluss daran wird differenziert: Was ist wertschöpfend, was ist offensichtliche, was verdeckte Verschwendung? Wertschöpfende Tätigkeiten verleihen Produkten oder Dienstleistungen einen Mehrwert oder sind für den (internen) Kunden wichtig. Offensichtliche Verschwendung sind Tätigkeiten, die zur Erstellung des Produkts oder der Dienstleistung nicht nötig sind, wie zum Beispiel Fehlerkorrekturen, Informationssuche oder Doppelarbeiten. Oft entdeckt man hier Abläufe, die aus Gewohnheit aufrecht erhalten werden, aber inzwischen aus Sicht des (internen) Kunden nicht mehr nötig sind.

Analysieren, Differenzieren, Optimieren

Die Vorgehensweise der Staufen AG bei Lean Administration-Projekten klingt einfach: Analysieren, Differenzieren, Optimieren. Dennoch muss die Systematik stimmen: Um wirklich Erfolg zu haben, muss dies umfassend und mit dem richtigen Tiefgang geschehen.

In der Analysephase wird der tatsächliche Gesamtaufwand in den Arbeitsprozessen erfasst, was Transparenz schafft. Alle Prozesse und die zugehörigen Tätigkeiten werden erfasst, ebenso wie deren Input, Output und Aufwand. Zudem wird identifiziert, wer die (internen) Kunden

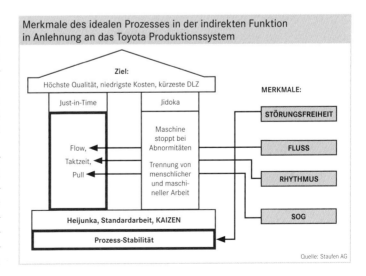

Merkmale des idealen Prozesses in der indirekten Funktion in Anlehnung an das Toyota Produktionssystem

Ziel:
Höchste Qualität, niedrigste Kosten, kürzeste DLZ

Just-in-Time

Jidoka

Flow, Taktzeit, Pull

Maschine stoppt bei Abnormitäten

Trennung von menschlicher und maschineller Arbeit

Heijunka, Standardarbeit, KAIZEN

Prozess-Stabilität

MERKMALE:

STÖRUNGSFREIHEIT

FLUSS

RHYTHMUS

SOG

Quelle: Staufen AG

Das größte Potenzial steckt aber in der verdeckten Verschwendung, auch Nebentätigkeiten genannt. Diese Tätigkeiten sind zwar zur Produkterstellung nötig, werden aber vom (internen) Kunden nicht explizit gefordert, da sie den Wert des Produktes für ihn nicht erhöhen oder er diese gar nicht wahrnimmt. Beispiele sind Stammdatenpflege oder Kontrolltätigkeiten.

Sind die bestehenden Prozesse und Tätigkeiten so klassifiziert, beginnt man mit dem Optimieren. Wertschöpfende Tätigkeiten werden besser gestaltet, verdeckte Verschwendung wird minimiert und offensichtliche Verschwendung nach Möglichkeit eliminiert. Erstes Ziel ist, effektive Prozesse zu gestalten, es werden also nur noch die richtigen und notwendigen Dinge getan. Das kann bedeuten, dass Prozesse oder Tätigkeiten ganz abgeschafft oder ausgelagert werden. Zweites Ziel ist dann, diese Prozesse zu optimieren, die Dinge also mit möglichst wenig Verschwendung „richtig" zu tun.

Lean-Kultur – nur durch Einbindung der Führungskräfte und Mitarbeiter

Bei Analyse, Differenzierung und Optimierung geht man konsequent vor – Relativieren von Verschwendung oder Rücksicht auf gewohnte Strukturen sind fehl

Was ist Lean Management?

Seit Anfang der 90er Jahre ist Lean Management, zu Deutsch „Schlankes Management", auch hierzulande ein gängiger Begriff und wird vor allem in der Produktion angewendet. Die Umsetzung unterstützt die Optimierung der Prozesse und fördert den Unternehmenserfolg. Die Basisidee ist die Konzentration auf Wertschöpfung und Vermeidung von Verschwendung. „Verschwendung ist, was nicht direkt oder indirekt dem Kundennutzen dient" – dieser Grundsatz gilt heute auch in den indirekten Funktionen, wobei interne nachgelagerte Prozesse ebenfalls als „Kunde" betrachtet werden. Das Idealbild einer schlanken indirekten Funktion ist wie jeder Lean-Prozess durch vier Merkmale gekennzeichnet: Störungsfreiheit, Fluss, Rhythmus und Sog.

Die Reihenfolge zur Einführung ist aus der Grafik ersichtlich: Einen Prozess in Fluss zu bringen macht erst Sinn, wenn alle Störungen eliminiert sind. Einen Rhythmus kann man erst erarbeiten, wenn der Prozess fließt. Falls nötig folgt dieser dem Pull-Prinzip (Sog). Für die indirekte Funktion bedeutet das zum Beispiel: Ein Mitarbeiter weiß genau, wo er eine Information bekommt, erhält sie sofort abrufen und erhält sie in der Form und Qualität, die er benötigt. Der Idealzustand ist erreicht, wenn der Prozess störungsfrei im Rhythmus des Kunden fließt. Basis aller Lean-Methoden ist das Standardisieren von Prozessen.

am Platz. Nicht zuletzt aus diesem Grund macht es durchaus Sinn, sich mit externen Beratern eine unvoreingenommene Außensicht ins Haus zu holen. Essenziell ist zudem, Mitarbeiter und Führungskräfte von Anfang an in ein Optimierungsprojekt einzubinden.

Der Start eines Veränderungsprojektes beginnt im Idealfall mit dem Besuch eines erstklassigen Unternehmens. Danach wird intensiv diskutiert, denn er zeigt den Projekt-Mitarbeitern, was an anderer Stelle möglich gemacht wurde und welche erfolgreichen Methoden im eigenen Unternehmen übernommen werden können. Nachdem diese Sensibilisierung erfolgt ist, werden die Mitarbeiter intensiv geschult. Externe Berater sollen dabei immer auch Trainer sein, die für ein erfolgreiches Projektergebnis die methodischen Grundlagen schaffen. Die Schulungen werden durch Beispiele und Spiele didaktisch unterstützt und versetzen die Mitarbeiter in die Lage, selbst aktiv in der nachfolgenden Analyse und Prozessentwicklung mitzuwirken. Mit diesem Wissen und dem Blick auf die Verbesserungspotenziale ist in aller Regel die Motivation dafür geschaffen, um Veränderung im Prozess beziehungsweise im Bereich voranzutreiben. Im Workshop geht es dann an die Definition von Wertschöpfung, Verschwendung und Kundennutzen. Zudem werden Leitbilder und Leitsätze formuliert, beispielsweise wo die Organisation in fünf Jahren stehen soll, oder was sie tatsächlich braucht, um erfolgreicher zu werden. Darüber hinaus wird eine Organisation installiert, um den kontinuierlichen Verbesserungsprozess zu überwachen. In dieser Organisation gibt es Plattformen und Methoden für die Umsetzung von Verbesserungsvorschlägen und -notwendigkeiten, Personen, Verantwortungen und Spielregeln sind definiert. Durch sie wird der Verbesserungsprozess steuer- und messbar.

Neben den Führungskräften sind die Mitarbeiter zentraler Faktor für den Erfolg oder Misserfolg eines Lean Administration-Projekts. Deshalb müssen sie eng in den Verbesserungsprozess eingebunden werden. Ideal ist, wenn sie – genauso wie die Führungskräfte – erst einmal selbst erleben, was Lean Administration bringt, zum Beispiel in einem Planspiel. Essenziell ist, die Mitarbeiter zu jedem Zeitpunkt über Ziele und Auswirkungen von Veränderungen zu informieren und einzubeziehen. Die persönliche Zukunftsperspektive muss selbstverständlich vorhanden sein, denn Lean Administration zielt auf Produktivitätssteigerung, nicht auf reines „Cost-Cutting". In der Potenzialanalyse arbeiten Mitarbeiter in Projektteams gemeinsam mit den Führungskräften. Auch die Gestaltung der Soll-Prozesse erfolgt im Team. Die Mitarbeiter tragen das Projekt und die geplanten Maßnahmen so von Anfang an mit und

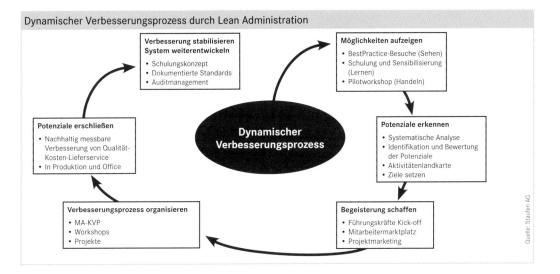

Dynamischer Verbesserungsprozess durch Lean Administration

Verbesserung stabilisieren System weiterentwickeln
- Schulungskonzept
- Dokumentierte Standards
- Auditmanagement

Möglichkeiten aufzeigen
- BestPractice-Besuche (Sehen)
- Schulung und Sensibilisierung (Lernen)
- Pilotworkshop (Handeln)

Potenziale erschließen
- Nachhaltig messbare Verbesserung von Qualität-Kosten-Lieferservice
- In Produktion und Office

Dynamischer Verbesserungsprozess

Potenziale erkennen
- Systematische Analyse
- Identifikation und Bewertung der Potenziale
- Aktivitätenlandkarte
- Ziele setzen

Verbesserungsprozess organisieren
- MA-KVP
- Workshops
- Projekte

Begeisterung schaffen
- Führungskräfte Kick-off
- Mitarbeitermarktplatz
- Projektmarketing

Quelle: Staufen AG

stehen überzeugt dahinter. Die Bereitschaft, diese dann auch umzusetzen, ist so am größten.

Systematisches Vorgehen

Der dritte Erfolgsfaktor bei der Umsetzung von Lean Administration-Projekten ist eine systematische Vorgehensweise über die Basis „Analysieren, Differenzieren, Optimieren" hinaus. Denn ein Lean Administration-Projekt kann viel kreative Energie bei den Mitarbeitern freisetzen – und diese muss kanalisiert werden.

Nach der beschriebenen Aufwärmphase geht es an die konkrete Umsetzung. Im Team werden Maßnahmen erarbeitet, Verantwortlichkeiten und Deadlines für die Umsetzung der Maßnahmen festgelegt. Neue Prozesse werden dabei genau dokumentiert, zudem die betroffenen Mitarbeiter gegebenenfalls über das Projektteam hinaus darin geschult. Und man fängt an, Potenziale zu realisieren: Durchlaufzeiten werden gesenkt, Qualität und Effizienz gesteigert. Natürlich geht das nicht sofort, denn die Menschen im Prozess müssen sich erst an neue Abläufe gewöhnen und diese einüben. Und natürlich läuft man immer Gefahr, dass diese doch in die alten Gewohnheiten zurückfallen.

Nachhaltigkeit der Ergebnisse sichern

Daher ist es unerlässlich, die Ergebnisse zu kontrollieren und erzielte Erfolge zu sichern. Grundlegend ist dabei die Arbeit in Zahlen, Daten und Fakten: Nur Kennzahlen stellen den Erfolg des Lean Administration-Projekts dar. Sowohl Wirtschaftlichkeit als auch Geschwindigkeit und Qualität müssen hier berücksichtigt werden. Nur so lässt sich kontrollieren, ob die neuen Abläufe auch eingehalten werden. Bewegt sich eine

Kennzahl dann nicht oder nur ungenügend, kann man gezielt prüfen, warum das so ist. Ohne Kennzahlen hat man vor allem in einem groß angelegten Projekt keine Möglichkeit, den Überblick zu behalten. Dafür ist auch eine gute Visualisierung der Kennzahlen und des Projektverlaufs notwendig, ebenso wie die Einführung einer Regelkommunikation. Ein weiterer Punkt in der Ergebnissicherung ist die systematische Qualifikation der Mitarbeiter – sowohl in den neuen Prozessen, als auch in den Methodiken zu deren Kontrolle.

Dynamischer Verbesserungsprozess

Beachtet man die grundlegenden Punkte, kann es gelingen, mit dem Lean Administration-Projekt einen dynamischen Verbesserungsprozess anzustoßen: Hat man einen Zyklus durchlaufen und die erreichte Verbesserung stabilisiert, geht man in die nächste Runde. So erarbeiten sich Unternehmen nach und nach eine echte und nachhaltige Lean-Kultur, die auch über den administrativen Bereich hinausgehen kann – Kosteneinsparung inklusive. ■

Der Autor

Andreas Mohren ist Senior Manager und Partner bei der Staufen AG, einer international tätigen Lean-Beratung mit Sitz in Köngen bei Stuttgart. Er ist Experte für die Themen Organisations- und Prozessexzellenz in indirekten Bereichen und Funktionen, Lean Administration sowie dynamisches Verbesserungsmanagement. Zudem ist er Trainer für die Themen Lean Administration, Projektmanagement und Critical Chain Project Management.

helbling

Ihr Partner für
Turnaround, Financial Performance,
Mergers & Acquisitions

Together we realize value

Düsseldorf · München · Stuttgart · Zürich · Lausanne

Helbling Corporate Finance GmbH

Neuer Zollhof 3 - 40221 Düsseldorf
Telefon: 0211 / 13 70 70
hcf@helbling.de
www.helbling.de

Corporate Finance
International

Helbling Corporate Finance ist
Mitglied von Corporate Finance
International, einem weltweiten
Verbund rechtlich unabhängiger
Beratungsunternehmen
www.cfi-network.com

BEST OF
CONSULTING
—2010—
1. PLATZ
„WETTBEWERBS-
STRATEGIE"
Wirtschafts
■**Woche**■

Auf nach Asien

Mit dem Inkrafttreten des China-ASEAN-Freihandelsabkommens entstand die nach Einwohnern größte Freihandelszone der Welt. Dank einer systematischen Marktbearbeitung können deutsche Unternehmen von der Dynamik in Asien profitieren und die Umsätze in der Region erheblich steigern.

Ohne großes Aufsehen in der deutschen Öffentlichkeit trat das China-ASEAN-Freihandelsabkommen am 1. Januar 2010 in Kraft. Damit ist eine Freihandelszone entstanden, die nach der Bevölkerungszahl mit über 1,8 Milliarden Einwohnern die größte und nach der Wirtschaftkraft die zweitgrößte Freihandelszone der Welt ist – geringer als die der EU, aber größer als die der NAFTA. Damit ist ein goldenes Zeitalter für Asien angebrochen. Das aktuelle schnelle Wachstum in Asien und in China (siehe Tabelle auf der Folgeseite) wurde also überwiegend von dieser Integration getrieben und nicht – wie die meisten Deutschen fälschlicherweise annehmen – von der Erholung der Weltwirtschaft. Das heißt auch: Gleichgültig, ob die Weltkonjunktur sich weiter erholt oder aber ins Stocken gerät, Asien wird weiter wachsen.

Angesicht der Größe und der Bedeutung der asiatischen Märkte sowie deren Wachstumsdynamik ist eine Präsenz und eine systematische Marktbearbeitung in Asien für deutsche Unternehmen inzwischen nicht mehr lediglich eine „Chance" oder eine „Option", sondern von existentieller Bedeutung. Denn wer in Asien nicht erfolgreich vertreten ist, kann auf Dauer auf dem Weltmarkt nicht mehr erfolgreich sein.

Systematische Marktbearbeitung tut Not

Trotz der wachsenden Bedeutung Asiens gehen manche deutsche Unternehmen beim Vertrieb in Asien jedoch immer noch opportunistisch vor. Anstatt Märkte und Wettbewerbslandschaft vor Ort zu untersuchen und eine Markteintrittstrategie zu entwerfen, überlassen sie das Asien-Geschäft immer noch Handelsvertretern, die sie zufällig kennengelernt haben oder die ihnen auf Messen über den Weg gelaufen sind. Kein Wunder, wenn ihr Absatzerfolg ausbleibt.

Eigentlich setzt eine systematische Marktbearbeitung auch eine systematische Priorisierung der Märk-

te weltweit voraus. Die Märkte sollten nach ihrer Attraktivität (Marktgröße, Wachstumsrate und erzielbare Preise/Margen) untersucht und priorisiert werden, etwa über eine ABC-Analyse: A-Märkte bedürfen einer intensiven und systematischen Marktbearbeitung, während C-Märkte entweder gar nicht oder eben nur opportunistisch bearbeitet werden. In den meisten Branchen beziehungsweise für die meisten Produkte zählen asiatische Länder wie Japan oder China inzwischen zu den wichtigsten Märkten der Welt. Entsprechend ist eine systematische Bearbeitung dieser Märkte für den langfristigen Erfolg eines Unternehmens unabdingbar.

Um die optimale Markteintritts- bzw. Vertriebsstrategie definieren zu können, muss man zuerst Märkte und Wettbewerber vor Ort kennen. Erfahrungsgemäß lassen sich die wichtigsten Informationen leider nicht durch sekundäre Marktforschung ermitteln. Um solche wettbewerbsrelevanten Informationen zu bekommen, führt man in der Regel Gespräche (Interviews) mit den Marktteilnehmern vor Ort durch: mit Kunden und Mittlern wie Händlern, Agenten oder Distributoren, aber unter Umständen auch direkt mit Wettbewerbern. Um ein unverzerrtes Bild erhalten zu können, muss man eine ausreichende Anzahl an Gesprächen führen. Wir empfehlen mindestens zehn, besser aber 20 Gespräche oder Interviews pro Land zu führen.

Direkter oder indirekter Vertrieb?

Nachdem sich das Unternehmen aufgrund der Marktuntersuchung überzeugen konnte, dass sein Produkt in dem Markt tatsächlich wettbewerbsfähig ist und die erzielbaren Preise respektive Margen sowie das potenzielle Absatzvolumen den Aufwand rechtfertigen, stellt sich als nächstes die Frage der optimalen Absatzwege. In Ländern wie Japan, wo die Kosten sehr hoch und der Aufbau einer Geschäftsbeziehung langwierig

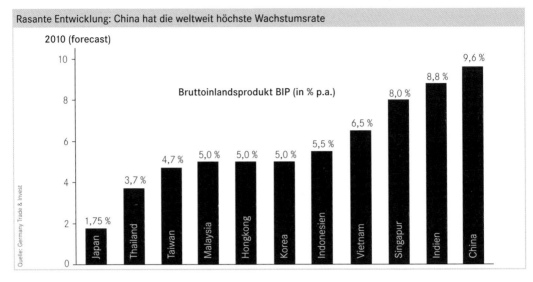

Rasante Entwicklung: China hat die weltweit höchste Wachstumsrate

2010 (forecast)

Bruttoinlandsprodukt BIP (in % p.a.)

Quelle: Germany Trade & Invest

Japan	1,75 %
Thailand	3,7 %
Taiwan	4,7 %
Malaysia	5,0 %
Hongkong	5,0 %
Korea	5,0 %
Indonesien	5,5 %
Vietnam	6,5 %
Singapur	8,0 %
Indien	8,8 %
China	9,6 %

ist, erfolgt der Markteinstieg in der Regel über Vertriebspartner (Agenten, Importeure oder Distributoren) vor Ort. Bei der Auswahl der Vertriebspartner sind dabei folgende Grundsätze zu achten:

- Der beste Partner ist nicht die größte Firma. Erfahrungsgemäß funktioniert die Partnerschaft am besten, wenn beide Partner auf Augenhöhe sind. Das heißt, dass für einen Mittelständler kleine, inhabergeführte Unternehmen als Partner oft besser sind als die großen Handelshäuser.
- Der Partner sollte bereits komplementäre Produkte vertreiben, aber keine konkurrierenden Produkte. Durch komplementäre Produkte kennt er bereits potenzielle Kunden des deutschen Unternehmens und kann dessen Produkte mühelos mitverkaufen.
- Den besten Partner findet man in der Regel nur, wenn man systematisch recherchiert und die identifizierten Firmen auch aktiv anspricht. Denn jemand, der erfolgreich ist, hat in der Regel keine Zeit, aktiv nach neuen Produkten beziehungsweise deren Vertretungsrecht zu suchen.

In Ländern, in denen die Gehälter sehr niedrig sind wie bekanntermaßen in China und Indien, lohnt es sich oft, das Geschäft über eigene Mitarbeiter zu betreiben. Denn die Kosten der eigenen Mitarbeiter in solchen Ländern sind oft niedriger als die Preisaufschläge der Händler. Weiterhin gilt zu beachten:

- Die Sales-Mitarbeiter sollten grundsätzlich nur für ihre eigene Stadt oder Region zuständig sein und möglichst nicht fliegen. Denn in Ländern wie China und Indien kostet eine einzige Flugreise oft mehr als ein Monatsgehalt.

- Das heißt auch, dass Sales-Mitarbeiter grundsätzlich dezentral rekrutiert werden und vor Ort nahe zum Kunden stationiert sein sollten. Dies spart nicht nur die Reisekosten: Nur Mitarbeiter, die vor Ort wohnen und leben, haben auch wirklich die Zeit, die Beziehungen mit den Kunden angemessen zu pflegen.
- Sales-Mitarbeiter, die oft allein in ihrer Stadt arbeiten, müssen strikt geführt werden. Anweisungen sollten schriftlich erfolgen und jede Missachtung muss sofort geahndet werden. Andernfalls geht die Arbeitsdisziplin leicht verloren.

Der optimale Sales-Standort

In den meisten asiatischen Ländern findet sich eine lokale Konzentration der produzierenden Unternehmen aus einer bestimmten Branche. Wenn man seine Produkte also nur an Produzenten einer bestimmten Branche verkauft (B2B-Geschäft), kann man durch wenige Sales-Mitarbeiter in wenigen Städten oft bereits einen Großteil des Marktes abdecken. Für China und Indien heißt das konkret, dass man im B2B-Geschäft häufig 50 bis 80 Prozent des gesamten Absatzpotenzials abdecken kann, obwohl man lediglich in drei bis acht Standorten vertreten ist. Es lohnt sich deshalb zu untersuchen, wo potenzielle Kunden sitzen und ob es eine regionale Konzentration gibt. Wenn ja, kann man Sales-Mitarbeiter gezielt platzieren und dadurch eine sehr hohe Vertriebseffizienz erreichen. Bei der Ermittlung der optimalen Vertriebsstandorte sollte man aber auch Provinzen beziehungsweise Großstädte zusammenfassen, die aufgrund der günstigen Verkehrslage von einem einzigen Vertriebsbüro aus

Wohin in China? Beispiel einer Standortanalyse in China für einen deutschen Klienten

Standort-empfehlung	Vertriebsgebiet	Kundenanzahl absolut	Kundenanteil kulminiert	Kundenumsatz in Renminbi (Yuan)	Kundenumsatz kulminiert
Shanghai	Shanghai + Zhejiang + Jiangsu	569	27%	95.016 Mrd	22%
Yantai	Shandong	459	49%	95.311 Mrd	45%
Tianjing	Tianjing + Beijing + Hebei	421	69%	71.752 Mrd	62%
Shenzhen oder Guangzhou	Guangdong	240	80%	36.319 Mrd	70%
	Henan	96	85%	18.900 Mrd	75%
	Liaoning	64	88%	15.874 Mrd	79%
	Fujian	64	91%	10.033 Mrd	81%
	Guangxi	59	94%	24.570 Mrd	87%
	Hunan	44	96%	3.706 Mrd	88%
	Yunnan	27	97%	6.016 Mrd	89%
	Heilongjiang	19	98%	11.097 Mrd	92%
	Jilin	17	99%	20.845 Mrd	97%
	Sichuan	15	99%	1.822 Mrd	97%
	Shanxi	7	99,60%	7.450 Mrd	99%
	Chongqing	4	99,80%	1.057 Mrd	99,10%
	Inner Mongolia	2	99,90%	864 Mrd	99,30%
	Hubei	2	100%	3.074 Mrd	100%
	Summe	**2.109**		**423.706 Mrd**	

Quelle: Asia-Pacific Management Consulting

bedient werden können. Kurz: Die genaue Kenntnis der lokalen Verkehrsinfrastruktur ist unabdingbar.

Genauso unabdingbar ist die sorgfältige und detaillierte Standortprüfung für den Vertrieb selbst. Ein Projektbeispiel von Asia-Pacific Management Consulting illustriert, wie aussagekräftig das Ergebnis sein kann: Wir sollten für unseren Kunden, dessen Produkt in zwölf verschiedenen Industriesektoren verwendet wird, den oder die optimalen Sales-Standorte identifizieren. Für unsere Empfehlung untersuchten wir sowohl die Anzahl als auch die Größe (nach Umsatz) der potenziellen Kunden unseres Klienten in allen zwölf Branchen und in ganz China (siehe Tabelle).

Die Tabelle zeigt, dass für diesen Klienten lediglich vier Standorte nötig waren, um 80 Prozent der potenziellen Kunden (nach Anzahl) beziehungsweise 70 Prozent des Marktpotenzials (nach Kundenumsätzen) abdecken zu können. Als erster und wichtigster Standort kristallisierte sich Shanghai inklusive den Provinzen Zhejiang und Jiangsu heraus, vor dem auf den ersten Blick für diesen Mandanten nicht weniger relevanten Shandong, dessen Verkehrsinfrastruktur jedoch deutlich schlechter ausgebaut ist. Für das dritte Vertriebsgebiet Beijing, Tianjing und Hebei erwies sich die Stadt Tianjing eindeutig als wichtigster Standort mit der höchsten Anzahl potenzieller Kunden sowie dem höchsten Marktpotenzial. Zudem bietet die Ha-

fenstadt die Möglichkeit, Waren aus Deutschland zunächst zollfrei zu importieren sowie zollfrei zu lagern und erst bei der Auslieferung an den Kunden verzollen zu lassen.

Diese wenigen, groben Kriterien können das sehr viel detailliertere, systematische Vorgehen bei der Standortwahl natürlich nur schlaglichtartig wiedergeben. Tatsächlich aber ist es erfolgsentscheidend: Verkaufserfolg in Asien ist kein Zufall, sondern basiert zu großen Teilen auf der vorherigen Markt- und Standortanalyse. Nicht zuletzt dank unseres systematischen Vorgehens dabei konnten in den vergangenen 14 Jahren zahlreiche Klienten von Asia-Pacific Management Consulting ihren Umsatz in Asien beziehungsweise in China erheblich steigern: In der Regel verdoppelte er sich innerhalb von drei Jahren. ■

Der Autor

Dr. Kuang-Hua Lin ist Geschäftsführer des auf Asien spezialisierten Beratungsunternehmens Asia-Pacific Management Consulting GmbH (APMC) mit Hauptsitz in Düsseldorf. Seit der Gründung im Jahr 1997 hat APMC über 300 deutsche Unternehmen bei ihren Asienaktivitäten erfolgreich unterstützt.

„Der Start entscheidet über den Erfolg"

Zu unkonkret, zu schwierig, zu teuer – zu den Akten: Ein Drittel aller Beratungsprojekte scheitert, ergab die Studie „Return on Consulting 2010" der Cardea AG. Oft sind die Auftraggeber selbst schuld. Warum, erklärt Cardea-Partnerin Eva Manger-Wiemann.

Frau Manger-Wiemann, ist das Ergebnis Ihrer Untersuchung für die Beratungsbranche ein Armutszeugnis?
Da gibt es sehr unterschiedliche Meinungen. Viele sagen auch: Das ist doch gar nicht so schlecht. Es gibt eben immer zwei Sichtweisen. Ich persönlich würde nicht von einem Armutszeugnis sprechen, eher von einem klaren Auftrag: Die Hebel zu finden, um künftig eine positivere Quote zu erzielen.

Klingt nach der klassischen Frage, ob das Glas nun halb leer oder halb voll ist. Was heißt denn überhaupt Scheitern?
Auch das wird von Kunde zu Kunde unterschiedlich wahrgenommen. Für uns sind Projekte dann gescheitert, wenn keine konkreten oder keine umsetzbaren Ergebnisse erarbeitet werden konnten oder wenn die Projektziele massiv verfehlt wurden. Und dafür wiederum gibt es fünf Hauptfaktoren: unklare Erwartungen, mangelndes Interesse oder interne Widerstände beim Auftraggeber sowie schlechtes Projektmanagement oder schlechtes Beratungsmanagement.

Das heißt: Vier der fünf Misserfolgsfaktoren verantwortet der Auftraggeber selbst?
Ja, die Klienten tragen tatsächlich ein gehöriges Maß Mitschuld. Weil sie oftmals in der Anfangsphase eines Projekts – gelinde formuliert – nicht sorgfältig genug arbeiten. Viele marschieren einfach drauflos. Sie sagen sich: Okay hier poppt ein Thema für uns auf, das wir angehen müssen, wofür wir aber keine eigenen Ressourcen haben, wir brauchen also externes Know-how – und dann engagieren sie schnell den nächstbesten Berater.

Was vermutlich nicht das optimale Vorgehen ist?
Ganz bestimmt nicht. Die Anfangsphase eines Projekts ist die alles entscheidende, insofern ist Consulting wie

Fliegen: Der Start ist das Gefährlichste. Wenn ein Kunde ein Projekt vergeben will, muss er sich vorab exakt seine Ziele bewusst machen. Erst dann steht die Entscheidung an, wo, wann und welche Art Expertise er von außen dafür einholen muss.

Wobei wir also bei den unklaren Erwartungen wären...
Ja, dieser Erfolgsfaktor ist den meisten Unternehmen nicht genügend bewusst. Mehr noch: Er wird massiv unterschätzt. Vorab genau hinzuschauen ist der Hebel für den gesamten Projektverlauf: Was genau will ich, was genau erwarte ich, was sind meine Ziele und Erwartungen? Bei der Klärung dieser Fragen kann ein bereits engagierter Berater natürlich unterstützen, dafür sind Berater mit ihrer Expertise ja auch da. Trotzdem muss der Kunde so mündig und professionell sein, von Anfang an und für sich selbst seine Ziele zu definieren sowie die Aufgaben und Tätigkeiten im Projekt für den Berater und für die eigenen Teams. Die Zeit dafür muss er sich einfach nehmen. Oft klärt sich dabei auch, ob es überhaupt jetzt schon Sinn macht, sich einen Berater ins Haus zu holen. Manchmal wird ein Mandat nämlich auch zu früh vergeben.

Oder es wird schlicht an den Falschen vergeben?
Ja, das Matching meiner Anforderungen mit den Angeboten verschiedener Berater ist genauso entscheidend: Wer ist für meine konkrete Aufgabe qualifiziert? Welche Methode bietet er an? Wer passt von seiner Denkweise zu mir und zu meinen Zielen? Kann er überhaupt leisten, was ich erwarte? Um das beurteilen zu können, muss mir wiederum wenigstens zu 80 Prozent klar sein, welche Rolle und Aufgaben der Berater in meinem konkreten Projekt übernehmen soll und kann. Schließlich ist die Rolle des Beraters von Fall zu Fall höchst verschieden. Brauche ich zum Beispiel eher einen erfahrenen Sparringspartner auf

gleicher Augenhöhe mit vielen ähnlich gelagerten Referenzprojekten, der mir den richtigen Wink geben kann? Oder benötige ich vielmehr einen Berater, der meine Situation methodisch analysiert, strukturiert und mir ein gutes Projektmanagement aufsetzt?

Auch interne Widerstände sind ein Risiko. Inwiefern?
Weil jedes Projekt Betroffene hat, natürlich vor allem große Reorganisations- oder Wachstumsprojekte. Gerade sie sind immer auch Kommunikationsprojekte. Das Unternehmen muss sich - ebenfalls vorab - genau überlegen, welche Bereiche in welchem Umfang tangiert werden und welche Mitarbeiter es wie weit informiert oder einbindet. Auf jeden Fall muss sich der Klient klarmachen, welche Reaktionen er woher zu erwarten hat - statt wie ein Haudegen loszulegen beziehungsweise den Berater dies tun zu lassen. Dann nämlich sind interne Widerstände vorprogrammiert: Dann wird nicht zugearbeitet, sondern es werden Informationen zurückgehalten, werden eigentlich vordefinierte Abstimmungs- und Entscheidungsprozesse nicht eingehalten oder sogar offen ignoriert. Das alles verzögert Projekte nicht nur, indem etwa Meilensteine nicht eingehalten werden können: Interne Widerstände hatten in unserer Untersuchung in der Hälfte der Fälle mit dazu beigetragen, dass das Projekt als Ganzes scheiterte.

Man könnte fast meinen, die Hauptarbeit liegt vor und nicht nach dem Projektstart.
Das mag sich alles mühsam anhören, aber: Nur wer weiß, wo er hin will, findet den richtigen Weg. Wo Erwartungen, Ziele und Rollen nicht klar sind oder sich ständig ändern, da hat kein Berater eine Chance. Zumindest aber vergibt der Auftraggeber Chancen: Es gibt ja auch ohne perfekte Vorabplanung viele Projekte, die im Verlauf als zufriedenstellend wahrgenommen werden und auch Ergebnisse bringen - bei genauerer Betrachtung aber eben nur 60 oder 70 Prozent von dem, was bei besserer Planung möglich gewesen wäre. Daran ist dann aber nicht der Berater schuld: Er kann nicht anders, wenn ihm die klare Aufgabenstellung fehlt. Wir „zwingen" unsere Kunden deshalb immer regelrecht, sich die wichtigen Fragen wirklich vorab zu beantworten. Dieser manchmal langwierige Prozess ist aber nun mal unverzichtbar und wertvoll: Oft genug haben sich die ursprünglichen Ziele in der Diskussion aller Beteiligten deutlich verschoben.

Was aber, wenn alle Sorgfalt vorab nichts nutzt?
Probleme, Verzögerungen, gar ein Scheitern können natürlich nie hundertprozentig ausgeschlossen wer-

den. Sie müssen aber früh und offen thematisiert werden - bis hin zur Möglichkeit eines Projektabbruchs. Und zwar nicht nur seitens des Auftraggebers, sondern auch seitens des Consulters. Das verlangt nicht nur das Berufsethos: Professionelle Beratungshäuser sind schließlich auch selbst an einem guten Ergebnis interessiert und schielen nicht nur auf das Honorar. Sie sagen von sich aus: Hier müssen wir nachjustieren, eine Runde extra drehen - oder sogar auseinandergehen. Man hat immerhin auch einen Ruf zu verlieren, zumal die Auftraggeber, auch die aus dem Mittelstand, immer genauer hinschauen, bevor sie Geld für Berater ausgeben.

Warum werden dann nur vier Prozent aller Projekte gestoppt, wenn 30 Prozent als gescheitert gelten?
Ja, viele Projekte müssten viel früher gestoppt werden, teils schon in der Analysephase. Und auch während des Projekts müsste man oft viel genauer hinschauen - wozu sonst sind die vielen verschiedenen Eskalationsebenen eingebaut worden? Das Problem ist jedoch, dass der stressige Projektalltag das oft einfach nicht zulässt. Niemand nimmt sich gern einen halben Tag Zeit, um die Frage zu beantworten: Woran liegt es denn, dass es so knirscht? Im Grunde müsste in jedes Projekt ein Frühwarnsystem eingebaut werden. Das jedoch ist wieder formell - und alles Formelle kostet Zeit und Geld, was beide Seiten nicht mögen.

Apropos Zeit und Geld, Ihre Studie heißt nicht umsonst „Return on Consulting": Wird der Projekterfolg neuerdings deutlich genauer nachverfolgt?
Ehrlich gesagt: Es geht so, leider. Das ergab schon unsere erste Studie aus dem Jahr 2007, die nicht Kriterien für das Scheitern, sondern für das Gelingen von Beratungsprojekten untersucht hatte: 41 Prozent der Auftraggeber wussten damals nicht einmal, ob ihr Projekt am Ende nun erfolgreich war oder nicht. ■

Zur Person

Eva Manger-Wiemann ist Managing Partner der Meta-Beratung Cardea AG in Zürich. Die Betriebswirtin leitet seit dem Jahr 2000 Projekte im Bereich der Suche und Evaluation von externen Beratern für große, international tätige Kunden in verschiedenen Branchen und ist bei Cardea für ausgewählte international tätige Firmen mit Sitz in der Schweiz und für den deutschen Markt verantwortlich. Zusätzlich berät sie Kunden bei der Einführung und Implementierung von Einkaufs- und Lieferantenstrategien, Strukturen und Prozessen für den Einkauf und das Management externer Berater.

Checkliste: Effiziente On-Top-Umsätze durch eine stetig wachsende Zielgruppe

Mit 17,6 Milliarden Euro Kaufkraft stellt die türkische Community in Deutschland eine attraktive und wachsende Konsumentengruppe dar. Türken sind konsumfreudig, wollen aber mit gezielten Angeboten angesprochen werden. Welche Regeln müssen Unternehmen beachten?

Warum ist Ethno-Marketing kein Nischenmarkt?
Jeder Fünfte in Deutschland hat einen Migrantenhintergrund. Die Türken in Deutschland haben nicht nur eine lange Historie, sondern sie sind mit 2,7 Millionen Menschen die zweitgrößte ethnische Community. Mit einem Durchschnittsalter von 29,5 Jahren ist die türkische Zielgruppe zudem 15 Jahre jünger als die der Deutschen. Und sie wächst – bis zum Jahr 2015 werden voraussichtlich 3,2 Millionen Türken ihr Geld in Deutschland ausgeben.

Warum sind spezielle Angebote nötig?
Die Türken sind stark verankert in ihrer Community und auch die junge Generation bewegt sich ständig zwischen zwei Welten. Ihre Kontakte pflegen sie in eigenen Vereinen, Sportclubs und Kiosken. Türken gehen nach wie vor in eigenen Supermärkten einkaufen, lassen sich gerne Produkte von Freunden empfehlen und nutzen deutsche und türkische Medien.

Und wie können solche Angebote konkret aussehen?
Im Lebensmittelbereich ist „Helal" ein großes Thema, also Lebensmittel ohne Schweinefleisch, Blut und Alkohol. Zwar kennt jedes Kind in Deutschland Haribo, aber erst seit dem Jahr 2010 dürfen auch Deutschtürken die Leckereien genießen. Seitdem führt Haribo ihre Helal-Produkte aus der Türkei in türkische Supermärkte in Deutschland ein. Das Girokonto der Targobank ermöglicht kostenlose Überweisungen in die Heimat Türkei. Und für Sony wurde das Karaoke-Programm „Sing Star Party" um 30 populäre türkische Lieder erweitert. Die türkische Zielgruppe fühlt sich durch individuelle Angebote besonders wertgeschätzt.

Wie erreicht man seine Zielgruppe am besten?
Es gibt mittlerweile sehr valide und umfangreiche Daten über türkische Haushalte in Deutschland. Aber diese müssen mit Insiderwissen kombiniert werden, um erfolgreiche Strategien zu entwickeln. Das kann nur jemand, der selbst Teil der Gemeinschaft ist. Unternehmen sollten neue Produkte validieren und gegebenenfalls modifizieren lassen. Die Zielgruppe sollte genau segmentiert werden, denn Türken sind nicht gleich Türken. Man muss also wissen, in welchem Kontext und welchen Medien das Produkt zu platzieren ist. Relevant ist auch, die richtigen Distributionswege zu nutzen, dazu gehören die türkischen Supermärkte, aber auch Teestuben, Friseure und Telekommunikationsläden. Wenn Angebot und Vertriebsweg stimmen, muss die passende Kommunikation ergänzt werden. Dabei reicht es übrigens nicht, die deutsche Kampagne zu adaptieren, auch weil viele Formulierungen und Klischeebilder kontraproduktiv sind.

Ist Ethno-Marketing sehr aufwendig?
Nein, man kann mit überschaubaren Investitionen sehr schnell On-Top-Umsätze generieren. Haribo hatte bereits die passenden Produkte, musste diese dann nur gezielt über die richtigen Vertriebskanäle und Kommunikation platzieren. Darüber hinaus können Branchen mit Filialbetrieb Türken erfolgreich direkt ansprechen: Sie können wichtige türkische Events wie das Zuckerfest zum Anlass nehmen, um Aktionen vor Ort zu realisieren. Das ist sowohl für große Automobilhersteller als auch für mittelständische und regionale Handelsunternehmen interessant. ■

Der Autor

Engin Ergün ist Gründer und geschäftsführender Gesellschafter von ethno IQ.

Kapitel II

Technologieberatung: Aktuelle Themen und Trends

Fitnessprogramm für die Anwendungslandschaft

Die Unternehmen leiden unter immer komplexer und teurer werdenden Applikations-landschaften. Änderungsversuche scheitern oft an einem unübersichtlichen Geflecht geschäftlicher und technischer Anforderungen. Für effektive Auswege aus dieser Situation braucht es eine Modernisierungsstrategie und ein Rahmenwerk, das der Mehrdimensionalität der Aufgabe gerecht wird.

Für manche Unternehmen in der Telekommunika-tionsbranche ist es ein Horror: Der Markt verlangt nach Produktkombinationen zu Pauschal-tarifen. Doch die vorhandenen Anwendungen erschweren die Produktgestaltung enorm. So existieren einzelne Applikationen für die Tarifierung im Mobilfunk-, Festnetz und Internetgeschäft, ebenso für die Vertragsgestaltung und die Rechnungsstellung. Sie alle innerhalb kurzer Zeit zu verknüpfen, stellt die IT vor Probleme. Ihre Lösung besteht in der Regel darin, Schnittstellen zwischen den Anwendungen zu schaffen und neue Anwendungen zu entwickeln, die die vorhandenen Daten integrieren. Das ist zwar der schnelle Weg, erhöht jedoch einmal mehr die Komplexität und verschärft damit das Problem der Beherrschbarkeit der Anwendungslandschaft.

Mit Herausforderungen ihrer Anwendungsland-schaft kämpfen mehr oder weniger alle Unternehmen. Die Gründe sind vielfältig: Wartungsverträge der Hersteller für Standardanwendungen laufen aus. Veraltete Hardware-Plattformen für selbst entwickelte Software werden nicht länger von den Anbietern unterstützt. Oder die Mitarbeiter, welche die Eigenentwicklungen einst programmiert, gewartet und um Funktionalitäten ergänzt haben, gehen in den Ruhestand – und das Know-how dadurch verloren.

Kostenkorsett und Innovationsstau

Analysten und Studien bestätigen diesen Befund. Laut Gartner-Analyst Andy Kyte steigen die Kosten für die Applikations-Portfolios in den nächsten sieben Jahren noch weiter, und zwar um durchschnittlich sechs bis neun Prozent. Eine aktuelle Studie des Marktfor-schungsunternehmens Coleman Parkes im Auftrag von HP unter 560 Entscheidern weltweit bestätigt, dass die Kosten für Betrieb, Altsysteme und Wartung wie ein Korsett empfunden werden. Fast 70 Prozent

der Befragten weisen darauf hin, dass sie nicht in neue Technologie investieren können, weil ihre Budgets in Wartung und Betrieb bestehender, geschäftskritischer Systeme und Altsysteme gebunden sind. 73 Prozent der Geschäftsentscheider betonen, dass der bestehende Innovationsstau ihre operative Flexibilität behindert, fast 60 Prozent sehen darin zudem einen spürbaren Wettbewerbsnachteil. 55 Prozent der Befragten nennen daher die Modernisierung von Anwendungen als vordringliche Herausforderung für die IT.

Eine Umfrage von Forrester Research unter mehr als 1.000 Software-Verantwortlichen in nordamerika-nischen und europäischen Unternehmen untermauert dies: Danach werden 66 Prozent der Software-Budgets für den laufenden Betrieb und die Wartung aufgewendet, der Rest für neue Software-Initiativen und Projekte. Daher steht bei ihnen derzeit ganz klar die Moder-nisierung der Anwendungslandschaft im Vordergrund.

Viele Unternehmen haben bereits Maßnahmen ergriffen, um diese Probleme in den Griff zu bekommen. Doch orientieren sich diese meist zu stark an der Technik; mit dem Ergebnis, dass manche alte oder redundante Anwendung abgeschaltet wird. Doch löst dies nicht das Gros der Probleme. Dazu bedarf es einer umfassenden Modernisierungsstrategie, basierend auf einem Rahmenwerk von Methoden und Techniken, zugeschnitten auf die individuellen Gegebenheiten und Geschäftsprozesse der einzelnen Organisation.

Das heißt: Alle Anwendungen im Unternehmen gehören auf den Prüfstand. Das ist keine leichte Auf-gabe für den CIO und braucht seine Zeit – mitunter mehrere Jahre. Ein Mensch verliert seine überflüssigen Pfunde schließlich auch nicht innerhalb weniger Tage und läuft anschließend sofort aus dem Stand einen Marathon. Eine Diät, ein Fitnessplan und eiserne Dis-ziplin gehören dazu. Genauso wie bei der Anwen-dungsmodernisierung.

Das Agile Rightstep Framework von HP

Das standardisierte und patentierte Vorgehen von HP hilft bei der Transformation der Applikationslandschaft, indem es mehrdimensional während des gesamten Prozesses und über die Zeitachse hinweg differenziert alle wesentlichen Aspekte berücksichtigt: vom Value Management über die technologische Architektur bis hin zur Governance.

Quelle: HP

Das heißt auch, dass die organisatorischen und technischen Weichen dafür im Top-down-Ansatz vom Vorstand oder der Geschäftsführung eines Unternehmens gestellt werden müssen. Eine nur aus der IT heraus getriebene Initiative ist zum Scheitern verurteilt – schon deswegen, weil es in allen Unternehmen Manager gibt, die sich mit Nachdruck gegen Veränderungen wehren. Bei der Applikationsmodernisierung geht es aber nicht darum, die Interessen einzelner Personen oder Geschäftsbereiche zu wahren, sondern die Geschäftsziele zu verfolgen.

Den Königsweg gibt es nicht

Wie aber sieht das Vorgehen bei einem solch ganzheitlichen Ansatz aus, bei dem die Applikationstransformation mit den Unternehmenszielen verknüpft wird? HP Enterprise Services hat dafür ein standardisiertes und patentiertes Vorgehen entwickelt: Das Agile Rightstep Framework. Definierte und dokumentierte Methoden und Techniken stellen dabei sicher, dass sämtliche Prozesse immer im Hinblick auf ihre technische Umsetzbarkeit und die Technik immer im Hinblick auf Geschäftsprozessverbesserungen verändert werden. Denn eine reine Prozesstransformation allein, wie sie viele Strategieberater empfehlen, würde zu kurz greifen.

Das Framework hilft den Unternehmen, in der Planungsphase zunächst ein klares Verständnis zu entwickeln von der Ist-Situation, dem Ziel und den verfügbaren Ressourcen. Einen Königsweg gibt es bei der Anwendungsmodernisierung nicht. So wird ein Unternehmen, das kurzfristig die Kosten senken muss, andere Maßnahmen ergreifen als ein Unternehmen, das langfristig seine Innovationskraft stärken will. Auch hat es keinen Sinn, innerhalb kurzer Zeit von Legacy- auf moderne Standardanwendungen zu migrieren, so lange nicht genügend IT-Mitarbeiter über das entsprechende Know-how verfügen. Daher muss die Analyse mehrdimensional ausgelegt sein: Auf der vertikalen Ebene wird die Einbindung der Applikationen in die Geschäftsprozesse und in die Infrastruktur betrachtet. Auf horizontaler Ebene wird geklärt, wie die einzelnen Anwendungen zusammenhängen.

Dabei müssen in der Planungsphase fünf Aspekte gleichzeitig betrachtet werden – die später auch für das Projektmanagement, das operative Management und die laufende Optimierung genutzt werden:

- Value Management: Wie soll sich durch die Veränderungen der Wert der Anwendungen für das Unternehmen erhöhen – in Form höherer Innovationskraft, höherer Flexibilität, Umsatzwachstum oder steigender Kundenzahlen?

- Business Architecture: Wie müssen sich die Geschäftsprozesse und das Unternehmens-Governance-Modell verändern?
- Technology Architecture: Wie soll der strukturelle Aufbau der Anwendungslandschaft aussehen?
- Change Management: Was soll sich für die Mitarbeiter in der IT sowie in den Fachbereichen verändern? Welche Kommunikation ist notwendig? Wie können die Mitarbeiter frühzeitig eingebunden werden? Wer sind die Treiber, wer die Bremser?
- Program Management und Governance: Welche Entscheidungs- und Genehmigungsprozesse müssen eingehalten werden? Welche Steuerungsgremien müssen aktiv werden?

Sieben REs für die Umsetzung

Welche Maßnahmen für die Umsetzung des Fitnessprogramms der Anwendungslandschaft konkret getroffen werden, hängt von der Unternehmensstrategie und den individuellen Rahmenbedingungen ab. Insgesamt unterscheidet HP sieben verschiedene Lösungsansätze, die häufig kombiniert werden. Mit relativ geringem Aufwand sind „Refactor", „Relearn" und „Rehost" umsetzbar. Mit Refactor werden überflüssige Codes in den Anwendungen entfernt. Relearn bedeutet, Legacy-Anwendungen auf alten Systemen einschließlich des Quellcodes zu verstehen und neu zu dokumentieren – denn die vorhandenen Dokumentationen geben oft nicht die aktuellen Funktionalitäten wider. Mittels Rehost werden diese Altanwendungen auf eine moderne Systemplattform migriert. Dies ist häufig dann der Fall, wenn die Legacy-Anwendung für das Unternehmen geschäftskritisch ist.

Einschneidende Verbesserungen hinsichtlich Kosten und Agilität sind mit diesen Maßnahmen indes noch nicht zu erzielen. Wesentlich bessere Ergebnisse sind mit „Rearchitect", „Replace" und „Retire" zu erzielen. Rearchitect bezeichnet den kompletten Neuentwurf der Anwendungslandschaft einschließlich der Einführung einer Integrationsplattform. Die Anwendungen werden zu Komponenten umgebaut, die sich flexibel zu Services zusammenfügen und lösen lassen. Meist geht dieser Prozess mit einem Reinterface einher. Die Vielzahl von Schnittstellen zwischen den Anwendungen wird durch einen Service-Bus für den Datenaustausch radikal reduziert. Jede Anwendung hat dann nur noch genau zwei Schnittstellen für ein- und ausgehende Daten, nämlich die zum Service-Bus.

Mit Hilfe von Replace wird eigenentwickelte oder veraltete Standardsoftware durch aktuelle, einheitliche Standardsoftware ersetzt. Dies reduziert die Betriebskosten deutlich. Zudem muss in der IT-Organisation

weniger Know-how vorgehalten werden. Verbunden wird Replace häufig mit Retire, dem Abschalten von redundanten Anwendungen mit gleicher Funktionalität. Hier besteht derzeit das größte Interesse der Unternehmen: Denn mit dieser Maßnahme lassen sich schnelle Erfolge erzielen, während ein Rearchitect der Anwendungslandschaft wesentlich mehr Zeit kostet.

Vereinfachung zahlt sich aus

Wie bei einem persönlichen Fitnessprogramm, so gibt es auch hier viele Hürden und Hemmungen zu überwinden. Denn nicht jeder heißt Veränderungen willkommen. Und Transparenz wirft manchmal nicht gewolltes Licht in dunkle Bereiche. Dennoch sollten sich Unternehmen nicht entmutigen lassen. Denn es lohnt sich, wie Beispiele zeigen. So hat HP selbst in den vergangenen Jahren die Zahl seiner intern genutzten Anwendungen von 4.000 auf 600 reduziert. Ergebnis: Der Anteil des IT-Budgets am Umsatz sank von vier auf zwei Prozent und HP wurde weitaus agiler. Alleine für das Ersatzteilgeschäft wurde die Zahl der Anwendungen um 90 Prozent gekappt. Dadurch verbesserte sich die Effizienz dieses Geschäftsbereichs innerhalb von drei Jahren um 19 Prozent.

Damit dies so bleibt und sich nach dem Fitnessprogramm nicht schnell wieder überflüssige Pfunde ansammeln, ist es allerdings notwendig, am Ball zu bleiben. Denn die Applikationsmodernisierung darf keine einmalige Aktion sein, sondern muss zum kontinuierlichen Prozess im Unternehmen werden. Auch in dieser Phase des Betriebs leistet das Agile Rightstep Framework wertvolle Hilfestellung – indem es beispielsweise Best Practices für eine IT-Governance-Struktur aufzeigt. Sie sorgt dafür, dass das Applikationsportfolio ständig mit der Infrastruktur sowie mit dem Projektmanagement abgestimmt wird. So wird verhindert, dass in Projekten neue Anwendungen oder Funktionalitäten eingeführt werden, die nicht der Strategie entsprechen. ■

Zum Autor

Robert Wende ist bei HP Enterprise Services Head of Applications Transformation & Integration Services für die Region Deutschland, Österreich, Schweiz. Der Diplom-Informatiker verfügt über mehr als 25 Jahre Erfahrung als Berater im IT-Umfeld. Nach Stationen bei IBM, Systematics und EDS kam Wende im Jahr 2009 zu HP. Hier leitet er ein internationales Team, das Kunden bei der Applikationsmodernisierung und der Einführung von Integrations-Architekturen unterstützt.

Die automobile Zukunft ist vernetzt

Vernetzte Entwicklung, vernetzte Produktion, vernetztes Produkt: Die Autoindustrie ist im globalen Wandel. Ihre Produkte werden aufwendiger, ihre Kunden anspruchsvoller, ihr Wettbewerb intensiver – und ihre IT komplexer: IT-Lösungen und IT-Beratung müssen alle Bereiche der Wertschöpfungskette neu vernetzen.

Innovativ sein bedeutet, proaktiv bereits heute die Trends von morgen zu antizipieren und im Idealfall deren Realisierung entscheidend mitzuprägen. Auch in einer so etablierten Branche wie der Automobilindustrie bestimmt das Innovationspotenzial eines Unternehmens maßgeblich seinen Erfolg: globale Marktchancen und -risiken, horizontale Vernetzung der Organisationseinheiten und Prozesse sowie die Herausforderungen bei der internationalen Zusammenarbeit zwischen Herstellern und seinen Zulieferern. Ständig muss dazu die Leistungsfähigkeit von Produkten und Prozessen hinterfragt, neu durchdacht und im Ergebnis angepasst oder auch revolutioniert werden.

Automobilhersteller und -zulieferer müssen sich dabei auf einen Partner verlassen können, der auf Basis seiner tief greifenden Branchen- und Prozesskenntnisse Informations- und Kommunikationstechnik (ICT) bedarfsgerecht realisiert. T-Systems kann als ICT-Partner der Automobilindustrie auf mehr als 20 Jahre Branchenerfahrung zurückblicken. Mit dem strategischen Ansatz, Systeme, Prozesse, Kunden und Produkte ganzheitlich zu betrachten, liefert T-Systems der Autoindustrie ein ganzes Bündel an Lösungen: von der Entwicklung eines Produktes über seinen gesamten Lebenszyklus und der Vernetzung der Lieferketten über den Vertrieb und Kundendienst bis hin zu im Fahrzeug eingebettete Systeme und damit dem vernetzten Produkt.

Vernetzt denken und planen

Automobilbauer betrachten und optimieren ihre Prozesse oder Lieferketten nicht mehr isoliert. Hersteller und Zulieferer arbeiten weltweit und über Unternehmensgrenzen hinweg zusammen. Prozesse in der Fahrzeugentwicklung, die früher sequenziell von den beteiligten Unternehmen abgearbeitet wurden, entstehen heute simultan in globalen Netzwerken. Der überlappende Lebenszyklus übergreifend eingesetzter Baugruppen und Plattformen erfordert völlig neue Anforderungen an die Zusammenarbeit. Heute sind Kollaborationslösungen gefragt, die die Entwicklung von unterschiedlichen Modellen für verschiedene Produktionsstätten und Märkte – aus einem gemeinsamen Baukasten – zulassen.

Fast alle großen Automobilhersteller investieren derzeit in einheitliche PLM-Pattformen (Product Lifecycle Management), die konzernweit und im Partnernetzwerk eingesetzt werden. Nur so kann der Hersteller den kompletten Lebenszyklus aller Modelle vom ersten Entwurf am Computer bis zur Auslieferung nachverfolgen.

Kompletter Lebenszyklus im Blick

Auch in der Fahrzeugkonstruktion existieren viele Herausforderungen: Verkürzung der Entwicklungszeit, Produktinnovationen, Einbindung elektronischer Komponenten, neue Fertigungsverfahren oder die Koordination weltweit verteilter Entwicklungsprojekte sind nur einige Beispiele. Dabei dreht sich das Rad immer schneller – so hat sich die Zeitspanne von der ersten Idee bis zur Serienreife seit Mitte der Neunziger Jahre gedrittelt. Diese Beschleunigung und darüber hinaus die zunehmende Komplexität der Produkte sowie der immer größer werdende Anteil an Elektronik und Software im Auto erfordern eine hocheffiziente und reibungslose Entwicklung und Produktion mit den Zulieferern.

Schon länger werden geometrische Informationen für ein Fahrzeug mit rechnergestützten CAD-Lösungen erarbeitet. Immer größere Bedeutung gewinnt aber der schnelle Austausch und die zentrale Vorhaltung dieser Daten zwischen Herstellern und Zulieferern. Mit der hochsicheren Kollaborationsplattform „Platon" von T-Systems können sich Arbeitsteams weltweit und

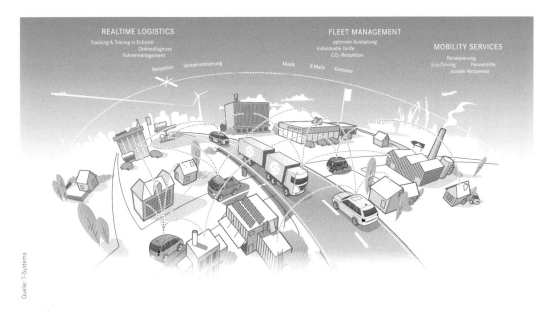

Quelle: T-Systems

„Connected Life & Work @ Car": Fahrzeuge sind auf dem besten Weg, sich in unserem vernetzten Leben und Arbeiten unverzichtbar zu machen. Genauso unverzichtbar ist für ihre Hersteller, in der Automobilproduktion vernetzt zu arbeiten.

jederzeit zum Datenaustausch, zur Kommunikation und zur Zusammenarbeit im gesicherten Netz treffen. Die Virtualisierung von Prototypen, Design und Fertigung spart somit nicht nur Zeit, sondern vermeidet auch Fehler.

Vernetzung verinnerlicht

Kaum eine andere Branche hat dabei das Prinzip der effizienten Arbeitsteilung so verinnerlicht wie die Automobilindustrie: Internationale Produktionsstätten, Hunderte Zulieferer und eine immer breitere Produktpalette verursachen einen stets steigenden Koordinationsaufwand. Entscheidend für die Qualität ist hierbei die tiefe Erfahrung mit den globalen und lokalen Logistikprozessen. Um in Zeiten von „just-in-time" und „just-in-sequence" die Lieferkette optimal abzustimmen, müssen sich die verschiedensten Systeme von Zulieferern und Partnern untereinander und gleichzeitig mit der Produktionssteuerung des Automobilherstellers verzahnen. Nur dann kann die wertvolle Balance aus „Gleichteile-Nutzung" und „marktgerechten Produkten" erreicht werden.

Moderne IT-Lösungen erlauben kurzfristige Anpassungen der Produktion, bieten maximale Ausfallsicherheit und liefern wichtige Messdaten zur Steuerung. Ein global agierender IT-Partner kann eine passende Lösung für jedes Werk entwickeln, implementieren und betreiben.

Hersteller und Händler Hand in Hand

Neben den Produktions- und Logistikprozessen stehen auch effizientes Marketing, Vertrieb und Service im Handlungsfokus der Automobilhersteller, wobei diese Faktoren immer stärker das Image der Marke bestimmen und mittlerweile maßgeblich zur Profitabilität des Herstellers beitragen. Während der Verkauf eines Neufahrzeugs im Durchschnitt nur ein Drittel der Gewinne erwirtschaftet, liefern ergänzende Dienstleistungen und Produkte in der Servicephase das Doppelte – also rund zwei Drittel – zu.

Die Autoindustrie verabschiedet sich daher immer stärker von dem Modell der strengen Trennung von Fahrzeugfertigung und unabhängigem Händlernetz. Die Hersteller steigen deswegen zunehmend in die direkte Unterstützung von lokalen Marketing-, Vertriebs- und Serviceprozessen beim Händler ein. Neben der Sicherstellung bester Servicequalität und vertrieblicher Ergebnisse steht auch die schnelle Analyse von auftretenden Fehlern im Visier. Im Bereich der Diagnose erlauben moderne Lösungen den Zugriff auf zentrale Testskripte, Fehlerdatenbanken und Freischaltcodes. Mit dem Einzug des vernetzten Fahrzeugs wird hier ein endgültiger Durchbruch stattfinden, da der Austausch von Nachrichten zwischen Fahrzeug, Hersteller, Händler, Fahrer und Halter völlig neue Möglichkeiten bieten wird.

Für die Automobilhändler und deren Prozesse bietet T-Systems eine Vielzahl an Lösungen. So hat die Telekom-Tochter beispielsweise gemeinsam mit Mercedes-Händlern „CustomerOne" entwickelt: Die Lösung unterstützt Autohäuser und Mehrmarkenhändler bei der Pflege ihrer Kundenbeziehungen sowie in der Vertriebssteuerung und eignet sich für Autohäuser unterschiedlicher Größe. T-Systems stellt hierbei zentrale Rechenzentrumsleistungen bereit, der Kunde nutzt die Software als Service.

Mitfahrende IT-Lösungen

Mit der vernetzten Entwicklung und der vernetzten Produktion wird auch die vernetzte Technik im Auto immer wichtiger: Das Auto der Zukunft kann bei Nacht weiter sehen als der Fahrer, warnt vorausschauend vor Staus und bremst bereits dann, wenn der Fahrer eine Gefahr noch gar nicht erkannt hat. Damit entwickelt sich das Auto zu einem rollenden Rechenzentrum mit (Elektro-) Motor.

Neun von zehn Innovationen im Fahrzeug basieren schon heute auf Elektronik. Die elektronischen Helfer übernehmen mehr und mehr Funktionen, die früher mechanisch geregelt wurden. Diese neuen Bauteile erhöhen damit Sicherheit, Umweltverträglichkeit, Fahrvergnügen und Komfort. Vergleicht man die Schnelligkeit der Weiterentwicklung elektronischer Geräte mit dem naturbedingt langsameren Entwicklungszyklus von Autos, so ergeben sich daraus neue Fragestellungen an die Entwicklungs-, Produktions- und Kundendienst-Prozesse.

Neues Differenzierungsmerkmal im Markt

Analysten prophezeien bereits, dass die Fahrzeugelektronik und die mitfahrende Software zum Differenzierungsmerkmal im Markt werden. Die Software entscheidet über die Qualität des Gesamtproduktes. Die junge Generation iPod lässt sich laut einer aktuellen Studie des Center of Automotive Management in Bergisch Gladbach bereits nicht mehr nach den bisherigen Mustern ans Automobil binden. Danach habe das Auto für ein Drittel der jungen Erwachsenen keinen emotionalen Mehrwert und spiele als Statussymbol keine wichtige Rolle, lediglich die Funktionalität stehe im Vordergrund.

Das Auto der Zukunft ist Teil des vernetzten Lebens und Arbeitens, und zwar in vielen Bereichen. So dient das vernetzte Auto als Entertainment-Produkt: Nutzer können aus dem Fahrzeug heraus ihren Fernseher programmieren sowie ihre Lieblingssongs oder Hörbücher aus dem Netz laden. Dank der Office-Funktionalitäten können sie sich während der Fahrt etwa, um nur ein Beispiel zu nennen, E-Mails vorlesen lassen und diese beantworten.

Informations- und Kommunikationstechnik im Fahrzeug bietet aber auch umfangreiche Telematik-Funktionen: Speditionen, Paket-Dienste oder Taxi-Unternehmen können damit ihre Fahrzeugflotten effizienter steuern oder die Fahrweise ihres Personals analysieren und so Spritverbrauch, Sicherheit oder CO_2-Ausstoß optimieren. Daneben kann das Fahrzeug natürlich auch noch direkt kommunizieren: mit dem Hersteller, um Kundenfeedback zu geben. Mit der Werkstatt, um Wartungstermine zu vereinbaren. Oder – und nicht zuletzt – im Falle eines Unfalls mit dem Pannendienst oder der Rettungsleitstelle, um Hilfe anzufordern.

Das Auto als vernetztes Endgerät

Das Ziel der Deutschen Telekom ist es, Autofahren sicherer, effizienter und komfortabler zu machen, indem das Fahrzeug mit seiner Umwelt und mit der individuellen Lebens- und Arbeitsumgebung seines Fahrers vernetzt wird. Die Vorteile von Smartphones und tragbaren Navigationsgeräten werden ergänzt um ein sicheres und autofahrergerechtes Bedienkonzept. Damit das vernetzte Auto der Zukunft schon bald für alle Fahrzeugklassen Realität wird, hat die Deutsche Telekom zusammen mit Continental eine durchgängige Lösung entwickelt, die auf dem verbreiteten Standard Android basiert. Damit können auch Autohersteller und Dienstleister ihre Services auf dieser Plattform anbieten, ohne selbst Entwicklung, Betrieb und Service leisten zu müssen. ■

Zum Autor

 Dr. Frank Kurth verantwortet bei T-Systems die IT-Anwendungsentwicklung für die Automobil- und Fertigungsindustrie. Er studierte Physik und Betriebswirtschaften in Mainz und Seattle, promovierte nach mehreren Auslands-Forschungsaufenthalten im Jahr 1995 an der Johannes Gutenberg Universität Mainz und begann daraufhin seine berufliche Laufbahn im IT-Bereich einer internationalen Bank in Frankfurt und Barcelona. Mit vielfältigen Erfahrungen im Bereich Outsourcing und Offshoring wechselte Dr. Kurth schließlich im Jahr 2006 zu T-Systems.

Vom Kostenhebel zum Wertschöpfungsinstrument

Cloud Computing ist weit mehr als ein Universalmittel für eine beschleunigte Bereitstellung von IT-Diensten und gegen angespannte IT-Budgets. Damit sich dieses zukunftsweisende IT-Konzept jedoch nachhaltig als Sourcing-Konzept etablieren kann, sind differenzierte Geschäftsmodelle nötig.

Cloud Computing ist in aller Munde: Analysten prognostizieren, dass im Jahr 2020 mehr als ein Drittel der digitalen Informationen direkt oder indirekt mit Cloud-Services oder -Infrastrukturen verarbeitet werden. Erwartete Wachstumsraten von über 30 Prozent veranlassen Anbieter bereits heute zur Vermarktung nahezu jedes denkbaren Produkts. Kundenpflege, Markenmanagement, Ressourcenplanung – alles soll die Cloud schneller und billiger machen. Besonders kleine und mittelständische Unternehmen sollen sich mit Hilfe von Cloud Computing leichter auf ihr Kerngeschäft konzentrieren können. Für die sinnvolle Nutzung innerhalb von Konzernen bedarf es jedoch einiger Anpassungen und Planungen.

Kurz gesagt ist Cloud Computing eine Methode, die Anforderungen an die IT von der unternehmenseigenen Infrastruktur zu entkoppeln. So lassen sich von Rechenleistung, Speicherplatz oder E-Mail-Plattformen bis hin zu Customer-Relationship-Management-Diensten sowie deren ganze oder teilweise Administration bedarfsgerecht an externe und erfahrene Dienstleister auslagern. Die flexible Anpassung der Betriebsmittel, auch Skalierbarkeit genannt, bietet besonders solchen Branchen Vorteile, in denen sich die ständige Vorhaltung der nur zu Lastspitzen vollständig benötigten IT-Ressourcen nicht rechnet. So werden etwa Handelsplattformen besonders in der Vorweihnachtszeit stark frequentiert; Finanzanwendungen verursachen den größten Traffic zum Ende eines Fiskaljahres; Streaming-Dienste sind bei medialen Großereignissen stark gefragt. Dennoch muss das gewohnte Reaktions- und Ansprechverhalten der Services jederzeit verfügbar sein, um Kunden und Nutzer nicht zu verärgern.

Im einfachsten Szenario stellen die Cloud Dienstleister ihre eigenen oder wiederum gemieteten Ressourcen mehreren Kunden zur Verfügung. Dank globaler Vernetzung können sie Dienstleistungen und Ressourcen dort in Anspruch nehmen, wo das Preis-Leistungs-Verhältnis am günstigsten ausfällt. So entsteht eine erheblich gesteigerte Gesamteffizienz, die auch das meist genannte Argument für Cloud Computing mit sich bringt: Mittels nutzungsbezogener Abrechnung ergeben sich zusätzliche Kostenoptimierungspotenziale für den Kunden.

Potenziale für die Sicherheit

Auch die IT-Sicherheit profitiert durch Cloud Computing. Einer von vielen Gründen dafür sind Skaleneffekte: Einmalig implementierte Sicherheitsmaßnahmen kann der Cloud Provider auf einer Vielzahl von Systemen und Services nutzen. So kann er seinen Kunden ein einheitliches Sicherheitsniveau zu erheblich günstigerem Preis anbieten, als ihn das einzelne Unternehmen mit individuellen Maßnahmen zu erzielen vermag. Der Kunde verzeichnet sinkende Kosten für IT-Sicherheit oder erzielt bei gleichbleibenden Kosten einen höheren Schutz.

Die zentrale Administration im Cloud Computing ermöglicht es dem Provider außerdem, schneller auf Sicherheitsprobleme zu reagieren. So können bei einem Angriff, zum Beispiel einer Denial of Service-Attacke, gezielt Gegenmaßnahmen eingeleitet und geschulte Sicherheitsspezialisten eingesetzt werden. Auch die flexiblen Skalierungsmöglichkeiten im Cloud Computing leisten ihren Beitrag zur Sicherheit. So können Ressourcen im Bedarfsfall gezielt umverteilt werden, um weiterhin eine ausreichende Verfügbarkeit des Services sicherzustellen.

Auch sicherheitsrelevante Patches und Filtermethoden können schneller zum Einsatz gebracht werden. Infrastruktur-Anbieter nutzen bei den von ihnen bereitgestellten, virtuellen Maschinen standardisierte Prozesse, um vorkonfigurierte und auf Sicherheit optimierte Systeme bereitzustellen sowie um Systeme mittels Patches zu aktualisieren. Solcherart standardisierte Cloud-Plattformen können einen erheblich höheren Effizienzgrad als Client-Lösungen erreichen und die Zeit bis zur Bereitstellung eines Patches minimieren.

Welche Cloud darf es sein?

Neben all den Vorteilen eines zentralen Sicherheits-Managements stellt sich bei der Anwendung von Cloud Computing schnell die Frage, wo möglicherweise sensible Daten in der Wolke mit ihrer scheinbar undefinierten Ausdehnung landen könnten. Die vier Einsatzvarianten des Cloud Computing weisen neben Unterschieden in den Freiheitsgraden zur Anpassung auf die Benutzeranforderungen auch unterschiedliche Sicherheitsarchitekturen auf.

Die **Public Cloud** als das Grundmodell verfügt über eine öffentlich zugängliche Infrastruktur. Von einem IT-Dienstleister betrieben, wird dieser Service in der Regel von einer sehr großen Nutzeranzahl in Anspruch genommen. Die Skaleneffekte sind entsprechend hoch. Gleichzeitig ist durch die hohe Anzahl der Nutzer eine maßgeschneiderte Anpassung der Dienste am wenigsten möglich. Das betrifft auch spezifische Sicherheitsanforderungen, so dass kaum mehr als Standard-Sicherheitspakete möglich sind.

Die **Private Cloud** dagegen lässt eine Organisation exklusiv für die eigenen Zwecke betreiben – oder sie betreibt die Cloud selbst. Da ausschließlich ein Kunde Zugriff auf die Cloud hat, bestehen größtmögliche Kontrolle und Sicherheit. Allerdings fallen Skaleneffekte und Kosteneinsparungen in dieser Cloud-Klasse am geringsten aus.

Die **Community Cloud** ist eine Cloud-Infrastruktur, die gemeinsam von mehreren Organisationen mit ähnlichen Interessen oder Zielen genutzt wird. Dieses Modell ermöglicht gewisse Skalierbarkeiten und hält die Kosten im Rahmen. Das Management der Infrastruktur erfolgt durch die Organisationen selbst oder extern durch einen Dritten.

Die **Hybrid Cloud** kombiniert die Vorteile zweier oder mehrerer Varianten. Dabei bleiben die unterschiedlichen Clouds eigenständige Einheiten, standardisierte oder proprietäre Verbindungen stellen die Daten- oder Anwendungsportabilität sicher. Allerdings ist eine strikte und somit meist kostspielige Trennung der Daten notwendig.

Wolkenbildung in großer Höhe

Je größer das Unternehmen und je komplexer die Anwendungslandschaften, desto stärker fällt die Gewichtung auf Prioritäten jenseits von „pay-as-you-go"

und „shared resources". Die auf den Massenmarkt ausgelegten Angebote aus der Public Cloud kommen entsprechend weniger in Betracht. Welcher Cloud-Anbieter mit welcher Cloud-Infrastruktur sich am Besten eignet, hängt von der Gewichtung und Kombination einzelner Fragestellungen in den Unternehmen ab: Während man sich hier den Kopf zerbricht, wie sich die Abhängigkeit von einzelnen Lieferanten auflösen oder die Dienstgüte der Anwendungen erhöhen lässt, steht dort die Reduzierung der Schnittstellen-Komplexität und die Genauigkeit bei der Planung von Kapazitäten im Vordergrund. Anderswo stellt sich die große Frage, wie die IT Wegbereiter für neue Geschäftsideen sein kann oder inwiefern sich die Innovationsgeschwindigkeit steigern lässt.

Über unbeantwortete Fragen hinaus kann aus der Analyse heutiger Cloud Computing-Angebote geschlossen werden, dass einzelne Aspekte sogar negativ beeinflusst werden. So vermag eine umfassende Nutzung von Anwendungen als Cloud Computing-Dienst (Software as a Service, SaaS), die Schnittstellenkomplexität zu erhöhen. Schließlich sind die beteiligten Softwaresysteme hoch standardisiert und lassen oft nur eine lose, asynchrone Kopplung über das Internet zu. Ebenso zieht die Nutzung einer Infrastruktur-Cloud (Infrastructure as a Service, IaaS) sowohl eine ungewollte Bindung an den jeweiligen Dienstleister, als auch einen Rückschritt in der Qualität der Dienstgüte nach sich. Die Innovationskraft der IT wird dann auf die Probe gestellt, wenn große Unternehmen die hohen Investitionen eines globalen Cloud Computing-Angebots durch geschlossene Architekturen zu amortisieren versuchen.

Zwei Märkte, sechs Geschäftsmodelle

Skeptikern sei an dieser Stelle die Frage erlaubt, ob sich Cloud Computing als vermeintlich anpassungsunfähiges Geschäftsmodell überhaupt für den lukrativen Einsatz in der Konzern- und Unternehmens-IT eignet. Doch für Cloud Computing sprechen zwei starke Argumente: Zum einen sind die bestehenden Beschränkungen nicht technischen Ursprungs. Dank fortgeschrittener Virtualisierung, höheren Netzwerkbandbreiten und funktionsreicheren Web-Anwendungen wird Cloud Computing nicht dasselbe Schicksal wie zuvor dem Application Service Providing oder dem Utility Computing beschieden sein.

Zum anderen zeichnet sich ein Prozess der Differenzierung ab, der den bislang integrierten Cloud Computing-Markt in mehreren Schritten diversifizieren wird. Dabei ist die Spaltung in ein Segment für massentaugliche Produkte und in ein zweites Segment für spezialisierte Dienste nur eine Vorstufe. Im Anschluss steht die Teilung in Märkte für IT-Infrastrukturversorgung sowie für universelle Software. Während der Infrastructure Utility-Markt ähnlich den beiden Sektoren Energie und Telekommunikation starken Industrialisierungstendenzen folgen wird, entwickelt sich der Software Universe-Markt hochgradig differenziert: Orientiert an Branchen und Technologien setzt eine Modularisierung ein, die neue Architekturen ermöglicht und unterschiedlichste Ansätze für IT-Systeme hervorbringen wird. Auch innerhalb der beiden Cloud-Märkte für Infrastruktur und Software werden sich weitere Betätigungsfelder in den Segmenten Güter, Dienstleistungen und Vertrieb aufzeigen. Das Modell nennt Asset-, Service- und Sales Companies.

Im industrialisierten Infrastructure Utility-Markt wird sich eine Asset Company über die bereitgestellte Dienstgüte zu differenzieren versuchen, während eine Service Company die Abhängigkeit ihrer Kunden von einem Infrastruktur-Provider aufzulösen vermag. Eine auf Vertrieb fokussierte Sales Company wird schließlich darauf bedacht sein, die Bedürfnisse ihrer Kunden nach Ausstattung und Kapazität optimal decken zu können.

Im differenzierten Software Universe-Markt dagegen wird eine Asset Company eine hohe Innovationsgeschwindigkeit anstreben, um möglichst viele Nutzer für ihre Produkte zu gewinnen. Eine Service Company wird die Komplexität der vielen Schnittstellen zwischen Cloud-basierten Anwendungsmodulen reduzieren, um potenzielle Kunden zu überzeugen. Der Vertrieb Cloud-basierter Anwendungen – entweder horizontal als „AppStore" oder vertikal auf eine Branche zugeschnitten – steht jedem Unternehmen offen, das sein Stammgeschäft durch IT-basierte Dienste erweitern will.

Das entstandene Gesamtbild ergibt eine Kombination aus zwei Märkten mit je drei Geschäftsfeldern. Die daraus resultierenden sechs Tätigkeitsfelder und Geschäftsmodelle ermöglichen die Beseitigung aller zuvor formulierten Nachteile des Cloud Computing. Einer breiten Akzeptanz dieses IT-Konzeptes steht damit nichts mehr im Weg.

Vorhersage oder Beobachtung?

Obwohl sich die meisten der heutigen Cloud Computing-Dienste auf dem Niveau von „schnell und billig" bewegen, ist der Einstieg in den differenzierten Cloud Computing-Markt als Anbieter oder Nutzer keine Zukunftsmusik mehr. Beispielhaft für den beginnenden Wandel steht etwa RightScale (www.rightscale.com).

Die Plattform des in Kalifornien ansässigen Unternehmens erlaubt ihren Nutzern die Produktivsetzung und Verwaltung von Anwendungen über die Clouds verschiedener Anbieter hinweg. Mit diesem Rückgriff auf fremde Infrastruktur ist RightScale als Service Company innerhalb des Infrastructure Utility-Marktes zu verstehen. Und auch im universellen Software-Markt beginnen sich die Geschäftsmodelle zu differenzieren. Die Deutsche Post DHL bietet zukünftig ihren Gewerbe- und Geschäftskunden einen Cloud Computing-Dienst für Dialog-, Vertriebs- und Servicemanagement an. Der „Dialogmanager Online" basiert auf einer CRM-Software von Microsoft. Der Logistikkonzern tritt als Distributor für einen Cloud-Service in seinem speziellen Marktsegment auf. Dem Modell folgend positioniert sich die Deutsche Post DHL also als Sales Company im Software Universe.

RightScale und Deutsche Post DHL sind ausgewählte Beispiele einer einsetzenden Bewegung hin zu einem differenzierten Cloud Computing-Markt, in dem sich einige Unternehmen bereits heute positioniert haben. Gemeinsam schaffen sie eine neue Klasse an Mehrwerten, die Cloud Computing zu einem vielversprechenden Szenario für geschäftliche Nutzer von IT-Leistungen machen: Von einer freien Wahl der Infrastruktur über die Auslagerung komplexer Daten- und Anwendungsintegration bis zur Erweiterung der eigenen Wertschöpfung. ■

Die Autoren

Martin Jeske ist als Managing Consultant im Bereich Strategic Technology der Detecon in Bonn tätig. Seine Beratungsschwerpunkte liegen in der Entwicklung und Umsetzung von Technologiestrategien und im ICT Innovationsmanagement. Er verfügt über eine langjährige Berufserfahrung in der IT-Branche, in der er verschiedene Positionen in Consulting und Marketing inne hatte.

Bernd Jaster ist bei Detecon als Consultant in der Competence Practice Information Technology tätig. In zahlreichen Projekten sammelte er Erfahrung in der Bewertung und Einführung von strategischen Technologien. Seine Themenschwerpunkte liegen in den Bereichen Cloud Computing und ICT Innovation Management.

Auf und App: Die Assekuranz entdeckt das Mobile Business

Mobile Applikationen sind nicht nur nette Spielereien, sondern gerade für Versicherungen ein neuer Geschäftskanal, der Kosteneinsparungen, Umsatzsteigerungen und engere Kundenbindung ermöglicht. Unternehmen, die sich jetzt richtig positionieren, können sich deutlich vom Wettbewerb absetzen

Apples iPhone und iPad waren nur der Anfang: Der Siegeszug der Smartphones und mobiler Endgeräte gilt als abgemacht. Der schwedische Marktforscher Berg Insight erwartet, dass schon in zwei Jahren jedes zweite Handy ein Smartphone ist. Und laut einer Studie von Chetan Sharma Consulting wächst der Markt für mobile Anwendungen bereits bis zum Jahr 2012 auf ein Volumen von 17,5 Milliarden Dollar. Vor allem der aufsteigende Stern am Markt schürt die Erwartungen – die Rede ist von Googles offenem Betriebssystem Android. Aktuelle Zahlen des US-Marktforschungsunternehmens NPD Group für seinen Heimatmarkt belegen, warum: Danach ist der Marktanteil der Blackberrys jüngst von 50 auf 36 Prozent gefallen, schon an zweiter Stelle folgen die Androiden mit 28 Prozent, die sogar das iPhone (21 Prozent) überholten. Zahlreiche Hardwarehersteller setzen bei den neuen Generationen der Smartphones und Tablets auf Android.

Zentrales Element der neuen, mobilen Welt sind aber die Apps: Die Zahl ihrer Downloads wächst weltweit jährlich um über 90 Prozent. Während andere Branchen, insbesondere Banken und andere Vertreter des Finanzsektors, bereits zahlreiche Business-Apps auf den Markt gebracht haben, zeigen sich die meisten Versicherungen jedoch immer noch zurückhaltend. Und wenn sie Applikationen herausbringen, dann sind diese meist sehr stark vom Marketing getrieben, ohne Integration zum Backend – womit potenzielle Probleme vorprogrammiert sind. Denn häufig werden mit der App-Erstellung kleine Agenturen oder Freelancer von der Marketingabteilung beauftragt, die zwar die Welt der bunten Bilder gut beherrschen, aber beim künftigen Ausbau der Apps über kein oder wenig Backend- und Branchen-Know-how verfügen – ihnen fehlt die Sicht für den Gesamtkontext und das Business-Potenzial der Apps.

Besonders für Versicherungen bedeuten die Smartphones einen neuen Kanal zum Kunden, der sich mehr und mehr etablieren wird. Umso wichtiger ist ihre Integration sowohl horizontal, also kanalübergreifend, als auch vertikal, also vom Frontend zum Backend. Diese Herausforderung ist nicht zu unterschätzen: Eine attraktive Applikation lässt sich zwar mit überschaubarem Aufwand realisieren und am Markt platzieren, doch muss sie mittelfristig in die jeweilige Enterprise Architecture eingefügt werden.

Ohne Gesamtkonzept geht nichts

Das Konzept der Serviceorientierten Architektur (SOA) und die BiPRO-Normen können hier wertvolle Hilfe leisten, um für jeden Kanal die richtigen Services bereitzustellen. Daneben ist natürlich auch der Aspekt Sicherheit besonders zu beachten. Kurz: Die Aufgabe verlangt ein Gesamtkonzept und die Unterstützung eines kompetenten Partners.

Hinzu kommen weitere Herausforderungen wie das begrenzte Know-how und die geringe Verfügbarkeit von Know-how-Trägern bei der Entwicklung und Integration neuer, komplexer Apps, die noch mangelnde Abgrenzung zu Internet- und Notebook-Anwendungen oder auch die Heterogenität der Endgeräte-Plattformen. So spielen neben Apples iOS und Googles Android auch Betriebssysteme wie Nokias Symbian, Windows Mobile und Blackberry OS eine signifikante Rolle am Markt, wenn auch mit aktuell offener weiterer Marktpositionierung.

Das erschwert natürlich die Entwicklung von Apps, die nahezu den gesamten mobilen Endgerätemarkt abdecken sollen oder müssen und mit Blick auf die interne Prozesskostenoptimierung, zum Beispiel beim Schadenmanagement, einen frühen Return of Investment (ROI) erreichen sollen. Jeweils spezifische Programmiersprachen und Entwicklungsumgebungen

Mobile Business für Versicherungen

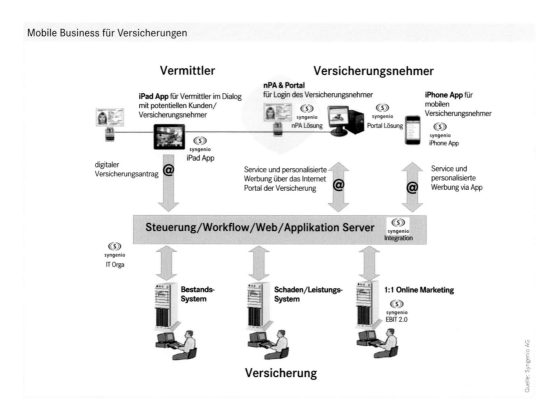

Quelle: Syngenio AG

mit eigenen Anwendungsschnittstellen (APIs) machen die Aufgabe nicht leichter. Auch Multi-Plattform-Entwicklungsumgebungen können aktuell nur einen Teilbereich abdecken oder müssen mit reduzierter Funktionalität auskommen. Um ein möglichst breites Spektrum abdecken zu können, ist es für Dienstleister deshalb essenziell, über das nötige Know-how über Objective C, Java, Java-Script, HTML 5 und insbesondere Flash sowie über mindestens einer der führenden Multi-Plattform-Entwicklungsumgebungen zu verfügen – was nur wenige aus einer Hand bieten können.

App-Konzepte aus Kundensicht

Mit den Tablets erwächst den Assekuranz-Unternehmen eine zusätzliche Herausforderung: Der Kunde schaut mit dem Vermittler zusammen auf das Pad, die Anwendungen müssen also aus Sicht des Kunden konzipiert und entwickelt werden. Das ist neu und erfordert gegebenenfalls sogar Änderungen am Backend. Vor allem aber wird die User Experience vom Nice to Have zum Wirtschaftsfaktor mit messbarem Beitrag zum Geschäftserfolg – was eine neue Zusammenarbeit IT und Vertrieb sowie Marketing bedingt.

Auf jeden Fall aber haben Mobile Business und Firmenkunden-Apps die Versicherungsbranche

erreicht. Insbesondere die Direkt-Versicherer, aber auch einige große Assekuranzen mit großen Vermittlernetzen, entdecken professionelle Apps für ihre Zwecke. Im Fokus stehen vor allem Apps, die besondere Services ermöglichen und dank denen die Kunden selbst Zusatzversicherungen abschließen können. Die Vielzahl der möglichen und lohnenden Anwendungsfelder hat teilweise aber wiederum schon dazu geführt, dass Unternehmen mehrere Apps mit nur einer einzigen Funktion herausgebracht haben, die alle einzeln geladen und auch gepflegt werden müssen. Der Markt entwickelt sich aber hin zu einer Dachanwendung: zu einer einzigen App, die alle Funktionen oder Services einer Versicherung auf sich vereint und die auch sukzessive ausgebaut werden kann – ein Trend, der schon bei den ersten Plänen einer App konzeptionell zu berücksichtigen ist.

Ähnliches gilt für den Aspekt möglicher Prozesskostenoptimierungen im Backend. Nehmen wir das Beispiel einer mobilen Schadenmeldung, die auf Knopfdruck direkt beim Schadensachbearbeiter ankommt – inklusive GPS-Koordinaten zum Unfallort, Unfallbildern und Daten zum Unfallgegner via Memofunktion in mp4-Format. Im mobilen Rückkanal kann der Versicherungsnehmer auch in Echtzeit gesteuert werden, etwa zur nächsten Vertragswerkstatt. Das Beispiel illustriert mustergültig die möglichen Zeitersparnisse und Qualitätsverbesserungen durch Apps, denn die Daten liegen sofort und eindeutig vor und sparen somit zeitaufwendiges Nachtelefonieren, Briefe und und und. Der Effekt: Nach unabhängiger Aussage eines externen Schadenmanagement-Dienstleisters kann die Bearbeitungszeit eines Schadenfalls um bis zu zehn Minuten sinken, ein ROI einer solchen App somit innerhalb kurzer Zeit erreicht werden.

Nicht weniger attraktiv ist der Einsatz von Tablet-PCs, für die bereits erste Anwendungen für Makler und Vermittler existieren. Ihre Hauptvorteile: Ein stärkeres Involvement der Kunden, die damit verbundene bessere Dialogmöglichkeit zwischen Kunde und Vermittler – nicht zuletzt durch den Effekt des „Streichelschirms" –, und dadurch nicht zuletzt auch die bessere Erreichbarkeit des Kunden für Risikobewusstsein und Vorsorge. Ein gutes Beispiel dafür ist beispielsweise die Versicherungsbedarfsvisualisierung mit Panorama Views: indem die Anwendung Privatkunden etwa virtuell durch alle Räume eines Hauses führt und dabei sämtliche Risiken in Rundum-3D-Animationen veranschaulicht. Oder indem Firmenkunden animiert die Schäden eines Betriebsausfalls durch Feuer, Wasser, Unwetter oder Diebstahl im wahrsten Sinne des Wortes „vor Augen geführt" werden.

Emotionaler Mehrwert

Solche Features zugunsten einer besseren Ansprechbarkeit des Kunden sind sogar zentral: Apps und mobile Endgeräte bieten nicht nur einen funktionalen Nutzen, sondern vor allem auch einen emotionalen Mehrwert. Apple – wer sonst? – hat dies mit als Erster erkannt und forciert in diesem Zusammenhang die Kommerzialisierung: Seine im Juli gestartete mobile Werbeplattform iAd für iPhone- und iPod-touch-Geräte, auf denen die Software-Plattform iOS 4 installiert ist, bietet Werbetreibenden die Emotion des Fernsehens zusammen mit der Interaktivität des Internets und eröffnet Nutzern die Möglichkeit, eine neue Art der Werbung zu entdecken, ohne dass sie dabei zum Verlassen ihrer Lieblings-Apps gezwungen wären. Google hat auf dieses Beispiel bereits mit der Übernahme von AdMob, dem nach eigenen Angaben weltgrößten Marktplatz für Handy-Werbung, reagiert. Der nächste Schritt ist absehbar: In Verbindung mit dem GPS-Modul von Smartphones kann dem Nutzer damit sogar in Abhängigkeit von seinem aktuellen Aufenthaltsort kontextsensitive Werbung angezeigt werden; in Fachkreisen spricht man von „location aware advertising". Selbst zum „personal aware advertising",

also zur personalisierten, auf die individuelle Lebenssituation abgestimmten Werbung, ist der Weg bereits geebnet. Siehe unsere eigene Lösung, EBIT 2.0 der syngenio AG: Sie ermöglicht, Kunden via App zielgruppengenau oder individuell mit Produktwerbung, nützlichen Tipps oder Informationen anzusprechen und auf einen beliebigen Kanal – etwa ein Internetportal oder eine andere App – weiterzuleiten.

Das macht klar: Die klassischen Versicherungs-Kommunikationssäulen Vermittler, Brief, E-Mail und Telefon werden um eine weitere ergänzt –personalisierte Internetportale und Apps für mobile Endgeräte. Die Unternehmen profitieren dabei von der günstigen Kosten-Nutzen-Relation und erhalten die Möglichkeit, unmittelbar mit der gewünschten Zielgruppe in Kontakt zu treten. Unnötige Streuverluste werden durch eine zielgruppenspezifische Ansprache, die auf eigene Kundensegmente ausgerichtet ist, vermieden. Dass die Kommunikation im Kundenbeziehungsmanagement eben eine entscheidende Rolle zukommt, belegt die Studie der Deutschen Post und YouGov-Psychonomics: „Weg vom Verwalter hin zum aktiven Dienstleister" lautet das Motto. Versicherungen punkten beim Kunden, wenn sie in Ansprache und Tonalität differenzieren, denn analog zu individualisierten Leistungen und Produkten wird auch die Kundenkommunikation zunehmend personalisiert.

Das Zwischenfazit kann deshalb nur lauten: Mobile Anwendungen werden sich innerhalb kürzester Zeit als neuer Kanal zum Kunden etablieren und sich in der Nutzung gegenüber anderen Kanälen durchsetzen. Was bisher Spielwiese, Leuchtturm oder Experiment war, benötigt jedoch ein tragfähiges Gesamtkonzept. Die Komplexität der mobilen Anwendungen wird kontinuierlich zunehmen, damit erweitert sich auch die Integrationstiefe in die Backendsysteme. Woraus wiederum nicht nur komplexere Entwicklungszeiten resultieren, sondern auch steigende Anforderungen an das notwendige Branchen- und Enterprise-Know-how. Nur Dienstleister, die beide Welten beherrschen, werden den Kunden hier mittelfristig einen echten und nachhaltigen Mehrwert bieten können. ■

Der Autor

Bernhard Bensch ist seit März 2010 Senior Business Consultant der syngenio AG. Der studierte Informatiker war zuvor 15 Jahre lang als Berater in verschiedenen Rollen tätig, wobei sein Schwerpunkt immer auf der Versicherungsbranche lag. Seine Laufbahn prägen renommierte Beratungshäuser wie debis Systemhaus, T-Systems und msg systems.

Social CRM: Wie der Kunde in Zeiten von Social Media zum König wird

Das Internet verändert rasant die Art und Weise, wie wir kommunizieren, wie wir einkaufen und wie wir arbeiten. Heute sind etwa zwei Milliarden Menschen weltweit online, über 43 Millionen Menschen sind es allein in Deutschland.

Die „Generation Y" ist bereits zu 96 Prozent Mitglied in sozialen Netzwerken wie Facebook, Twitter, Xing oder StudiVZ. Bereits die große Mehrheit der Jugendlichen von der siebten Klasse aufwärts sind Mitglieder im SchülerVZ und verbringen inzwischen täglich mehr als nur eine Stunde in dieser Umgebung. Aber auch die älteren Generationen lassen sich vom Internet begeistern, sodass sich heute bereits 55 Prozent aller Deutschen über ein Thema oder ein Produkt zuerst im Internet informiert. Längst ist das Mitmachweb, das im Fachjargon „Web 2.0" oder „Social Media" genannt wird, kein Hype mehr. Das Internet und deren Nutzer bestimmen heute die öffentliche Meinung.

Der neue Kunde im „Mitmachweb"

Eine sehr große Anzahl an Menschen hat heute weltweit den Zugang zu einer unvergleichbar großen Masse an Informationen. Das Besondere dabei ist, dass dies nicht mehr nur in Industrieländern gilt, sondern weltweit. Bauern in Indien informieren sich beispielsweise längst im dörflichen Internetcafé über die Weltmarktpreise für Baumwolle. Zwei wesentliche Merkmale kennzeichnen diesen neuen Kunden:

Er ist aktiv: Er teilt im Netz sein Wissen mit anderen Nutzern. Er gibt Empfehlungen, wenn er von einem Produkt überzeugt ist, rät ab, wirkt an der Entwicklung von Produkten und Dienstleistungen mit und gibt Hilfestellung, wenn es Probleme beim Einsatz von Produkten gibt. Häufig weiß der Konsument mehr über ein Produkt als die Entwicklungsabteilung, die das Produkt entwickelt hat.

Er vertraut seinen Mitmenschen: Unternehmen sind nicht mehr die vertrauenswürdigste Quelle für Informationen. Das fand die US-amerikanische Studie „Edelman Trust Barometer" heraus. Während 2003 lediglich 22 Prozent der befragten Nordamerikaner

und 33 Prozent der befragten Europäer „Menschen wie Du und ich" als vertrauenswürdigste Informationsquelle benannten, waren es 2005 bereits 56 Prozent der Nordamerikaner und 53 Prozent der Europäer. Die Studie zeigt darüber hinaus, dass die Befragten auch Unternehmen Vertrauen entgegenbringen, wenn die Unternehmen ihre Erwartungen erfüllen – sei es eine pünktliche Lieferung, ein guter und verlässlicher Service oder ein gutes Produkt. Kurz: wenn sich Unternehmen kundenorientiert verhalten.

Was Kunden wollen

Auch heute in Zeiten von Social Media ist die gute alte Kundenorientierung Basis für eine vertrauensvolle Beziehung zwischen Kunden und Unternehmen. Der Homeshopping-Spezialist HSE24 ist ein gutes Beispiel dafür. Das Unternehmen rückte den Kunden in den Fokus seines Geschäftes, bündelte alle Kommunikationskanäle, Service- und Salesprozesse, um den Kunden wirklich zum König zu machen. HSE24 erhielt mehrere Auszeichnungen für seine Kundenorientierung und wuchs selbst im Krisenjahr 2009 um zwölf Prozent.

Es gilt heute, mit Kunden sowohl über traditionelle, als auch über neue Kanäle in einen offenen, ehrlichen und vertrauensvollen Dialog zu treten. Diese Herausforderungen stellen die Customer Relationship Management-Strategien (CRM) von Unternehmen auf eine harte Probe. Diese Erfahrung musste auch die amerikanische Fluggesellschaft „United Airlines" machen. Als bei einem Flug die Gitarren einer amerikanischen Band kaputt gingen und die Fluggesellschaft die Beschwerden der Band nicht ernst nahm, veröffentlichte diese ein Lied darüber auf der Videoplattform Youtube.com. Das Lied „United Breaks Guitars" wurde weltweit heruntergeladen. In der Folge sanken die Aktienwerte des Unternehmens in den Keller und

Maßnahme	Unternehmensfunktion	Anwendung/Beispiel
Monitoring	Marktforschung	Mit Hilfe von Monitoring-Tools die Konversation von Kunden in Social Media beobachten. Ein interessantes Monitoring-Tool ist „cogito". Es findet diejenigen Social Media-Plattformen, auf denen der Suchbegriff fällt und sortiert die Fundstellen nach dem Kontext der Nennung: positiv, negativ oder neutral. Das Tool kann stetig trainiert werden.
Talking	Marketing	Für den Kundendialog in sozialen Netzwerken sollten Mitarbeiter abgestellt werden, die die Portale pflegen und auf Anfragen oder Kritik sofort reagieren können. Jedoch sollte der E-Mail-Kanal nicht in Vergessenheit geraten.
Energizing	Vertrieb	Social Media-Tools können für das „Sales Empowerment" genutzt werden. Die Software-Plattform „TamTamy", ein Produkt des italienischen IT-Dienstleisters Reply, bietet genau das. Mitarbeiter vernetzen sich mit anderen, kommunizieren in Blogs und teilen in Wikis ihr Know-how. Die Plattform bietet darüber hinaus die Möglichkeit, mit Kunden, Zulieferern und Partnern zusammenzuarbeiten.
Supporting	Service	Der Kundenservice kann bei Problemen direkte Hilfestellung in Social Media geben. So lässt beispielsweise der US-Telekommunikationskonzern Comcast ein Team nach Beschwerden im Netz suchen. Die Mitarbeiter kontaktieren dann die Kunden direkt über Social Media. Der Techniker hilft erst, wenn das Problem online nicht lösbar ist.
Embracing	Entwicklung	Entwicklungsabteilungen können Social Media für sich nutzen, um das Know-how der Kunden in die Entwicklung von Produkten oder Dienstleistungen einfließen zu lassen. Die Videospielindustrie bindet beispielsweise Kunden in frühe Phasen der Produktentwicklung ein. So entsteht ein Produkt, das die Bedürfnisse der Kunden wirklich befriedigt.

Quelle: syskoplan AG

die nachfolgenden Image-Kampagnen verursachten immense Kosten. United Airlines wurden zum Synonym für schlechte Kundenorientierung und für die neue Macht der Kunden, mit Hilfe von Social Media die Geschicke von Unternehmen zu bestimmen.

Quo vadis CRM?

Im Fall von United Airlines hätte eine kundenorientierte Unternehmensführung samt CRM-System das Problem vor dessen Entstehung beseitigt. Denn die Beschwerden richteten die Musiker zuerst an den Kundendienst der Fluggesellschaft. Deswegen ist auch heute ein traditionelles CRM-System unabdingbar für eine kundenorientierte Unternehmensführung. Das System muss aber durch soziale Elemente und Social Media-Kanäle ergänzt werden, sodass man heute von einer Social CRM-Strategie sprechen muss. Der Trend geht dorthin, dass Kunden ihrem Ärger nicht immer über die traditionellen Kanäle freien Lauf lassen, sondern direkt im Netz unter den Augen der Öffentlichkeit. Eine aktuelle Studie des Brand Science Institute zeigt, dass mehr als die Hälfte der 1.000 befragten Social Media-Nutzer in Deutschland bereits für Fragen, Beschwerden oder Anregungen die neuen Kanäle nutzen. Dies erfordert ein radikales Umdenken der

Unternehmenswelt. Traditionell werden im CRM-System Informationen über den Kunden gesammelt, abgelegt und verwendet, um dem Kunden (noch mehr) Produkte oder Dienstleistungen verkaufen zu können. In Zeiten von Social Media schwingt das Machtpendel zugunsten des Kunden um. Die Unternehmen der Zukunft buhlen um ihn und müssen im Gegenzug eine transparente und vertrauenswürdige Geschäftsbeziehung bieten, die gegenseitigen Nutzen und Vertrauen schafft.

„Social CRM" – und was nun?

Für viele Unternehmen bedeutet der Umgang mit Social Media jedoch einen Wandel in der Unternehmenskultur. Die Furcht vor dem Verlust von Kontrolle ist groß. Hinzu kommt, dass das Netz demokratisch organisiert ist, was der hierarchischen Organisationsstruktur von Unternehmen widerspricht. Um ein Beispiel zu nennen: Manche Unternehmen sehen es gerne, dass die Nachrichten eines Mitarbeiters auf Twitter (so genannte Tweets) vorab von allen Hierarchieebenen bis zum Vorstand überarbeitet und freigeben werden. Die Nachrichten werden so lange glatt poliert, bis alles Interessante fehlt und die Nutzer ihre Authentizität bezweifeln. Andere Unternehmen weigern sich, Social Media überhaupt für sich zu nutzen. Gerade diese Haltung bedeutet jedoch einen totalen Kontrollverlust. Denn Menschen tauschen sich auf den Plattformen sowieso über das Unternehmen aus und treffen Kaufentscheidungen, die den Erfolg und Misserfolg des eigenen Unternehmens bedeuten. Besser ist es, Social Media und Social CRM aktiv anzugehen. Eine gute Idee ist es, zuerst unternehmensintern einen Versuchsballon im Umgang mit Wikis oder Blogs zu starten und parallel dazu die Social Media-Welt als Teilnehmer zu beobachten. Wichtig ist es, vor dem Einstieg ins Netz die Ziele und Gruppen zu definieren, die man mit Social Media erreichen möchte, und eine entsprechende Strategie aufzusetzen. Nicht zu vergessen ist die abschließende Evaluation. Es gibt eine Reihe an möglichen Social Media-Maßnahmen die verschiedene Unternehmensfunktionen mit Kundenkontakt ergreifen können (Tabelle).

Die Rolle der IT in Zeiten von Social Media

In den letzten Jahren hatten IT-Abteilungen CRM-Systeme eingeführt, die die kundenorientierte Unternehmensführung optimal unterstützen. Das Credo lautete, durch einen 360-Grad-Blick auf den Kunden zu verfügen und sämtliche CRM-Prozesse in eine homogene Systemlandschaft zu integrieren, in der alle internen und externen Funktionen wie Logistik, Buchhaltung oder Lieferantenmanagement zusammengeführt sind. Darüber hinaus liefen alle traditionellen Kanäle, durch die mit Kunden kommuniziert werden konnte, in das System ein, sodass Kundenwünsche in Echtzeit befriedigt werden konnten.

Die Social Media-Kanäle waren dabei jedoch nicht berücksichtigt. Um diesen Kommunikationskanälen und den veränderten Kundenerwartungen Rechnung zu tragen, müssen IT-Abteilungen ihre CRM-Systeme neu überdenken. Wie Studien belegen, investieren IT-Abteilungen vergleichsweise wenig in Social Media-Tools. Häufig preschen dann die Marketingabteilungen vor und nutzen Social Media-Plattformen, die sich außerhalb der unternehmensinternen IT befinden, um mit ihren Kunden in Dialog zu treten. Alle Informationen, die dort entstehen, werden nicht in das unternehmenseigene CRM-System zurückgespielt und verarbeitet, sodass der zuvor teuer erkaufte 360-Grad-Blick auf den Kunden lückenhaft wird. Die IT-Abteilung verliert zunehmend die Kontrolle über die Qualität des CRM-Systems. Dabei hängt heute die Innovationsfähigkeit eines Unternehmens stark von der Vorreiterschaft der IT-Abteilung ab. Denn nur sie kann gewährleisten, dass alle Unternehmensfunktionen technologisch zusammenspielen.

Die Oberfläche der Software-Anwendung TamTamy: Mitarbeiter vernetzen sich miteinander

Die Herausforderung liegt damit bei der unternehmensinternen IT: Sie muss die Aktivitäten des Unternehmens in Social Media-Plattformen unter die Lupe nehmen und eine Lösung finden, um die neuen Kanäle in die bestehende Systemarchitektur zu integrieren. Dies ist bei größtenteils gleichbleibenden Budgets der CIOs nach der Krise sicherlich nicht einfach zu lösen. Doch sich fragen zu lassen, wie es zu einem Fall wie „United Breaks Guitars" kommen konnte, oder warum die Marketingabteilung nach der E-Commerce-Eingliederung erneut IT macht, ist keine Option. Nur mit Hilfe eines proaktiven Umgangs mit Social Media kann die IT zu einem Treiber für Kundenorientierung und Unternehmenserfolg werden. ■

Der Autor

Josef Mago ist Vorstandsvorsitzender der syskoplan AG und zuständig für die Themen Unternehmensentwicklung, Kapitalmarkt, Mergers&Acquisitions sowie Human Resources für Partner.

Pflicht oder Kür?
Welche SAP-Projekte sich jetzt lohnen

Die Signale aus der Wirtschaft werden lauter: Unternehmen wollen wieder in ihre ERP-Systeme (Enterprise Resource Planning) investieren. Wichtig ist jetzt vor allem das Wo und das Wie. Für SAP-Anwender heißt das, im Spannungsfeld zwischen Kostendruck und Qualität klare Prioritäten zu setzen – und die richtigen Projekte auszuwählen.

An den wenigsten Marktteilnehmern ist das wirtschaftliche Krisenszenario spurlos vorbeigegangen. Knappe Budgets und eine anhaltende Ungewissheit sind die ständigen Begleiter, die sich vorläufig nicht abschütteln lassen. Aber der Blick der Unternehmen geht zunehmend weg von der Problembewältigung und wieder nach vorn. Das sagen nicht nur aktuelle Studien, sondern das belegen auch die Erfahrungen im SAP-Beratungsumfeld.

Ein Kompliment an die Mehrzahl der SAP-Anwender: Wenige haben sich zu radikalen Stopps oder Kürzungen in neuralgischen Projekten hinreißen lassen. Verschiebungen waren natürlich an der Tagesordnung. Einige Projekte werden nun aus der Warteschleife geholt. Aber Vorsicht: Was vor der Krise geplant wurde, will heute gut geprüft werden. Ein ERP-System muss mehr denn je zeigen, dass es kein Kostenfresser, sondern eine wertvolle Investition in die Zukunft ist. Zum Pflichtprogramm gehört jetzt alles, was der Zukunftsfähigkeit des IT-Systems nützt und hilft, das Unternehmen flexibel aufzustellen. Mittelständler haben hier zuweilen anders gelagerte Bedürfnisse als Großunternehmen – SAP-Dienstleister müssen sich in der Praxis darauf einstellen.

Managed Services rund um SAP: Full-Service für den Mittelstand

Es gibt viele Schräubchen im SAP-System, die sich justieren lassen. Zuerst lohnt aber stets der Blick auf das Tagesgeschäft. Der reibungslose Betrieb der bestehenden (und oft komplexen) IT-Landschaft steht bei den meisten Unternehmen naturgemäß im Mittelpunkt. Absolutes Muss dabei: eine solide operative Betreuung, die eine sukzessive strategische Weiterentwicklung des ERP-Systems nicht aus dem Blick verliert. Gibt es hier Einsparmöglichkeiten und Effizienzpotenziale? Diese Frage muss immer erlaubt sein.

Wichtige Stichworte, die gewohnt antizyklisch zur wirtschaftlichen Gesamtlage wieder deutlich an Aktualität gewonnen haben, sind Outsourcing und Manged Services. Unternehmen, die sich jetzt verstärkt auf ihre wertschöpfenden Aufgaben konzentrieren wollen, können ernsthaft über die Auslagerung ihrer Support-Prozesse nachdenken und sich damit finanzielle Freiräume schaffen. Transparentere Betriebskosten, ein verbesserter Cash Flow, mehr Servicequalität und ein kurzfristiger Zugang zu State of the Art-Technologien sind einige Vorteile, die hier auf der Hand liegen. Jetzt kommt es darauf an, das passende Managed Services-Modell zu finden. Anspruchsvollen SAP-Anwendern darf es hier aber nicht eindimensional um den Preis gehen.

Zu den anspruchsvollen Anwendern gehört sicher auch der Mittelstand. Betriebe aus dem mittelständischen Bereich haben in der Regel ähnlich komplexe Prozesse wie Großunternehmen, aber gänzlich andere Strukturen. Oftmals haben sie weder das Know-how noch die Kapazitäten, eine einmal implementierte Lösung selbst zu betreuen. Mittelständische Kunden wollen einen Partner mit tiefem Prozess- und Branchen-Know-how, der Full-Service bietet – ein „Rund-um-Sorglos-Paket" schnürt. Managed Services, das heißt für den Mittelstand deutlich mehr als Outsourcing. Was zählt, ist der ganzheitliche Ansatz: vom Design der SAP-Prozesse über eine schlanke Implementierung auf Best Practice-Basis bis hin zum kundenindividuellen Support und zur Umsetzung von Projekterweiterungen. Dazu kommt als wichtige Zutat: persönliche Nähe. Wenn ein mittelständischer Kunde einen Teil seines wettbewerbskritischen Know-hows mit einem externen Partner teilt, muss die Zusammenarbeit stark von Vertrauen geprägt sein. Gewährleisten kann dies die kontinuierliche Betreuung durch ein festes Kernteam. Und wer als Partner so nah dran ist

am Kunden, tut sich leichter, aktiv aufzuzeigen, welches Verbesserungspotenzial noch nicht erschlossen ist oder welche Innovationen noch sinnvoll sind. Gerade Mittelständler sollten bei der Support-Auswahl also genau hinsehen, um wirklich das zu bekommen, was sie brauchen.

Upgrade: Der Umzug ins neue Release

Upgrade ja oder nein? Wann ist der richtige Zeitpunkt für ein Migrationsprojekt und welchen Umfang sollte es haben? ERP-Anbieter wie SAP haben in den letzten Jahren ein hohes Tempo in Sachen Weiterentwicklungen und Erneuerungen vorgelegt. Zahlreiche Anwender taten und tun sich mit einer Upgrade-Entscheidung jedoch schwer. Fakt ist: Durch die steigenden Leistungsanforderungen an die IT-Systeme und den allgegenwärtigen Standardisierungsdruck führt daran letztlich kaum ein Weg vorbei. Das Krisenjahr 2009 wirkt hier definitiv beschleunigend. Das heißt: Es ist ein guter Moment, mit einem kostensparenden Upgrade-Projekt in die Wettbewerbsfähigkeit zu investieren, sich startklar zu machen und flexibler aufzustellen. Denn jetzt werden die Weichen gestellt für das, was kommt – und teilweise schon begonnen hat. Wer beim nächsten Aufschwung oder auch bei der nächsten Delle optimal aufgestellt sein will, sollte jetzt über seinen Schatten springen.

Im ersten Schritt müssen Unternehmen sich – jenseits der Einsparung von Wartungsgebühren – über die konkreten Konsolidierungsziele klar werden, die sie mit einem Upgrade verfolgen. Egal ist dabei, ob es sich um ein technisches oder funktionales Upgrade

handelt. Ebenso wichtig ist im nächsten Schritt die Klärung der Methodik. Branchen-Know-how und Projekterfahrung des beauftragten Dienstleisters sowie der Einsatz moderner Tools und smarter Verfahren sind der Schlüssel, damit ein kostenschonendes Upgrade gelingen kann. Hier knüpft zum Beispiel das „Upgrade-to-Go für SAP"-Verfahren an. Es setzt vor allem auf die gute Vorbereitung eines Release-Wechsels. Ein zentraler Bestandteil ist die umfassende Analyse der Altlasten und die Selektion der zu migrierenden Systeme, für die die Verfahrenskomponente Global Object Manager zuständig ist. Denn wer vor einem Umzug richtig ausmistet, hat hinterher tatsächlich weniger im Schlepptau. Für viele upgrade-willige Unternehmen gibt es bei einem Release-Wechsel auf SAP ERP 6.0 aber noch eine zentrale Hürde zu überspringen: Ein Großteil der Altsysteme spricht nicht die internationale Zeichensprache Unicode. Der digitale Code ermöglicht es, alle auf der Welt gebräuchlichen Texte und Zeichen nach einem einheitlichen Standard zu speichern – dieser ist für SAP ERP 6.0 vorgesehen. So führen viele Unternehmen inzwischen im Rahmen des technischen Upgrades auch ein Unicode-Projekt durch. Das „Upgrade-to-Go"-Verfahren beinhaltet eine automatisierte Unicode-Umstellung – und sorgt damit für eine schnelle und sichere Durchführung. Unternehmen brauchen also den Umzug ins neue Release nicht zu fürchten.

Compliance: Durchblick im Dickicht

Die Listen der geltenden Auflagen, Vorschriften und Gesetze sind lang und werden täglich länger: „Compliance", das regelkonforme Handeln, gilt inzwischen als eines der größten Risiken international tätiger Unternehmen. Der Druck auf den Finanzmärkten wächst, die Erwartungen von Aktionären und Kunden steigen – Verstöße werden geahndet und verursachen nicht nur wirtschaftlichen Schaden, sondern Imageverluste. Kein Wunder, dass das Thema auf der unternehmerischen Agenda deutlich nach oben rückt. Was zählt, sind sichere Lieferketten, eine zügige Zollabfertigung bei Ein- und Ausfuhren und schnelle Lieferzeiten von Waren – und dies gemäß sämtlicher Außenhandelsvorschriften sowie länderübergreifender Übereinkommen.

Da, wo selbst Rechtsexperten bisweilen den Überblick verlieren, schlägt die Stunde der IT. Gefragt ist hier eine dynamische Lösung, die den Umgang mit dem stetig wachsenden Regelberg beherrschbar macht und Unternehmen Luft verschafft. Die SAP-Außenhandelslösung Governance, Risk & Compliance (SAP GRC) versteht sich gut darauf, die komplexen Im- und Exportprozesse zu automatisieren und zu standardisieren. Kommt jetzt noch ein erfahrener Implementierungspartner hinzu, der die individuellen Prozesse des Unternehmens zu lesen weiß und den Anwender im Umgang mit dem System fit macht, wird sich der Nebel schnell lichten. Sicherlich erleben die meisten Unternehmen Compliance als lästige Pflichtaufgabe. Dabei übersehen sie, dass mit einem IT-gestützten Compliance-Projekt auch wichtige Einblicke gewonnen und Prozesse transparent gemacht werden können – ein Vorteil, der nicht zu unterschätzen ist.

Den versteckten Effizienzbringern auf der Spur

Prozessoptimierungs- und Kostensparprogramme geben aktuell in vielen Unternehmen den Takt vor – und das wird womöglich auf absehbare Zeit so bleiben. Wie können SAP-Anwender in diesem unternehmerischen Umfeld in Sachen Prozesseffizienz schnelle Punktgewinne einfahren? Indem sie vor allem an Stellen genau hinschauen, die traditionell nicht als große Effizienzbringer gelten. Das Überraschungsmoment wird umso größer sein.

Beispiel Buchhaltung: Kleine SAP-Add-on-Tools können hier für große Wirkung sorgen, indem sie mit kurzer Einführungszeit und geringem Schulungsaufwand schnelle und messbare Erfolge erzielen. Angedockt an das SAP-System, geht es hauptsächlich darum, aufwändige individuelle und manuelle Geschäftsprozesse künftig standardisiert und vereinfacht abzubilden. Dazu gehört beispielsweise das automatisierte Erfassen von Zahlungsavisen oder Bearbeiten von Klärungsfällen, das heißt Zahlungsdifferenzen in der Rechnungsbegleichung. Das Ergebnis: mehr Speed für die Avisabwicklung, mehr Transparenz im Klärungsfall – im Klartext kürzere Bearbeitungs- und Durchlaufzeiten und reduzierte Personalkosten. So leistet das SAP-System einen wertvollen Beitrag zur Steigerung der Prozesseffizienz – mit einem hohen Return on Investment.

Auf dem Weg zu einem zukunftsfähigen IT-Management

Pflichtprogramm oder Kür? Die Aufgabe, über die Zusammensetzung des IT-Projekt-Portfolios zu entscheiden, verspricht in Unternehmen jedes Jahr neue Spannung. Nicht selten verlaufen Auswahl und Priorisierung sehr emotional. Die eingehende IT-seitige Prüfung eines Managed Services- oder Add-on-Tool-Einsatzes, eines Upgrade- oder Compliance-Projekts ist aktuell in jedem Fall ratsam. Mit einem lösungsorientierten Partner an der Seite, der die solide Weiterentwicklung seines Kunden im Sinn hat, kann es gelingen, die identifizierten Projekte möglichst kostengünstig zu realisieren und sich auftuende Freiräume konsequent zu nutzen – zumal IT-Leistungen aktuell günstig zu haben sind. Zwar macht die richtige IT-Investition zum richtigen Zeitpunkt noch kein visionäres IT-Management, aber sie kann ein zentraler Beitrag zur Zukunftssicherung sein. Ein ganzheitliches methodisches und wertbeitragorientiertes IT-Management ist denn für viele Unternehmen noch Zukunftsmusik. Neuere fachliche Erkenntnisse in Kombination mit bewährten Beratungs-Best Practices finden zunehmend Beachtung im Markt und versprechen Hilfestellung auf dem Weg zu einem modernen IT-Management. Das aktuelle wirtschaftliche Umfeld mag hier ein Beschleuniger sein. ■

Der Autor

Jörg Dietmann ist Vorstandsvorsitzender von CIBER Deutschland. Nach seinem Ingenieurstudium an der RWTH Aachen arbeitete er im Vertrieb der Philips Kommunikationsindustrie und war im Anschluss Vertriebsleiter für Zentraleuropa bei Aspect Software sowie Vertriebsleiter für Deutschland bei peoplesoft. Seit 2002 ist der Diplom-Ingenieur bei CIBER Deutschland, ehemals CIBER Novasoft, beschäftigt: zunächst als Leiter der Business Unit Retail & Consumer Products, ab 2005 als Geschäftsführer, heute als Vorstand.

Mit der IT den Energiemarkt neu erfinden

Den Energieversorgern steht gerade erst bevor, was für Telekommunikations-
unternehmen seit Jahren zum Alltag gehört: ein rasanter Wandel, nicht zuletzt getrieben
durch IT und Internet. Der Vorteil aber: Die Energie- kann dabei viel von der TK-Branche
lernen, deren Best Practices übernehmen und Risiken minimieren.

Die Anfänge der Liberalisierung des Telekommu-
nikations- wie des Energiemarktes liegen über
20 Jahre zurück. Die Öffnung der Märkte entwickelte sich jedoch unterschiedlich. Der Markt für
Telekommunikationstechnologie nahm einen rasanten
Wandel. Insbesondere durch die vielfältigen Möglichkeiten der mobilen Kommunikation und des Internets
entstanden neue Produkte und Dienste.

Anders der Energiemarkt: Auf ihm wirken sich die
strukturellen Veränderungen erst jetzt richtig aus.
Erstens wird seine Liberalisierung durch das Unbund-
ling – die Auflösung von vormals vertikal integrierten
Strukturen in Wertschöpfungsphasen – und den damit
entstehenden Wettbewerb getrieben. Zweitens nimmt
die dezentrale Energieerzeugung insbesondere bei
den erneuerbaren Energien stark zu. Drittens wird
Energie immer rationeller eingesetzt, um klimaschäd-
liche Treibhausgase zu reduzieren. Zu guter Letzt
stehen die Betreiber der Versorgungsnetze vor neuen
Herausforderungen, da die politisch geförderte, dezentrale Erzeugung wie Kraft-Wärme-Kopplung, Wind-
kraft oder Photovoltaik exorbitant wächst und die
Energien ungleichmäßig eingespeist werden.

Lernen vom Vorbild

Mit anderen Worten: Es gibt einerseits viel zu tun.
Andererseits aber auch ein Vorbild: die Transformation des Telekommunikationsmarktes. Die TK-Anbieter
stellen nach wie vor die Netzinfrastruktur bereit, um
Sprache und Daten zu übertragen. Dieses Kerngeschäft schrumpft aber immer mehr. Die Margen für
die Netzbetreiber sinken, gleichzeitig machen neue
Anbieter Kasse. Die traditionellen Geschäftsmodelle
mit linearen infrastrukturbasierten Angeboten reichen
also nicht mehr aus, auch wenn sie immer noch die
Grundlage für innovative Geschäftsmodelle bilden. Die
neuen Modelle zeichnen sich durch offene und flexible Strukturen aus, sind internetbasiert und extrem
innovativ. Die Tarife sind vielfältiger und fragmentierter. Sie lassen sich variabel kombinieren und bieten
zusätzliche Services. Die Services werden im Customer Self Care bestellt und abgerechnet. Auch werden
die Geschäftsmodelle zunehmend technologieunab-
hängiger. Gemeinsam mit Geschäftspartnern entstehen immer mehr Bündelangebote, die über sogenannte Wertschöpfungsketten bereitgestellt werden.

Anytime, anywhere, any device

Die mobile Welt setzt auf die Maxime: „Anytime, any-
where, any device". Die Menschen können in jeder
Lebenssituation Audio, Video, Location based Services,
Werbung, soziale Netze, TV, Radio, Apps etc. nutzen.
Dieser Herausforderung stellen sich die Telcos heute
erfolgreich. Sie können die Nachfrage des Marktes
decken und meistern dabei auch den Spagat zwischen
dem Investment in die Infrastruktur und dem Angebot
an Applikationen. Die Marktdiversifikation treibt die
Innovation an und ermöglicht es spezialisierten Anbietern, sich schnell, flexibel und erfolgreich am Markt
zu positionieren.

Aus der Veränderung der Geschäftsmodelle ergeben sich strukturelle Verwerfungen: Das Produktma-
nagement und Marketing schließt die Integration von
Produkten, Services und Applikationen von Partnern
ein. Die Geschäftsprozesse werden durch eine stärkere horizontale Integration kundenzentrischer und von
der Technologie entkoppelt. Die Anforderungen an die
Produktbereitstellung werden fragmentierter (Supply
Chain Management), die Produktzyklen kürzer, die
Architekturen modularer und die Verarbeitung (Transaktionen) erfolgt in Echtzeit.

Der Erfolg der IT lässt sich am besten an der Business Performance eines Unternehmens ablesen. Die
TK-Anbieter sind gefordert, ihre IT-Systeme an die

Vorbild TK-Branche: Neue Marktdynamiken ...	... bedingen neue IT-Herausforderungen
• Konsolidierung des TK Marktes (M&A)	• Silo-Applikationen mit kundenindividuellen S/W Entwicklungen können nicht einfach abgelöst werden
• Unbundling – Marktsegmentierung in Operatoren (Produzenten), Service (VAS)/Content Provider und Reseller	• Historisch gewachsene IT-Landschaften sind Kostenvernichter
• Netztransformation von leitungs- zu paketvermittelter Technologie (all IP) – Entkopplung von Transport und Content (Applikationen)	• Lange time-to-market-Zyklen sind verursacht durch fehlende Automation
• Reduzierung der Fertigungstiefe – Bereitstellung von Produkten und Services in eco-Systemen	• Batch-verarbeitende Systeme im Billing mit monatlichen Zyklen werden durch Real-time Processing abgelöst
• Migration von technologisch-orientierten zu kundenzentrischen Prozessen	• Customer Self-care und ITK-Konvergenz benötigen horizontal integrierte automatisierte Prozesse
• Konvergenz von Sprache, Daten und Images	• Die Provisionierung über Software-Delivery-Plattformen (SDP), Middleware und Fullfilment-Lösungen sind erfolgskritisch
• Konvergenz von IT & TK (fixed & mobile Netz-Content, Applikationsprodukte, Internet, Web 2.0)	• Die IT-Industrialisierung erfordert Architekturmodelle, wie ITIL, eTom, etc. und innovative Services, wie SaaS und Cloud Computing
• Ausbau der Breitbandinfrastruktur	
• Sinkende Umsätze pro Kunde	
• Verkürzung von time-to-market/time-to-revenue	

Quelle: Davoteam Danet GmbH

neuen Marktanforderungen anzupassen. Derzeit werden die Operation Support Systeme (OSS) und Business Support Systeme (BSS) schrittweise in intelligente regelbasierte Softwaresysteme transformiert. Diese können event-getriebene Services in Echtzeit zu jedem Zeitpunkt und an jedem Ort bereitstellen und abrechnen. Damit ermöglichen sie positive Kundenerlebnisse (Customer Experience) und steigern die Kundenzufriedenheit. Obige Tabelle veranschaulicht die Marktdynamiken in der TK-Branche und die sich daraus ergebenden Herausforderungen an die Geschäftsprozesse und an die IT.

Lessons learned?

Bislang hat die Energiebranche relativ wenig Gebrauch von IT-Konzepten und -Technologien gemacht. Die Segmentierung des Marktes in Erzeuger, Versorgungsnetzbetreiber, Messstellenbetreiber und Multi-Service-Anbieter bzw. Reseller sowie die daraus entstehenden Handelsbeziehungen verändern jedoch die Situation grundlegend. Die Kopplung mit dezentralen Erzeugern und die Einbindung von virtuellen Kraftwerken erfordern geänderte Geschäftsabläufe im Supply Chain Management, der Verbrauchsplanung, dem Handel und der Abrechnung. Die Transformation von einer überwiegend vertikalen Struktur – Produktion bis Vertrieb aus einer Hand – zu horizontalen Wertschöpfungsketten intensiviert den Wettbewerb. Dabei können die neuen Marktteilnehmer vorhandene Infrastrukturen und vielfältige Produktionskapazitäten nutzen und es entstehen neue Geschäftsmodelle.

Das Management, der Handel und das Brokerage von Energie werden sowohl durch die Integration vieler dezentraler Erzeuger als auch durch den Ausgleich der wetterabhängigen, intermittierenden Einspeisung in die Netze geprägt. Die dezentrale Energieeinspeisung dringt in Dimensionen vor, die die Kapazitäten in den Versorgungsnetzen an ihre Grenzen bringen können. Der Austausch von zeitnahen Informationen zu den Betriebszuständen, den Ressourcen und den Kapazitäten in den Netzen, aber auch zu den Bedürfnissen des Absatzmarktes, wird zunehmend geschäftskritischer. In diesem breiten Feld des Energiemanagements, aber auch im Monitoring der intelligenten Netze, gibt es wesentliche Einsatzfelder für innovative ITK-Plattformen.

Bereits heute können Kunden ihren Versorger einfach und schnell wechseln. Dieser Wettbewerb wird sich weiter verschärfen und die Anbieter werden ihre Kundenorientierung verbessern müssen. Es werden vermehrt Angebote mit flexiblen tageszeitabhängigen Tarifen auf den Markt kommen, den Endverbrauchern werden Verbrauchsdaten in Echtzeit angeboten und es wird zeitnäher abgerechnet.

Innovationstreiber Smart Meter

Eine wesentliche Voraussetzung für die Produkt- und Tarifinnovationen sind intelligente Zähler (Smart Meter), die genaue Informationen über die Verbrauchsstellen liefern und eine bessere Planung des Energiebedarfs ermöglichen. Durch die Anbindung der Smart Meter an das Internet können aber auch Betriebsabläufe, wie Zählerfernsteuerung, Sperrung und Aufhebung der Sperrungen sowie Begrenzungen, aus der Ferne erfolgen und damit Prozesskosten reduziert werden. Kunden erhalten die Möglichkeit, den Verbrauch von Strom, Wasser und Gas selbst zu kontrollieren und zu beeinflussen.

Die Trennung von Produktion und Verkauf, die Separation des Messstellenbetriebs, die Vernetzung der intelligenten Zähler über das Internet und das Management der Netze über ITK-Plattformen bis zu den Verbrauchern werden dafür sorgen, dass TK-Konzerne und Energieanbieter künftig im Kontext von Smart Grids konkurrieren. TK-Anbieter denken auch darüber nach, ihre vorhandenen BSS-Infrastrukturen sowohl für Smart Metering als auch für die Endkundenabrechnung im Energiemarkt einzusetzen.

Gleichzeitig drängen Multi-Service-Unternehmen in den Markt und die Stadtwerke werden die sich bietenden Marktchancen nutzen. Diese bauen in ihren kommunalen Versorgungsgebieten Glasfasernetze aus, lancieren Triple-Play-Produkte (Sprache, Daten, Video) und bieten Full-Service – von Strom, Gas, Wasser bis zu Telefon, TV und Internet – aus einer Hand an. Dabei hilft die Trennung von Transport und Content der Next Generation Network (NGN)-Technologien, wodurch neue Geschäftsmodelle entstehen: Sie werden eingekaufte TK-Produkte und TK-Dienstleistungen, den Betrieb der lokalen Zugangsnetze und/oder den Verkauf von Bandbreite (Whole Sale) sowie die Nutzung der vorhandenen Vertriebs- und der Customer Care-Strukturen (Retail) flexibel kombinieren.

Eine Rechnung für alles

Die Stadtwerke setzen dabei auf ihren Status als lokaler Versorgungspartner und beabsichtigen ihre Position durch das Up-Selling von TK-Diensten zu stärken. Über gebündelte Versorgungsangebote sind neue Preismodelle – zum Beispiel mit Volumenrabatten – möglich. Eine ähnliche Entwicklung haben die Endverbraucher bereits in der TK-Branche erlebt, als Festnetzbetreiber und Internet Service Provider gebündelte Produkte mit mobilen Services auf den Markt gebracht haben. Analog zum TK-Markt werden die Stadtwerke Kostensenkungspotenziale durch integrierte und automatisierte Geschäftsprozesse für das Auftragsmanagement, die Bereitstellung, die Qualitätssicherung, die Abrechnung und die Kundeninteraktion realisieren.

Die Zusammenführung der Rechnungslegung für Strom, Wasser und Gas oder die Nutzung eines einheitlichen Customer Care Systems sind nahe liegend. Dazu sind agile und echtzeitfähige Business Support Systeme unerlässlich. Den Standard setzt auch hier einmal mehr der TK-Markt, wo Online-Portale (Customer Self-Care, eCommerce), Online-Rechnungen und integrierte Sicherheitslösungen schon heute unabdingbar sind.

Mehr Zusammenarbeit

Zusammenfassend erfordern die aktuellen Entwicklungen eine stärkere Zusammenarbeit zwischen allen Marktteilnehmer, also von Erzeugern, Netzbetreibern, Multi-Service-Unternehmen und nicht zuletzt den Kunden. Dazu bedarf es transparente und automatisierte Abläufe in der Betriebssteuerung, für das Auftragsmanagement, die Abrechnung (Retail und Whole Sale), die Kundeninteraktion und das Identitäten- und Zugangsmanagement.

Die Energiebranche kann dabei entweder das Rad neu erfinden. Oder sie nutzt Synergien aus dem TK-Sektor: Angefangen von neuen Geschäftsmodellen über die Geschäftsprozessoptimierung bis hin zur Geschäftsentkopplung von der Technologie und die Geschäftsautomation über agile und flexible IT-Systeme hat diese „Vorbild-Branche" im Zuge der eigenen Transformation von vertikal- zu horizontal-integrierten Strukturen ganz ähnliche Veränderungen vollzogen – und gemeistert. ■

Der Autor

Jürgen Martin, Jahrgang 1957, ist seit 2006 Mitglied der Geschäftsleitung der Devoteam Danet GmbH. Der Diplom-Ingenieur leitet die Business Unit Business Consulting und ist für Business Development und Central Marketing verantwortlich. Seit seinem Eintritt in das Unternehmen im Jahre 1999 hatte er verschiedene verantwortliche Führungspositionen inne. Unter anderem verantwortete er die Restrukturierung der amerikanischen Niederlassung, war Chief Operating Officer (COO) der französischen Niederlassung sowie Leiter der Consulting-Geschäftsstelle in Bonn. Zuvor war er unter anderem Leiter Customer Solutions Europe bei Global One und Senior-Berater bei Detecon.

Agile Methoden: Software für dynamische Märkte und flexible Unternehmen

Immer mehr Softwareprojekte werden mit agilen Entwicklungsmethoden durchgeführt. Was erklärt deren Erfolg? Christian Schreyer, Certified Scrum Master und Management Consultant beim IT-Beratungsunternehmen Cirquent, beantwortet Fragen zur Praxis agiler Methoden.

Das „Best Quality Institute" verleiht jährlich einen Preis für den besten Umgang mit Agile Methoden und hat im Statusreport 2010 über die Entwicklung von Agile Software eine Vielzahl an Methoden beschrieben. Wie sehen Sie die Entwicklung in diesem Feld?

Medien und IT-Manager, die in diesem Bereich bisher weniger aktiv waren, sprechen heute von einem neuen Trend oder sogar von völlig neuen Methoden. Mich persönlich wundert das. Denn bei diesem „neu" schwingt oftmals ein „und vielleicht unerprobt" mit. Die Ansätze zu agilem Vorgehen reichen nunmehr 30 Jahre zurück und sind bereits – nicht nur in der Software-Entwicklung – mit großem Erfolg eingesetzt worden. Der Statusreport bietet zwar tatsächlich einen guten Überblick über die Methodenvielfalt agiler Software-Entwicklung, die wichtigsten Prinzipien wurden allerdings bereits vor fast zehn Jahren im Agilen Manifest formuliert.

Welche Prinzipien sind das? Und sind diese Prinzipien aus dem Agilen Manifest noch aktuell?

Die Werte und Prinzipien des Agilen Manifests bilden die Grundlage für agile Vorgehensweisen und haben nicht an Aktualität verloren. Als Ziel wurde darin formuliert, bessere Wege der Software-Entwicklung aufzuzeigen und damit Software schneller, schlanker und vor allem kundengerechter, ob für interne oder externe Kunden, zu entwickeln. Dieses Ziel ist angesichts der Wettbewerbsintensität vieler Branchen aktueller denn je.

Die aus meiner Sicht einfache wie revolutionäre Neuerung war dabei das im Agilen Manifest beschworene Prinzip, früh Mehrwert zu schaffen. Mehrwert heißt in diesem Kontext lauffähige Software, die die Anforderungen mit der höchsten Priorität abdeckt. Man ist jederzeit in der Lage, im Rahmen einer agilen Vorgehensweise auf Veränderungen in Anforderungen und Prioritäten zu reagieren, sobald sie sich aus der engen Abstimmung mit dem Auftraggeber heraus ergeben, was auch ein völlig neues Element ist. Diese Flexibilität erzeugt einen qualitativen Sprung – agile Software-Entwicklung ist kundennäher, da immer auf die wesentlichen Anforderungen konzentriert, die sich erfahrungsgemäß jedoch durchaus während der Projektlaufzeit noch ändern können. Diese Werte und Prinzipien decken sich übrigens sehr weitgehend mit denen des Lean Managements.

Stoßen Sie in der Praxis dennoch auf Vorbehalte gegen diese Methoden?

Ja, durchaus. Agile Software-Entwicklung ist eine Frage der Unternehmenskultur. Befürworter finden sich vorrangig in Unternehmen, die sich in sehr dynamischen Marktumfeldern befinden und folglich flexibel reagieren müssen. Das verlangt Entwicklungsmethoden, bei denen auf neue Anforderungen schnell reagiert werden kann. Daneben gibt es Unternehmen, die in ruhigeren Märkten agieren – diese Märkte werden aber mehr und mehr zu Ausnahmen. Auch dies trägt zum Erfolg der agilen Methoden bei.

Sie selbst und viele Ihrer Kollegen bei Cirquent arbeiten nach Scrum. Warum?

Scrum ist eher ein Framework und damit flexibler als eine dedizierte Methode. So organisiert sich das Team im Wesentlichen selbst und trägt die Verantwortung für die zugesicherten Ergebnisse. Ein weiteres Plus: Innerhalb der Iterationen eines Scrum-Projektes können wiederum andere Methoden zum Einsatz kommen, beispielsweise Extreme Programming. Dies macht den Ansatz sehr flexibel. Wir haben bei Cirquent damit über viele Jahre gute Erfahrungen gemacht und bilden an unserer Academy selbst Certified Scrum Master sowie Certified Product Owner aus.

Welche Bestandteile machen den Scrum-Ansatz so erfolgreich?

Da greift vieles ineinander. Ich habe Projekte umgesetzt, in denen letztlich nur 40 Prozent der ursprünglich angedachten Funktionalitäten implementiert wurden – und die dennoch erfolgreich waren, weil die wichtigsten Funktionen erst im Verlauf des Projektes hinzukamen. Der Grund: Bei Scrum erhalten die Anwender über den Product Owner Mitverantwortung, können in jeder Iteration neue Funktionalitäten aufnehmen und Prioritäten verschieben. Das macht diesen iterativen Ansatz so flexibel.

Gleichzeitig trimmt Scrum auf Effizienz. Am Ende jeder Iteration steht eine lauffähige Software mit den aktuell priorisierten Funktionen. Ein weiterer Punkt ist das Time Boxing, also die klaren Zeitlimits für Meetings und Iterationen. Das ist für Anfänger im Team – und damit auch für viele Kunden – oft schwierig, aber es macht nicht zuletzt auch den Entwicklungsteams wesentlich mehr Spaß, unter diesen Bedingungen zu arbeiten.

Wie erleben die späteren Anwender den Ansatz?

Motivierend ist, dass man wirklich für die Anwender arbeitet. Sehr schnell sehen die Anwender, wie die Funktionalität in der Benutzeroberfläche abgebildet ist und damit, dass viele der vorher abstrakt formulierten Anforderungen sich in der Praxis anders viel besser realisieren lassen. Statt Anwender wie in den klassischen Methoden nach vielen Monaten mit etwas „Fertigem" zu überraschen und dann möglicherweise Enttäuschung zu erfahren, bin ich bei Scrum und anderen agilen Methoden ganz nah am Anwender, hole früh das Feedback ab und kann jederzeit auf Änderungswünsche reagieren. Scrum wirkt sich direkt auf die Qualität der Lösung aus.

Woran können denn Ihrer Meinung nach agile Softwareprojekte scheitern? Und wie kann man einem Scheitern vorbeugen?

Die größte Falle: Methoden wie Scrum können die Probleme aufzeigen – aber die Methode kann Probleme nicht „automatisch" lösen. Ein einfaches Beispiel: Werden bei einer kleinen Mannschaft neben dem Scrum-Projekt viele andere Projekte parallel gefahren, so werden die täglichen Scrum-Abstimmungsmeetings zwangsläufig durch mangelnde Beteiligung geprägt sein. Man sieht also sehr schnell, dass der Personalumfang unzureichend ist. Damit sich diese Situation verbessert, sind nicht noch mehr Einladungen zum Meeting nötig, sondern ein durchsetzungsstarkes Management, das für eine bessere Ausstattung sorgt.

Meine Erfahrung: Stimmt das Commitment und ist die Methodenkompetenz da, sind die Erfolgsaussichten von Scrum-Projekten, was Qualität, Zeit und Budget angeht, höher als die Erfolgsaussichten klassischer Waterfall-Methoden.

Welche Trends werden die weitere Entwicklung im Bereich Agile Software prägen?

Die anfangs erwähnte Studie zeigt, welche Methodenvielfalt heute existiert. Ich denke, dass die Entwickler mit Erfahrung im agilen Software-Bereich immer souveräner mit den Methoden umgehen und sie gezielt kombinieren. Auch die Cirquent Teams erreichen auf diesem Weg mehr Flexibilität. Ausserdem gehören agile Methoden für die heutige Generation junger Software-Ingenieure bereits zum Handwerkszeug.

Der dritte Trend betrifft die Projektmanagement-Tools. Hier gibt es definitiv noch Nachholbedarf, wenngleich es bereits eine Reihe von Tools und Toolerweiterungen für die Unterstützung agiler Methoden gibt. Erfahrene Entwickler und Projektmanager haben hier häufig ihre individuellen Werkzeuge im Einsatz, die großen, allgemein bekannten Software-Tools fehlen aber noch.

Warum werden klassische Projektmanagement- und Reporting-Tools den agilen Methoden nicht gerecht?

Innerhalb der Teams besteht zum Beispiel bei Scrum dank der täglichen 15-minütigen Meetings guter Überblick über die Fortschritte. In puncto Dokumentations- und Reporting-Tools, um indirekt Beteiligte zu informieren, gibt es noch Nachholbedarf. Die Herausforderung lautet: Wie teile ich einem Personenkreis die Fortschritte auch dann verständlich mit, wenn sich Prioritäten und Zielsetzungen verschieben? Klassische Reporting-Tools gehen von starren Zielsetzungen zwischen den Iterationen und Prioritäten aus, vergleichen Soll- und Ist-Zustand zu bestimmten Zeiten. Dies wird agilen Softwareprojekten nicht gerecht, wo beispielsweise Burndown Charts für die Darstellung des abgearbeiteten und noch anstehenden Aufwands sowie Planung einzelner Sprints verwendet werden.

Diesen Herausforderungen müssen wir uns gegenüber Auftraggebern als externe Entwicklerteams immer wieder stellen. Agile Reporting-Tools könnten das Vertrauen der Auftraggeber in agile Methoden allerdings weiter verbessern. ■

Der Autor

Christian Schreyer ist Certified Scrum Master und Management Consultant beim IT-Beratungsunternehmen Cirquent.

Checkliste: Was leisten die verschiedenen Mobile-Disziplinen für Ihren Marketingerfolg?

Boomende Smartphone-Verkäufe und immer neue Möglichkeiten der mobilen Kommunikation verändern radikal die Art und Weise, wie sich Kunden mit Ihrem Unternehmen auseinandersetzen. Wie Sie mit dieser Entwicklung umgehen und sie effektiv für Ihr Marketing nutzen können, erfahren Sie in dieser Checkliste.

Wie ändert sich das Nutzerverhalten meiner Kunden?

Sie können es täglich beobachten: In Bussen und Bahnen, auf der Straße – überall und immer benutzen Menschen ihr Handy. Doch schon lang benutzen sie es nicht mehr zum Telefonieren. Es werden soziale Netzwerke gepflegt, nach dem richtigen Weg geforscht, es werden Preise verglichen und E-Mails gelesen. Vor allem werden mobile Angebote genutzt, die dem Anwender eine Lösung zu einem Problem bieten, das er „unterwegs" hat. Diese Tatsache sollten Sie immer im Hinterkopf behalten, wenn Sie sich konzeptionell mit Ihrer mobilen Marketingstrategie beschäftigen.

Braucht mein Unternehmen eine eigene App?

Möglicherweise. Lassen Sie sich bitte nicht davon nervös machen, dass Ihre Mitbewerber auch eine App haben. Lassen Sie sich auch nicht zu der Annahme verleiten, „dabei sein" zu müssen und nur deswegen eine App zu brauchen. Fakt ist: Durch mobile Applikationen für Smartphones wurde das mobile Marketing zum ersten Mal wirklich greifbar für eine breite Masse an Konsumenten.

Vorher machen Sie sich jedoch darüber Gedanken, was für einen mobilen Mehrwert Ihre App bieten kann. Geben Sie Ihrem Kunden einen Nutzen, der ihm sofort einleuchtet. Darüber hinaus sollten Sie bedenken, dass die App nicht für sich allein stehen darf, sondern intelligent in die Gesamt-Marketingstrategie Ihres Unternehmens integriert sein muss. Finden Sie für diese Herausforderungen sinnvolle Lösungen, spricht alles dafür, dass Sie in eine App investieren sollten.

Sind mobile Websites sinnvoll?

Auch hier gilt: Wenn Sie ein Online-Angebot haben, das dem mobilen Nutzer einen Mehrwert bieten kann, sollten Sie nicht zögern, eine mobile Website zu launchen. Doch Vorsicht: Versuchen Sie nicht, sämtliche Details Ihres eigentlichen Webauftritts in der mobile Site unterzubringen. Sortieren Sie lieber großzügig aus und bereiten Sie die wirklich essentiellen Bereiche sinnvoll auf.

Hat der Smartphone-Boom Auswirkungen auf mein E-Mail-Marketing?

Ja. Im Moment erscheint die Zahl derjenigen, die mobil ihre Mails lesen, noch gering. Doch durch immer leistungsfähigere und benutzerfreundlichere Smartphones steigt diese Zahl stetig. Da es jedoch keinen Standard-E-Mail-Client gibt und die vielen verschiedenen Smartphones die Mails mitunter sehr unterschiedlich anzeigen, ist es umso wichtiger, dass Sie sauberes, E-Mail-taugliches HTML verwenden, große Klickelemente anbieten, die bequem auch mit dem Finger zu treffen sind und sich nicht in Details verlieren, sondern kurz und knapp kommunizieren.

Was ist allgemein für die Bedienbarkeit zu beachten?

Eine komfortable Bedienbarkeit ist essentiell, wenn Ihr mobiles Angebot Erfolg haben soll. Machen Sie Bedienelemente so groß wie möglich, reduzieren Sie Informationen auf das Wesentliche, sorgen Sie für schnelle Ladezeiten und seien Sie auch gern etwas verspielt. Moderne Smartphones bieten derartig viele Möglichkeiten, den Spieltrieb des Benutzers zu wecken – nutzen Sie das für Ihr überzeugendes mobiles Marketing. ■

Die Autoren

Uwe-Michael Sinn ist Geschäftsführer und Gründer von rabbit eMarketing und **Tim Wiengarten** ist Unit-Leiter „Mobile" von rabbit eMarketing.

Kapitel III

Human Resources-Beratung: Aktuelle Themen und Trends

Mitarbeiter zuerst, Kunde danach

Vineet Nayar, CEO von Indiens führendem IT-Unternehmen HCL Technologies, verfolgt die etwas andere Personal- und Führungsphilosophie: Er plädiert für eine revolutionäre Demokratisierung von Konzernen – in denen die Mitarbeiter an erster Stelle stehen.

Wie lässt sich die Identifikation mit dem Unternehmen und damit der Geschäftserfolg steigern? Wie spornt man die Mitarbeiter zu täglichen Höchstleistungen an? Wodurch können sie längerfristig gebunden und somit wertvolles Knowhow gehalten werden? Solche Fragen stellen sich CEOs auf der ganzen Welt fast täglich. Allerdings steht und fällt das Bewusstsein für ihre Relevanz in der Regel mit der aktuellen Situation im Unternehmen: Läuft es gut für den Konzern und die Zahlen stimmen, wird der aktuelle Kurs selten in Frage gestellt. In Krisenzeiten hingegen sucht das Management fieberhaft nach neuen Lösungen und Strategien. Nicht selten ist blinder Aktionismus die Folge.

In einer schwierigen Situation befand sich auch der indische IT-Konzern HCL im Jahr 2005, als ich dort CEO wurde. Zwar war er mit seinen 30.000 Mitarbeitern, einem Vertriebsergebnis von 700 Millionen Dollar und einem jährlichen Wachstum von 30 Prozent erfolgreich. Doch es war klar: Um auch zukünftig mit den größten Mitbewerbern Schritt halten zu können, würde ein Weiter-So allein nicht reichen.

Das seit den 1970er Jahren international tätige Unternehmen hatte zwar die notwendigen fundamentalen Veränderungsprozesse vom Hardwarehersteller zum IT-Service-Anbieter erfolgreich bewältigt. Doch war versäumt worden, rechtzeitig in den Softwaremarkt einzusteigen. In den 1990er Jahren schließlich stand HCL am Scheidepunkt. Die Strategie, weiter auf Technologieinnovationen zu setzen, statt sich dem Dienstleistungsgeschäft zu widmen, stellte sich als echtes Handicap heraus und frustrierte zunehmend auch die Mitarbeiter. Die Fluktuationsrate lag bei 30 Prozent. Ein Mitarbeiter kommentierte damals: „HCL ist nicht länger the place to be. Wenn die Leute an indische Konzerne denken, dann an Wipro, an Infosys oder TCS – aber nicht an uns."

Als ich den Posten als CEO des Gesamtkonzerns antrat, tat ich das – um ehrlich zu sein – eher widerwillig. Denn weder in meinem Kopf noch in der Schublade meines Schreibtischs gab es ein Managementkonzept, wie sich das Ruder in unserem Unternehmen herumreißen ließe.

Revolution statt Reförmchen

Ich wusste nur: Was HCL brauchte, war kein Reförmchen mit moderaten Anpassungen hier und da, sondern eine Revolution! Als erstes traf ich mich mit Tausenden von Mitarbeitern, in großen und kleinen Runden, und bat sie um eine schonungslose Bestandsaufnahme der Situation. Dabei wurden mir zwei Dinge klar: Bei einem Dienstleistungsunternehmen wie HCL spielen bei der Wertschöpfung die Mitarbeiter, die in der ersten Reihe stehen, die also direkten Kundenkontakt haben, eine größere Rolle als die Manager. Auf sie kommt es an, wenn es um den Erfolg des Unternehmens geht. Dieser Erkenntnis aber trug die hierarchische Struktur, wie sie zum damaligen Zeitpunkt bestand, keinerlei Rechnung, im Gegenteil: sie bestätigte die Rolle der Führungskräfte und den Erhalt des Status Quo – zu Lasten der Motivation der Mitarbeiter, die kaum Spielraum sahen, ihre Talente und Fähigkeiten im Kontakt mit den Kunden umzusetzen.

Ich berief ein dreitägiges Meeting mit dem Senior Management ein und gab die Devise für die Neuausrichtung aus: Werte schaffen statt Volumina – Menschen in den Mittelpunkt rücken anstelle von Prozessen. Künftig sollte das Unternehmen große Multiservice-Ansätze realisieren, statt sich mit kleinen Kundenprojekten über Wasser zu halten. Dafür war es unerlässlich, die hoch spezialisierten Teilbereiche von HCL miteinander in Kontakt zu bringen und eine gemeinsame Identität zu schaffen, um die überdurchschnittliche Fluktuation in den Griff zu bekommen.

Der alles entscheidende Schritt stand aber noch bevor. Mein Marketingteam, bestehend aus jungen Kreativen, stellte ich vor die Herausforderung, eine interne Kampagne zur Re-Aktivierung der Mitarbeiter zu entwickeln. Es ist keine neue Erkenntnis, dass die Mitarbeiter mit ihrem Wissen, ihren Talenten und ihrer Kreativität der Schlüssel zum Erfolg eines Unternehmens sind. Doch nur in den wenigsten Fällen wird diese Erkenntnis auch stringent in eine Managementstrategie umgesetzt.

„Du bist wichtiger als der Manager"

Genau darin aber sollte der neue, ungewöhnliche Weg von HCL bestehen. Revolutionär war auch die Rolle, die mir als CEO dabei zukam: Die Vorstellung vom großen Visionär, vom Kapitän, der seiner Mannschaft die Richtung vorgibt und sagt, was zu tun ist, stellte sich als völlig überholt heraus. Die Botschaft an unsere Angestellten lautete nun: „Du bist wichtiger als der Manager. Denn du bist es, der die relevante Arbeit leistet und durch den Kontakt zum Kunden Werte schafft. Die Aufgabe des Managements ist es, dich dabei zu unterstützen, dies so gut wie möglich zu tun."

So entwickelten wir die Formel „Mitarbeiter zuerst, Kunde danach", die seitdem Schritt für Schritt und konsequent umgesetzt wurde. Das Ziel lautete, die Organisationspyramide umzukehren und alle Mitarbeiter an der Verantwortung für das Unternehmen teilhaben zu lassen. Die Schlüsselbegriffe dabei lauteten: Offenheit, Transparenz und Vernetzung. Es war kein einfacher Prozess, der von nicht wenigen zunächst mit Skepsis betrachtet wurde. Von den Führungskräften, die natürlich um ihren Einfluss fürchteten, aber auch von den Mitarbeitern, die unseren Ansatz zunächst für oberflächlich und nicht ernst gemeint hielten. Schließlich ruft die Monarchie keine Revolution aus, oder?

Es erforderte zahlreiche Meetings, Gespräche und eine permanente Kommunikation, bis ich sowohl die Führungsebene als auch die Mitarbeiter von dieser Strategie überzeugen konnte. Die Diskussionen wurden mit teils brutaler Ehrlichkeit geführt. Und auch die Maßnahmen, die wir daraufhin entwickelt haben, waren kompromisslos und für viele gewöhnungsbedürftig. Entscheidend aber war, dass wir unsere Kunden von unserem neuen Ansatz überzeugen konnten. Denn „Mitarbeiter zuerst, Kunde danach" bedeutet keinesfalls, dass uns unsere Kunden egal sind – ganz im Gegenteil! Aber um für unsere Kunden die beste Leistung und den höchsten Mehrwert liefern zu können, müssen wir den Mitarbeiter in den Mittelpunkt rücken. Nicht mehr und nicht weniger.

Die Erfolge stellten sich bald ein und werden mittlerweile von Managementexperten in der ganzen Welt beachtet: In den vergangenen Jahren konnte HCL nicht nur seine Stellung im Markt behaupten, sondern auch seine indischen Mitbewerber weit hinter sich lassen. Die Gewinne haben sich, verglichen mit 2005, verdreifacht. Die Mitarbeiterzufriedenheit stieg zwischen 2006 und 2008 um 70 Prozent, und 2009 wurde HCL in einer Umfrage von Hewitt Associates als Indiens bester Arbeitgeber ermittelt. Dies alles verdanken wir der Philosophie „Mitarbeiter zuerst, Kunde danach" und ihrer Umsetzung durch eine Reihe von Maßnahmen, von denen ich die wichtigsten im Folgenden beschreibe möchte.

Fakten für alle

Wie sollen sich Mitarbeiter stark fühlen, wenn ihre Vorgesetzten Zugang zu wichtigen Unternehmenszahlen haben, sie selbst aber nicht? Die Tradition, den internen Informationsfluss zu beschränken und heikle Daten zurückzuhalten oder nur einer Minderheit wie etwa dem Management zugänglich zu machen, erkannten wir als problematisch. Einer der ersten Schritte bei HCL war daher mehr Offenheit und Transparenz. Es wurde ein IT-Tool installiert, über das alle Mitarbeiter Einblicke in sämtliche Unternehmenszahlen sowie in die Performance aller Teams bekamen. Dieser Vertrauensbeweis seitens der Konzernspitze wirkte sehr motivierend und baute die Hürden zwischen Führungskräften und Mitarbeitern ab. Außerdem gab es für Teams mit einer schlechten Leistung nun einen Anreiz, sich zu verbessern. Umgekehrt strengten sich die Teams, die an der Spitze standen, umso mehr an, dort auch zu bleiben.

Direkter Draht zum CEO

Als ich begann, die Mitarbeiter nach ihrer ungeschminkten Meinung zu unserem Unternehmen zu fragen, zeigte sich ein riesiger Kommunikationsbedarf. Deshalb eröffneten wir das Online-Forum „U&I" („You & I"), über das sich die Menschen direkt mit mir austauschen können. Und zwar ohne jede Zensur: Alle Fragen und Antworten werden eins zu eins veröffentlicht. Am Anfang waren fast 100 Prozent der Fragen „dirty question", die Leute ließen ihrem Ärger freien Lauf. Das Management hatte zunächst große Bedenken, ob es sinnvoll sei, die „schmutzige Wäsche" des gesamten Konzerns ins Intranet zu stellen. Doch hat sich diese Maßnahme absolut bewährt, weil die Mitarbeiter Transparenz sehr zu schätzen wissen. Außerdem dient „U&I" als Frühwarnsystem, das auf kritische interne Punkte aufmerksam macht.

Verbindlicher Service für alle

Ein anderer wichtiger Teil unserer Strategie war, die Rolle von zentralen Konzernbereichen wie Human Resources oder Finance zu überdenken. Es stellte sich nämlich heraus, dass die Mitarbeiter allgemein nicht das Gefühl hatten, von diesen bei ihrer täglichen Arbeit unterstützt, sondern von ihnen vielmehr als eine Art Bittsteller behandelt zu werden.

Wir führten deshalb unseren „Smart Service Desk" ein: ein webbasiertes Tool, über das jeder ein „service ticket" eröffnen kann, wenn bei der Zusammenarbeit mit einer unterstützenden Einheit ein Problem auftritt. Ist das Ticket einmal auf dem Weg, kann es auch nur der Mitarbeiter, der es eröffnet hat, wieder schließen. Reagiert der Kollege aus der anderen Einheit nicht oder nicht rechzeitig, das heißt innerhalb von 24 Stunden, geht es an dessen Vorgesetzten. So ist sichergestellt, dass Probleme, die die Arbeit der Mitarbeiter behindern würden, schnell ausgeräumt werden.

Am Anfang hatten wir eine wahre Flut von circa 30.000 Tickets im Monat – eine Zahl, die mit der Zeit deutlich geringer wurde. Das Ticket-System stellte die eigentliche Aufgabenverteilung und Rolle der verschiedenen Bereiche wieder her: Die Mitarbeiter mit Kundenkontakt schaffen die relevanten Werte für das Unternehmen und werden von den internen Serviceeinheiten dabei unterstützt.

Offene Feedbackkultur

Fast jedes Unternehmen hat seine eigene Version von 360-Grad-Feedback. Doch gibt es dabei einige Fallstricke: Aus Angst vor negativen Folgen trauen sich Mitarbeiter häufig nicht, ihren Vorgesetzten ein ehrliches Feedback zu geben. Und meist bewertet sich nur ein geschlossener Kreis von Mitarbeitern gegenseitig. Deshalb wollten wir auch hier völlig neue Wege gehen: Wir stellten die Feedbacks aller Mitarbeiter sowie des kompletten Managements inklusive meiner Person ins Intranet. Wegen der zunächst großen Vorbehalte gegen diese zugegebenermaßen radikale Idee veröffentlichte ich meine eigene Bewertung sogar als erster.

Heute sind wir so weit, dass jeder Mitarbeiter von HCL die Performance jedes Managers bewerten kann, von dessen Entscheidungen sein Arbeitsalltag betroffen ist – und zwar anonym. Das sorgt dafür, dass Manager die Auswirkungen ihres Handelns auf die Mitarbeiter bewusst wahrnehmen. Außerdem wird sichtbar, wie groß oder klein der Aktionsradius einer Führungskraft im Konzern ist. Wichtig ist, dass dieser Feedback-Prozess keinen Einfluss auf Boni oder Beförderungen hat. Er dient ausschließlich der Weiterentwicklung des Unternehmens und seiner Mitarbeiter.

Businesspläne online bewertet

Unser neuer Wachstumskurs zahlte sich sehr bald aus, machte unsere internen Planungsprozesse aber auch unübersichtlich. Auch meine persönlichen Kapazitäten stellten sich als begrenzt heraus. So bekam ich pro Jahr Hunderte von Businessplänen von Führungskräften zugeschickt, um sie zu begutachten. Also ermutigte ich meine Kollegen, ein Online-Tool für diesen Austausch zu entwickeln, aus dem „MyBlueprint" entstand: Im Jahr 2009 nutzten 300 Manager von HCL dieses Forum und stellten ihre Businesspläne inklusive einer Audio-Präsentation online. Dann wurden mehr als 8.000 Mitarbeiter aufgefordert, sich diese anzusehen und zu bewerten. Das Ergebnis war eine Menge wertvoller Hinweise an die Manager. Wie viel sinnvoller es doch war, viele Meinungen einzuholen, statt nur einer!

Neue Ideen durch Mitarbeiterräte

Den Austausch förderten auch neue „Employee First Councils" im Intranet. Der ausschlaggebende Gedanke dahinter war, dass viele unserer Mitarbeiter außerhalb des Büros ganz unterschiedliche Leidenschaften pflegen. Sei es ein Sport, Kunst oder ein ehrenamtliches, soziales Engagement. Ich war einfach gespannt zu sehen, welche Talente in den Leuten schlummerten. Es entstanden aber nicht nur zahlreiche Communities zu Kultur- oder Freizeitthemen: Darüber hinaus wurden 32 jobbezogene Councils wie beispielsweise ‚Cloud Computing' gegründet. Diese formal lockeren Gruppen sind inzwischen eine sehr wertvolle Impulsquelle für HCL: Drei Jahre nach Einführung dieses Konzepts lassen sich 20 Prozent des Ertrags von HCL auf die Initiative solcher Gruppen zurückzuführen.

Die meisten Menschen werden sicher mit mir übereinstimmen, dass Demokratien gut und totalitäre Systeme schlecht sind. Dennoch tolerieren wir letztere in unseren Unternehmen. Und das, obwohl die Führung meist nicht darüber im Bilde ist, was eigentlich getan werden müsste. Alles, was wir bei HCL versucht und realisiert haben, war letztendlich, ein demokratisches Unternehmen zu schaffen. ■

Der Autor

Vineet Nayar ist CEO von HCL Technologies Ltd. mit Sitz im nordindischen Noida, einem der weltweit am schnellsten wachsenden IT- und Service-Unternehmen mit derzeit 55.000 Mitarbeitern in 29 Ländern. Dank seiner unkonventionellen Führung wurde HCL von der Business Week zu einem der fünf einflussreichsten Unternehmen der Welt gekürt.

Die Neuentdeckung des mittleren Managements

Während die erste und zweite Führungsebene sowie der Führungsnachwuchs die größte Aufmerksamkeit genießen, fühlt sich das mittlere Management verkannt und vergessen. Nicht zu Unrecht: Zu selten gibt es spezielle Personalentwicklungsprogramme, die leitende Mitarbeiter befähigen, ihren strategischen Funktionen gerecht zu werden.

Viele Unternehmen haben ausgefeilte Programme, in denen Führungsbildung vermittelt wird. Aber diese Führungskräfteentwicklung findet sich heute schwerpunktmäßig im Bereich der Potenzialträger und Nachwuchsführungskräfte sowie in der oberen Führungsebene für Top-Manager. Innerhalb dieser Gruppen wird häufig das mittlere Management als statische Masse betrachtet, die eine erfolgreiche Umsetzung durch ihr Beharrungsvermögen verhindert. Offensichtlich funktioniert die wichtige Verbindung zwischen Top-Management und den leitenden Mitarbeitern an der Front nicht.

Isoliert und wenig sichtbar

Der Versuch vieler Unternehmensleitungen, das mittlere Management oder die Projektleiter schneller und effizienter zu machen, führt oft zum Gegenteil. Die Führungskräfte sind in der täglichen Arbeit in Routinen, Abläufen und Qualitätsstandards eingebunden. Angebotene Seminare unterstützen eher operative Fähigkeiten wie Time-Management oder anderes. Doch die Optimierung des Einzelnen übersieht, dass er Teil des Ganzen ist. Die Einbindung in die strategischen Prozesse, die Nutzung des Potenzials zur Ideenfindung, die Mitsprache bei der Veränderung von Organisationen sowie Stärkung der eigenen Führungsidentität finden selten statt.

Das mittlere Management „schwebt" isoliert und ohne besondere Unterstützung zwischen der Ebene der Mitarbeiter und der oberen Führungsetage. Die Balance in dieser Sandwichposition und das Finden der eigenen Identität im Kreise der eigenen Ebene finden eher zufällig statt und werden seitens der Unternehmens- und der Personalleitung zu oft vernachlässigt. Die Folge: Das mittlere Management ist verunsichert, was sich wiederum in einer geringen Sichtbarkeit im Unternehmen äußert und in wenig Vertrauen in die eigenen Fähigkeiten im Hinblick auf Durchsetzung und Entwicklung von eigenen Ideen, Vorstellungen und Konzepten.

Wie also kann das mittlere Management unterstützt werden, damit es operativ und strategisch die Unternehmensziele umsetzt? Wie kann die oberste Managementebene sicherstellen, dass die mittlere Führungsebene als tragende Säule die Unternehmensstrategie umsetzt, Entwicklungen antizipiert und die Mitarbeiter motiviert? Die zentrale Funktion des mittleren Managements besteht in der Orientierungsgebung zum konkreten Tun in der eigenen Ebene und ist handlungsentscheidend für das untere Management. Je schneller die Informationen und Vorgaben des Top-Managements fallen, umso effizienter wird diese konkrete Handlungsorientierung für die Umsetzung in der gesamten Organisation, was sich letztlich positiv auf die Produktivität auswirkt.

Programme sind kein bloßes „Incentive"

Die Mühlenhoff Managementberatung entwickelt deshalb explizit Führungskräfte-Programme für die mittleren Managementebene aller Geschäftsbereiche. Dabei sind die Konzepte den lokalen und kulturellen Gegebenheiten der jeweils beteiligten Tochtergesellschaften beziehungsweise Niederlassungen angepasst und können auch in der jeweiligen Landessprache durchgeführt werden. Das Management-Entwicklungsprogramm ist kein Incentive für Führungskräfte, sondern eine Voraussetzung dafür, das mittlere Management in die Lage zu versetzen, die in sie gesetzten Erwartungen gemeinsam mit der obersten Führungsebene zu erfüllen und effektiv in der Organisation zur Umsetzung zu bringen.

Die Funktion im Unternehmen bestimmt die Zielsetzungen und die Handlungsausrichtung der Positionsträger. Die Herausforderung der Top-Ebene liegt

Die modular aufgebauten Inhalte eines Entwicklungsprogramms für das mittlere Management

Quelle: Mühlenhoff Managementberatung

in Entscheidungen, deren zeitliche Reichweiten über die eigene Funktionszeit hinaus wirken, also mittel- bis langfristig angelegt sind. Das mittlere Management ist dagegen auf die eigene Funktionsausübung fokussiert: Die Kommunikation und Umsetzung der vorgegebenen Entscheidungen, die Personalführung, das Einhalten von Qualitätsstandards und anderem. Die übergeordnete Zeit- und Verantwortungsperspektive bedeutet an dieser Stelle ein trennendes Moment beider Ebenen, was eine Verständigung zwischen ihnen so schwierig macht.

Perspektivenwechsel ermöglichen

Dabei ist gerade die Mitverantwortung des mittleren Managements für den erfolgreichen Unternehmensprozess außerordentlich hoch, wenn nicht sogar langfristig entscheidend: Denn ohne Erfahrungsschatz, ohne Wissen über die Zusammenhänge im Unternehmen, ohne kurzen Draht zu den Mitarbeitern und ohne zum Teil langjährige Führungserfahrung, kann die Umsetzung jeglicher strategischer Ziele nicht gelingen. Das Tagesgeschäft steht jedoch auch für das mittlere Management im Vordergrund: es kann die Ziele, die möglicherweise außerhalb des eigenen Funktionsrahmens liegen, nicht erkennen, kann die Absichten der Führungskräfte nicht erahnen Als Konsequenz entwickelt sich eine Sprachlosigkeit zwischen den Ebenen, die aufgebrochen werden muss.

Um Sprachlosigkeit und mögliche Frustrationen zu beenden, müssen die Teilnehmer und die Top-Führungsebene zunächst zu einem Perspektivwechsel angeregt werden. Und selbst wenn der unterschiedliche Zeithorizont allen beteiligten Ebenen bekannt ist, bleibt trotzdem ein Rest an Verzögerung von der Entscheidung des Top-Managements zum mittleren Management und weiter zum unteren Management. Wie bei einer grünen Ampel besteht immer eine Zeitverzögerung, wenn „grün" aufleuchtet: Nicht alle fahren gleichzeitig an, es wird ein zäher Prozess, je weiter die Schlange reicht.

Ein Beispiel: Das Top-Management beschließt einen Personalabbau, weil im Unternehmensvergleich die Personalaufwendungen deutlich zu hoch sind. Das mittlere Management hat das Problem erkannt, kann aber auf Grund der persönlichen Bindung und Bekanntheit mit den Betroffenen die Umsetzung nicht zügig ausführen. Oder: Eine erfolgreiche Produktlinie soll eingestellt werden, weil das Unternehmen sich auf Kernkompetenzen fokussieren will. Die beteiligten Mitarbeiter sollen in anderen Bereichen eingesetzt werden. Das mittlere Management steht nun vor der Situation, die bei den Mitarbeitern unpopuläre Entscheidung zu vertreten und den Change-Prozess einzuleiten. Im Management-Entwicklungsprogramm werden zum einen in Workshops an Hand konkreter Probleme der Führungskräfte die unterschiedlichen

Perspektiven der Ebenen greifbar gemacht. Da die Führung „nach unten" für das mittlere Management häufig das operational belastende Problem darstellt, erlernen sie zum anderen Managementmethoden und -qualifikationen wie Konfliktmanagement, Dialogfähigkeit und vieles mehr.

Brücke zwischen den Ebenen

Ein weiterer Schritt des Management-Einwicklungsprogramms sieht den kollektiven Wissensaustausch vor, die Förderung persönlicher Beziehungsnetzwerke und nicht zuletzt das Erkennen neuer Handlungsmöglichkeiten. Denn: Durch kollektive Einblicke lassen sich gemeinsame Erkenntnisse aus den unterschiedlichsten Blickwinkeln sammeln, daraus Handlungsmöglichkeiten ableiten und diese dann in der Umsetzung erproben. Dieses Vorgehen stärkt das Selbstbewusstsein der Teilnehmer im Spannungsfeld der hohen Anforderungen.

Auf diese Weise werden gleichzeitig Selbstorganisation, Arbeitseffizienz und Selbstverantwortung gefördert. Diese stellen zentrale Eigenschaften dar, die notwendig sind, die Hauptanforderung der Steuerungsaufgabe des mittleren Managements zu erfüllen. Denn es steht vor heterogenen Teams und veränderungsmüden Mitarbeitern und muss teilweise unverbindliche Arbeitsverhältnisse steuern. Die Führungskräfte des mittlere Managements bilden die Brücke über die Hierarcheebenen hinweg, orts- und oftmals zeitzonenübergreifend, funktions-, alters- und perspektivenübergreifend. Damit sind sie der wichtigste Verankerungsfaktor für Veränderungen.

Die Rolle der Vorgesetzten und der Top-Ebene

Integrierter Bestandteil des Programms ist die Einbindung des Vorgesetzten und die eines Vertreters des Top-Managements. Der direkte Vorgesetzte unterstützt den Teilnehmer über das ganze Programm, gibt Feedback zu der persönlichen Entwicklung sowie zur Leistungsverbesserung und nimmt damit aktiv seine Führungsrolle wahr. Darüberhinaus wird die genannte Sprachlosigkeit aufgebrochen, indem ein Austausch zwischen der Top-Ebene und dem mittleren Management stattfindet. Dieser Austausch findet zudem in einer bewusst persönlich gehaltenen Atmosphäre statt, bei der sich beide Seiten im „Casual Friday-Look" begegnen.

Häufig ist zu beobachten, dass das Top-Management durchaus Rede und Antwort stehen will, aber das mittlere Management verlernt hat, ihm gegenüber selbstbewusst aufzutreten und sich einzubringen. Ist aber der Fluss der Kommunikation mit strukturierter

Unterstützung der Berater erst einmal in Gang gebracht, gewinnen beide Seiten Einblicke in die Denkweisen und Handlungsalternativen der jeweils anderen Seite. Die Integration der Top-Führungskräfte wirkt somit auch als Wertschätzung der Teilnehmer, die sich häufig erstmals in ihrer Sandwichposition wahrgenommen fühlen.

Selbststeuerung und Unternehmensprozesse

Durch das Aufdecken ihres eigenen Know-how wird das mittlere Management eindeutig in der Wahrnehmung seiner Aufgaben gestärkt und kann sich zügig weiterentwickeln. Außerdem: Je besser die mittlere Ebene die Fähigkeiten der Mitarbeiter unterstützen und diese im sich ständig wandelnden Prozess begleiten kann, umso besser gelingt die Umsetzung der strategischen Unternehmensziele.

Die wichtigste Anforderung an die externen Berater liegt in deren Grundverständnis von Beratung. Sie sind diejenigen, die einen unverzichtbaren Rahmen schaffen, in dem Wissensvermittlung, Austausch und Reflexion in strukturierter Weise möglich sind. Sie reagieren direkt auf die Bedürfnisse sowohl der Einzelpersonen als auch der gesamten Gruppe. Die Teilnehmer können sich nach diesem Prozess selber weiterhelfen. Wenn die mittlere Ebene auf ihre eigenen Fähigkeiten vertraut, kann sie sich rechtzeitig selbst Hilfe holen, ihren Mitarbeitern die notwendige Unterstützung geben und zielführend motivieren. ■

Die Autorin

Daniela König ist Geschäftsführerin der Mühlenhoff Managementberatung und seit 1993 für das Consultingunternehmen tätig. Ihre Beratungsschwerpunkte liegen in den Bereichen Outplacement, Coaching, Potenzialanalyse für Führungskräfte, Konfliktmanagement in komplexen Organisationen, Personalentwicklung sowie in der ganzheitlichen Prozessbegleitung von Unternehmen und Führungskräften. Seit ihrer Ernennung zur Geschäftsführerin 2006 verantwortet sie in der zweiköpfigen Geschäftsführung die Produktentwicklung und die Leitung für die Regionen Nord, Süd und Österreich. König absolvierte ein Studium der Germanistik und Psychologie, ist Systemische Familien- und Paartherapeutin, Systemische Organisationsberaterin und Supervisorin.

Wie sich das Management auf die Arbeitswelt der Zukunft einstellen sollte

Niemand kann vorhersehen, wie die Auswirkungen von Globalisierung, Technologisierung und Individualisierung die moderne Arbeitswelt beeinflussen werden. Sicher ist jedoch: vieles wird sich verändern. Und Veränderung wird somit auch zum Schlüsselbegriff des zukünftigen Personalmanagements.

In keinem anderen Bereich des Wirtschaftslebens ist die Veränderung in den vergangenen Jahren so greifbar geworden, wie bei der Entwicklung und Erforschung neuer Technologien. Schon seit jeher hat die Technologisierung den Wettbewerb angetrieben. Ob in der Architektur, in der Biotechnologie oder im Maschinenbau, unser Wissen und unsere Kenntnisse werden immer vertiefter und spezialisierter. Der nächste noch höhere Wolkenkratzer, das bessere Medikament oder die produktivere Maschine ist das Ziel jener, die forschen und entwickeln. Die bessere Technologie schaffte gerade für deutsche Unternehmen in der Vergangenheit oft den entscheidenden Wettbewerbsvorteil. Allerdings erfordert die ständige Weiterentwicklung auch, dass Menschen am Ball bleiben.

Bestehendes Wissen veraltet heute schnell, vorhandene Kenntnisse und Erfahrungen lassen sich nicht ohne weiteres übertragen. „High Tech" erfordert „High Potentials". Ein einzelner Mensch ist schnell mit der zunehmenden Komplexität innovativer Lösungen überfordert. Neue Technologien erfordern Arbeitsteilung, die Einbindung unterschiedlicher Disziplinen und die Kooperation in einem Team hochqualifizierter Experten. Zudem wird es immer wichtiger, dass Mitarbeiterinnen und Mitarbeiter sich neues Wissen schnell aneignen können. Umgekehrt folgt daraus: einfache Tätigkeiten gibt es immer weniger. Selbst die einfachste Tätigkeit an einer komplexen Maschine oder im Rahmen eines komplexen Prozesses erfordert zukünftig ein deutlich höheres Mindestmaß an Kompetenzen auf Seiten der Mitarbeiter. Für viele Unternehmen bedeutet dies, dass es keine einfachen Mitarbeiter mehr gibt. Wie ein Unternehmen es schaffen kann, die richtigen Mitarbeiter zu gewinnen und an sich zu binden, entscheidet damit unmittelbar über seine Zukunftschancen.

Globale Märkte, globale Mitarbeiter

Im Zuge der Globalisierung machen Unternehmen die Erfahrung, dass auch andernorts auf der Welt eine Menge an technologischem Know-how vorhanden ist. Neben der reinen Technologie gewinnen deshalb zunehmend andere Marktaspekte an Bedeutung. So erfordert das internationale Geschäft eine dezidierte Auseinandersetzung mit der konkreten Marktsituation vor Ort, mit Kundenbedürfnissen und oft auch eine dauerhafte und persönlich erlebbare Präsenz.

Wer nah am Geschehen ist und so einen Informationsvorsprung in eigenes Geschäft ummünzen kann, ist im Wettbewerb überlegen. Selbständigkeit und Entscheidungskompetenz vor Ort sind die nötigen strukturellen Voraussetzungen für den Erfolg. Komplizierte Berichterstattungsregeln mit Kommunikationsproblemen und Reibungsverlusten verwandeln sich direkt in operative Verluste. Der Weg über die Hierarchie hinauf, hinüber in die weit entfernte Unternehmenszentrale und dort wieder hinunter zum Zuständigen rauben Unternehmen genau jene Dynamik und Handlungsfähigkeit, mit der sie erfolgreich sein könnten. Strukturen prägen auch Menschen, und Menschen wiederum erfüllen Strukturen mit Leben – oder auch nicht.

Der globale Markt erfordert den befähigten Mitarbeiter. Dabei geht es nicht um den professionellen Söldner oder Nomaden, der heute hier und morgen dort im Einsatz ist und seinen kompletten Lebensrhythmus vollständig den kurzfristigen Erfordernissen der Geschäftspolitik unterwirft. Vielmehr geht es um eine Reihe von Persönlichkeitsmerkmalen, die Menschen überhaupt erst befähigen, im internationalen Kontext erfolgreich zu agieren. Interkulturelle Kompetenz, persönliche Offenheit und kommunikative Fähigkeiten sind Beispiele dafür, was der globale Wettbewerb von Mitarbeitern verlangt. Und noch einen anderen Aspekt bringt die weltweite Offenheit der Märkte mit sich. Für Unternehmen ist es mittlerweile nicht mehr erforderlich, immer alle nötigen Kompetenzen an einem Ort zu versammeln. International konfigurierte Teams, die grenzüberschreitend elektronisch vernetzt arbeiten, und sich trotz täglicher Interaktion vielleicht noch nie persönlich getroffen haben, sind schon heute keine Seltenheit mehr.

Der einzelne Mensch rückt in den Mittelpunkt

Als vielleicht bedeutendster Trend führt die fortschreitende Individualisierung zu einem fundamentalen Wandel im Wirtschaftsleben. Unternehmen im Dienstleistungsbereich erleben das bereits heute. Vor allem dort, wo Märkte und Preise transparent sind, können Kunden vergleichen, entwickeln höhere Ansprüche und wollen besonders gut informiert werden. Der Kunde der Zukunft weiß um seine Macht und möchte für sein Geld guten Gegenwert. Er fordert Lösungen ein, die auf seine individuelle Situation zugeschnitten sind und lehnt Massenware oder Dienstleistung nach Standard-Schemata ab. Der Kunde ist kein anonymer Abnehmer einer vorproduzierten Leistung, er wird zum aktiv handelnden Individuum, das mit seinen Wünschen und Bedürfnissen ernst genommen werden will.

Vielfach erweisen sich Kunden zudem als äußerst kompetente Abnehmer. Kluge Unternehmen sind bereits dazu übergegangen, ihre Produkte und Dienstleistungen von ihren Kunden vor Marktstart testen oder sogar mit entwickeln zu lassen. Für die Zusammenarbeit mit dem High End-Kunden der Zukunft gilt umso mehr, dass die verantwortlichen Mitarbeiter die entsprechenden Kompetenzen haben müssen. Auch hier reicht die reine fachliche Qualifikation alleine nicht mehr aus. Die Beziehung zum Kunden wird dialogisch, beinhaltet neben der Lieferung oder Leistung meist eine Beratungskomponente. Und diese erfordert neben der Fachkompetenz weitergehende Persönlichkeitseigenschaften wie Empathie, Einfühlungsvermögen, und Überzeugungskraft.

Überzeugungskraft benötigen aber auch Unternehmen, die leistungsfähige Mitarbeiter für sich gewinnen wollen. Die qualitativen Auswirkungen der Individualisierung auf die Arbeitswelt werden oft überlagert von den rein quantitativen Aspekten der demografischen Entwicklung. Natürlich trifft es zu, dass Unternehmen durch die Überalterung der Gesellschaft und den ausbleibenden Nachwuchs an qualifizierten Arbeitskräften in einen starken Wettbewerb um die geeigneten Mitarbeiter geraten. Bei genauer Betrachtung ist aus dem Fachkräftemangel der vergangenen Jahre mittlerweile ein struktureller Arbeitskräftemangel

geworden. Die Absolventenzahlen in vielen Disziplinen decken bereits nicht mehr die reine Wiederbesetzungsquote ab, noch weniger jedoch den wachstumsnotwendigen Mehrbedarf. Wie verstärkt Ältere im Arbeitsleben gehalten werden können, wie durch eine bessere Vereinbarkeit von Familie und Beruf das Potenzial von Frauen stärker genutzt werden kann, oder welche Möglichkeiten bestehen, geringer Qualifizierte vernünftig zu integrieren, sind vor diesem Hintergrund relevante Fragen.

Die bedeutendste Veränderung geht aber von den nachwachsenden Generationen selbst aus. Einer der wichtigsten Werte für die kommenden Alterskohorten ist die Selbstverwirklichung. Dies darf nicht mit einer übertriebenen Freizeitorientierung verwechselt werden – im Gegenteil. Natürlich legen auch sie Wert auf die Balance von Karriere und Privatleben und wollen ihre Zeit genießen. Aber auch bei ihrer Beschäftigung wollen sie erleben, dass sie gebraucht werden, etwas bewegen können und auf konkrete Ziele und Erfolge hinarbeiten.

Auf die Unmittelbarkeit, mit der junge Leute bereits heute ein Feedback zu ihrer Leistung einfordern, sind viele Unternehmen nicht vorbereitet. Auch die Behandlung und Bezahlung nach den Regeln eines kollektiven Tarifvertrags, einstmals das wichtigste Anliegen für viele Mitarbeiter, wird heute von jungen Menschen oft als unpersönliche und geringschätzende Kategorisierung verstanden. Der Mitarbeiter der Zukunft will keine generelle Absprache, sondern individuelle Ansprache. Darin gleicht er übrigens dem Kunden, der er selbst in vielen Bereichen ja auch ist.

Zukunft bringt Veränderung

„Mehr als die Vergangenheit interessiert mich die Zukunft, denn in ihr gedenke ich zu leben." Nicht alle Menschen richten optimistisch den Blick nach vorne wie Albert Einstein. Manch einem sind die Veränderungen schon heute zu viel. In ihrer Wahrnehmung ist die Arbeitswelt kurzatmiger geworden. In vielen Branchen geben die Berichterstattungszyklen der großen börsennotierten Unternehmen den Rhythmus vor. Das Denken fokussiert sich von Quartal zu Quartal. Die Geschwindigkeit, mit der Neuerungen die letzten – oft kaum realisierten – Veränderungen einholen, raubt manchen Menschen den Atem.

Wo sich noch vor wenigen Jahren hinter dem Wort Strategie ein Konzept verbarg, das weit in die Zukunft reichen sollte, werden Strategien heute innerhalb von zwei Jahren komplett ausgetauscht. Und mit ihnen oft auch die Führungskräfte, die für die abgelöste Strategie standen. Der ständige Druck des Wettbewerbs motiviert Unternehmen, Führungskräfte und Mitarbeiter nicht immer zu durchdachten Veränderungen, sondern zwingt sie oft auf den vorhersehbaren Weg des geringsten Widerstandes. Auf der Strecke bleiben dabei oft Innovation, Tatendrang und manchmal auch die Menschen selbst.

Veränderung ist deshalb für viele Menschen eine zweischneidiges Schwert. Sie bedeutet einerseits im Positiven Abwechslung und schafft neue Gelegenheiten und Möglichkeiten. Andererseits erfordert sie Aufmerksamkeit, Umstellung und persönliches Engagement. Wer Veränderung annimmt, muss Gewohntes aufgeben. Veränderung birgt insofern auch immer ein Risiko und einen Verlust subjektiver Sicherheit. Die Taube auf dem Dach soll den Spatzen in der Hand ersetzen. Zu glauben, die Menschen würden Veränderung deshalb grundsätzlich erst einmal ablehnen, ist jedoch ein Trugschluss.

Die Bereitschaft zur Veränderung ist für die meisten Menschen erst einmal die Frage einer ganz konkreten Nutzenabwägung. Veränderung ist also an Bedingungen geknüpft, und Bedingungen lassen sich erfüllen. Welche Bedingungen konkret erfüllt sein müssen, um Menschen zur Veränderung zu bewegen, hängt von der individuellen Motivationslage jedes Einzelnen ab. Als übergreifende Gemeinsamkeit lässt sich festhalten, was für die Motivation von Mitarbeitern generell gilt: Geld ist nicht entscheidend. Vielmehr geht es darum, dass Menschen sich mit den gesetzten Zielen identifizieren können, ihren eigenen Anteil zum Erfolg beisteuern und erleben können und dass dieser auch gewürdigt wird.

Menschen sind aber keine Maschinen und nicht jeder ist für jede Aufgabe gleichermaßen geeignet. Neben der geistigen Bereitschaft zur Veränderung lautet das entscheidende Persönlichkeitsmerkmal vor allem, die praktische Fähigkeit zur Veränderung zu besitzen.

Führung wird sich verändern

In der Zukunft brauchen Unternehmen andere Menschen mit anderen Fähigkeiten als bisher. Entweder benötigen sie deshalb generell andere Mitarbeiter oder die vorhandenen Mitarbeiter müssen sich verändern.

Wer allerdings von Anderen Veränderung einfordert, wird selbst nicht darum herum kommen. Auch Führungskräfte werden sich verändern müssen, wenn Sie den Anforderungen der Zukunft gewachsen sein wollen. Und mit der Zeit werden die vielfältigen Veränderungen auch einen neuen Typus der Führungskraft an den Spitzen der Unternehmen etablieren. Der alles kontrollierende und hierarchisch bestimmende

Top-Manager gehört dann der Vergangenheit an. Er wird sein Feld abgeben müssen an den motivierenden und moderierenden Netzwerker, der Menschen für ein Unternehmen und eine Aufgabe begeistern und gewinnen kann. Die nobelste Aufgabe von Führungskräften wird es sein, Menschen in ihren Fähigkeiten und Potenzialen zu entwickeln. Freiheit, Selbstbestimmtheit und Eigenverantwortung bestellen den Boden, auf dem Vertriebsgeist, Unternehmergeist oder Innovation gedeihen können.

Wer seinen Mitarbeitern Vorbild, Sparringspartner, Ideengeber und manchmal auch Seelentröster ist, wird ihnen eine gleichermaßen wertschöpfende und erfüllende Beschäftigung ermöglichen. Nachhaltigkeit ist das Konzept, die Früchte dieser Investition in Menschen zu ernten. Vielleicht sollten Unternehmen dazu übergehen, schon heute talentierte Menschen mit Potenzial einzustellen, von denen sie derzeit noch gar nicht wissen, welche Funktion diese im Unternehmen einmal erfüllen können.

In Anlehnung an Einstein sollte für Führung und Management also gelten: „Mehr als die Vergangenheit interessiert mich die Zukunft meiner Mitarbeiterinnen und Mitarbeiter, denn davon wird das Unternehmen leben!" Es sind immer die Menschen, die ein Unternehmen ausmachen. ■

Der Autor

Michael Güttes, 51, ist Vice President der internationalen Personalberatung Mercuri Urval in Deutschland und leitet die Business Unit Meerbusch/Düsseldorf sowie die Board & Executive Practise Germany. Er gehört dem Unternehmen seit 1989 und der Geschäftsleitung seit 1992 an. Schwerpunkte seiner Beratungstätigkeit sind Executive Search und Restrukturierungsprojekte. Vor seiner Tätigkeit bei Mercuri Urval absolvierte er eine Bankausbildung und ein Studium der BWL, zusätzlich ein Executive MBA Program. Michael Güttes war mehrere Jahre in führenden Funktionen im Bankensektor und im Bereich der Steuerberatung tätig.

Grenzenlos die besten Köpfe finden

Globalisierung, demografischer Wandel und Abwanderung von Spitzenkräften auf der einen Seite, neue Lebensentwürfe und Ansprüche von Top-Talenten und Professionals auf der anderen – das Personalmanagement wird nicht eben leichter. Es muss sich darauf einstellen: Global Recruiting wird zu seiner zentralen Herausforderung.

Bereits im Jahr 1998 umriss Professor Klaus Schwab, Präsident des World Economic Forum in Davos, die Herausforderung der Globalisierung im Kontext der Unternehmensführung: „The key challenge for humankind will be the capability to manage global interdependence." Die Fähigkeit, die neuen globalen Verknüpfungen und Abhängigkeiten zu gestalten, ist im unternehmerischen Gesamtzusammenhang künftig auch eine Kernfunktion des Personalmanagements.

Parallel zur Globalisierung vollzieht sich in Deutschland mit Rasanz der demografische Wandel, der das Personalmanagement in allen Unternehmen ebenfalls vor eine grundlegend neue Situation stellt. Die Bevölkerung schrumpft und altert. Der Altersquotient lag 1995 noch bei 37, das heißt, 100 Menschen im Erwerbsalter standen 37 Personen im Rentenalter gegenüber. 2001 betrug der Altersquotient 44, bis 2020 wird er voraussichtlich auf 55 steigen. Gleichzeitig verdoppelt sich der Anteil der Generation 60-plus an der Gesamtbevölkerung von heute 20 auf annähernd 40 Prozent. In den Unternehmen werden zwischen 2015 und 2030 viele Fach- und Führungskräfte aus der Baby-Boomer-Generation in Rente gehen. Gleichzeitig wird die Anzahl der Hochschulabsolventen zurückgehen. Der Bedarf an neuen Köpfen wird also genau dann sprunghaft steigen, wenn die Anzahl der Kandidaten sinkt. Damit ergibt sich ein zusätzliches Risiko besonderer Brisanz.

In den vergangenen Jahren wanderten pro Jahr etwa 160.000 Deutsche aus – mit deutlich steigender Tendenz. Hinzu kommt eine statistisch nicht erfassbare Abwanderung von Schülern und Studenten, die im Rahmen eigentlich befristeter Auslandsaufenthalte die Vorzüge anderer Bildungs- und Steuersysteme kennenlernen und nicht nach Deutschland zurückkehren. Von den 160.000 Emigranten ist jeder Zweite hochqualifiziert. Mehr als 20 Prozent der Betriebe können ihre offenen Stellen heute nicht mehr beset-zen, es fehlen allein mehr als 40.000 Ingenieure. Im Gegenzug lassen sich jährlich lediglich ein paar Hundert Hochqualifizierte in Deutschland nieder. Und selbst wenn Deutschland jährlich 200.000 qualifizierte Zuwanderer ins Land ließe, ergäbe sich laut Prognose des Deutschen Instituts für Wirtschaftsforschung bis 2050 immer noch ein Defizit von vier Millionen Arbeitskräften.

Bei der Globalisierung ist zwischen ihren exogenen und endogenen Dimensionen zu unterscheiden. Die exogenen Dimensionen ergeben sich aus Reaktionen bislang eher national tätiger Unternehmen auf äußere Zwänge zur Globalisierung: Der Wettbewerbsdruck fördert Präsenzen auf neuen ausländischen Absatzmärkten. Diese führen zu einer Internationalisierung des Umsatzes, der Druck auf Zulieferer zum Nachzug ins Ausland wächst. All dies wird umrahmt von einer Verlagerung von Unternehmenseinheiten in Länder mit niedrigeren Lohnkosten und damit von einer Globalisierung des Personals.

Belegschaften immer internationaler

Die endogenen Dimensionen der Globalisierung umfassen das antizipative Handeln der Unternehmen, um auf die zukünftigen Herausforderungen der Globalisierung vorbereitet zu sein. Dabei rückt insbesondere die internationale Besetzung des mittleren und oberen Managements ins Blickfeld, die eine ausgeglichene Berücksichtigung von Perspektiven und Interessen verschiedener Regionen in der Unternehmenspolitik begünstigt. Auch entwickeln sich dezentrale Entscheidungsstrukturen durch die Verlagerung von Entscheidungskompetenzen an die internationalen Organisationseinheiten und damit Aufwertungen der nachgelagerten Führungsebenen, die qualitativ hochwertig besetzt sein müssen.

Um Top-Personal konkurrieren nicht nur inländische Unternehmen, sondern auch attraktive Arbeitgeber im

Ausland. Die Generation der „Digital Natives", die über ihre internetbasierten, globalen Kommunikationsbeziehungen äußerst informiert ist, fasst Karriereentwürfe immer stärker international auf und hat attraktive berufliche Optionen jenseits der nationalen Grenzen im Blick. Die Globalisierung schafft mithin nicht nur einen freien Austausch von Waren, Dienstleistungen und Kapital, sondern lässt einen globalen Personalmarkt entstehen.

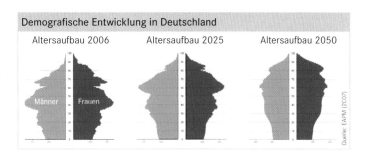

Demografische Entwicklung in Deutschland

Altersaufbau 2006   Altersaufbau 2025   Altersaufbau 2050

Männer   Frauen

Quelle: EAPM (2007)

Im Recruiting gilt es, die erforderliche Reichweite und internationale Marktzugänge zu schaffen, um Spitzenbesetzungen auf allen Ebenen organisieren zu können. Darin liegt die Grundvoraussetzung für Innovation und Wachstum, für den nachhaltigen unternehmerischen Erfolg. Damit entwickelt sich das Personalmanagement zu einer komplexen mehrdimensionalen Gestaltungsaufgabe im internationalen Kontext, die auf neue Fragen Antworten geben muss. Noch immer geht ein Großteil der Unternehmen diese Herausforderung mit herkömmlichen Maßnahmen an. Viele verlassen sich auf ihren guten Namen, auf althergebrachtes Personalmarketing sowie eine klassische Personalabteilung und bleiben damit im HR-Management national ausgerichtet. Welche strategischen Implikationen des HR-Managements sind aus den Entwicklungslinien von Globalisierung, Demografie und Abwanderung abzuleiten? Eine wesentliche Gestaltungslinie ist im Global Recruiting zu erkennen.

Herausforderung Global Recruiting

Global Recruiting beschreibt die innere Befähigung der Unternehmen, transnationale Personalgewinnungsstrategien wirksam umzusetzen und eine nachhaltige Präsenz auf den internationalen Personalmärkten zu realisieren, um internationale Fach- und Führungskräfte anzusprechen, zu überzeugen, systematisch zu integrieren, zu entwickeln und zu binden. Diese mehrdimensionale Gestaltungsaufgabe stellt sich nicht mehr nur für multinationale Konzerne und Großunternehmen, sondern zunehmend auch für den Mittelstand.

1. Englisch wird zweite Unternehmenssprache: So gerne sich Deutschland als Exportweltmeister feiern lässt, so sehr hat die „internationale DNA" von Wirtschaft und Gesellschaft noch große Entwicklungsspielräume. Ein erster wesentlicher Schritt ist die Zulassung der englischen Sprache, der World Business Language, als gleichberechtigte zweite Unternehmenssprache für alle Kommunikationsvorgänge inklusive Reporting und Dokumentation.

2. HR-Manager mit internationaler Erfahrung: Im Personalwesen müssen gestandene Fach- und Führungskräfte mit angemessener Erfahrung im internationalen Personalmanagement verankert sein. Dieses muss über seine Kompetenzträger mehrsprachig und in der grenzüberschreitenden Personalarbeit gestählt sein: in der Steuerung der internationalen Personalgewinnung (Global Hiring Team) ebenso wie im On-Boarding von internationalen Professionals und in der Umsetzung einer an internationalem Personal ausgerichteten Personalentwicklung.

3. HR-Management als Taktgeber: Es muss Impuls- und Taktgeber für die Öffnung der Unternehmenskultur und für die Vorbereitung des Unternehmens und seiner Akteure auf die Einsteuerung internationaler Fach- und Führungskräfte sein. Hierzu bedarf es einer Überprüfung der Unternehmenswerte, der Leitkultur und des Führungsleitbildes, das stärker als bisher auf einen interkulturell einsetzbaren Manager-Typus abstellt, der auch und gerade heterogene Belegschaften über Standorte hinweg führen und hinter gemeinsamen Zielen versammeln kann.

4. Personalentwicklung im internationalen Kontext: Auch für nationale Fach- und Führungskräfte muss die Personalentwicklung internationaler werden, substanzielle Internationalität heranbilden und entsprechende Sprachqualifikationen ermöglichen – dies gilt auch für die berufsbegleitende Weiterqualifikation im internationalen Rahmen, das Lernen in internationalen Gruppen und den Erwerb international anerkannter (Zusatz-)Abschlüsse, aber auch für eine stärkere Entsendungspolitik über Expatriates.

5. Vertrags- und Vergütungsstrukturen: Internationalisierung erfordert zudem eine Flexibilisierung der Vertrags- und Vergütungsstrukturen. Arbeitsverträge und Kompensationsgefüge müssen auf den Prüfstand – internationale Fach- und Führungskräfte müssen auch über formale Öffnungsprozesse arbeitsrechtlich und gehaltlich adäquat integriert werden können. Es gilt, eine weitreichende Internationalisierung aller HR-Standards zu vollziehen.

6. Organisationsstrukturen überprüfen: Das HR-Management muss unter den Vorzeichen der Internationalisierung die eigene Aufbau- und Ablauforganisation und die HR-Prozesswelten grundlegend reformieren, insbesondere die Rekrutierungsprozesse, die nicht selten noch schwerfällig, formalistisch und zeitraubend sind. Mit höchster Sorgfalt und Professionalität muss dabei die Time-to-Market-Situation optimiert werden. Sowohl im nationalen wie auch im internationalen Personalmarkt werden Entscheidungsgeschwindigkeit und damit auch die Zügigkeit in der Vorlage attraktiver Angebote ein gewichtiger Wettbewerbsfaktor sein. Es wird zudem eine grenzüberschreitende Multi-Tasking-Fähigkeit im HR-Bereich erforderlich sein, um parallel laufende Rekrutierungsprojekte über viele Länder und Zeitzonen hinweg ergebnisorientiert steuern zu können.

7. Employer Branding im Ausland: Das Employer Branding, der konsequente und glaubwürdige Aufbau einer starken Arbeitgebermarke, muss internationale Züge erhalten; die Öffnung und Offenheit des Unternehmens für internationales Spitzenpersonal muss überzeugend kommuniziert werden. Das Personalmanagement muss dafür Sorge tragen, dass das Unternehmen auf den jeweils relevanten Personalmärkten wahrgenommen wird, insbesondere durch den Aufbau tragfähiger und leistungsstarker Netzwerke und die Pflege von Netzwerkpartnern.

8. Vorbildrolle von Spitzenmanagern: Die Erlangung eines internationalen Profils und damit die Attraktivität des Unternehmens werden auch durch die erfolgreiche Verankerung von Fach- und Führungskräften auf allen Unternehmensebenen bedingt. Insbesondere im Kreis seiner Spitzenrepräsentanten sollten internationale Manager sichtbar sein und als Vorbilder nach innen wie nach außen wirken können.

9. Qualifikations-, Kompetenz- und Erfahrungsprofile: Auch die nationale Einstellungspolitik sollte stärker als bisher an international geprägten Qualifikations-, Kompetenz- und Erfahrungsprofilen ausgerichtet sein. Es gilt, die Internationalität des Unternehmens durch Fach- und Führungskräfte mit internationalen Studiengängen, überdurchschnittlichen Sprachkenntnissen und internationalen Berufserfahrungen nachhaltig zu stärken. Damit erzeugt das Unternehmen eine hohe Bindungskraft für internationale Spitzenkräfte, denen der Wohlfühlfaktor in einem Umfeld von interkulturell empathischen Kollegen wichtig ist – und die auf Dauer kein Exotendasein fristen wollen.

10. Relocation-Kompetenz entwickeln: Das Unternehmen muss entweder in seinem Inneren oder über professionell agierende Beratungsunternehmen eine wirksame Relocation-Kompetenz entwickeln, da nicht nur Fach- und Führungskräfte als Individuen, sondern auch ihre Familien nach Deutschland oder in eine andere Zielregion des Unternehmens übersiedeln. Hier sind reibungslose Informationsflüsse und operative Unterstützungsleistungen bei der Suche von Wohnraum und der schulischen Integration der Kinder zu gewährleisten.

Das Ende der nationalen Komfortzone

Global Recruiting wird mithin kein Exklusivverfahren für Konzern- und Großunternehmen, sondern ein zwingendes Erfordernis für eine deutlich größere Bandbreite von Firmen sein. Die Befähigung zum Global Recruiting in seinen unterschiedlichen Ausprägungen – regional, kontinental, interkontinental und global – wird zu einem entscheidenden Wettbewerbsfaktor. Der ehemalige US-Arbeitsminister Robert B. Reich hatte die Entwicklung, die wir heute erleben, im Jahr 1993 mit folgenden Worten formuliert: „Wir erleben eine Transformation, aus der im kommenden Jahrhundert neue Formen von Politik und Wirtschaft hervorgehen werden. Es wird dann keine nationalen Produkte und Technologien, keine nationalen Unternehmen, keine nationalen Industrien mehr geben. Es ist das Ende der Volkswirtschaften." Insofern wird es auch kein Personalmanagement in einer nationalen Komfortzone mehr geben, sondern Personalmanagement wird international sein – oder es wird seine Mission verfehlen. ■

Die Autoren

Dr. Tiemo Kracht ist Geschäftsführer der Kienbaum Executive Consultants GmbH. Er ist verantwortlich für die Geschäftstätigkeit der Kienbaum-Gruppe im Bereich Executive Search/Personalberatung und zudem Leiter der Practice Finanzdienstleistungen und Öffentlicher Sektor. Dr. Kracht ist seit mehr als zwölf Jahren im Executive Search/Management Search mit Schwerpunkt Finanzdienstleistungen tätig. Neben der Besetzung von Vorstands-, Führungs- und Fachpositionen hat er auch an der Produktentwicklung im Beratungsbereich Management-Diagnostik mitgewirkt und diverse Management-Audits industrieübergreifend aktiv begleitet.

Dr. Stefan H. Fischhuber ist Geschäftsführer der Kienbaum Executive Consultants GmbH. Neben seinen Aufgaben als Geschäftsführer ist er Leiter der Practice Industry. Dr. Fischhuber besetzt und auditiert seit zwölf Jahren Positionen auf Vorstands- und Geschäftsführungsebene sowie Aufsichtsräte und Beiräte. Vor seiner Tätigkeit als Berater war er in leitender Position in einem Industriekonzern tätig.

Wie Führungskräfte die Restrukturierung meistern

Als Konsequenz der jüngsten Krisenjahre beginnt quer durch alle Branchen das große Stühlerücken und die Neuorganisation ganzer Geschäftsbereiche. Auf dem Papier lesen sich die Maßnahmen gut. In der Praxis jedoch drohen viele, zumal bei HR-Themen, ihr Ziel zu verfehlen – weil häufig auch ein konsequentes Management Review fehlt.

Selten war seine Erkenntnis aktueller – nicht zuletzt die jüngste Finanz- und Kapitalmarktkrise unterstrich noch einmal in aller Deutlichkeit Heraklits vielzitierte Diagnose: „Nichts ist so beständig wie der Wandel." Das muss man heute keinem Unternehmen zweimal sagen: Personelle, strukturelle und prozessbasierte Herausforderungen immer wieder aufs Neue zu bewältigen, ist in Zeiten des permanenten Wandels für viele Firmen Grundvoraussetzung zum nachhaltigen Erfolg.

Nicht selten führt diese Einsicht in der Folge zu kräftigem Stühlerücken und der Restrukturierung ganzer Geschäftsbereiche. Verantwortlichkeiten und Aufgabenpakete werden neu zugeteilt, Führungskräfte ausgetauscht und Teams neu zusammengesetzt. Alles mit dem Ziel, zukünftigen Herausforderungen schneller, sicherer und effektiver begegnen zu können. Doch was sich als Maßnahmen zur Optimierung auf dem Papier so gut liest, muss in der Praxis nicht immer erfolgreich sein. Fragt sich nur: Warum? Wieso scheitern solche Veränderungsprozesse aller Theorie zum Trotz so häufig oder wieso verfehlen sie ihr Ziel?

Große Konzepte – kleine oder keine Wirkung

Man kann im Zusammenhang mit betrieblichen Restrukturierungen immer wieder feststellen, dass die mit viel Aufwand entwickelten neuen Konzepte hinsichtlich der Prozessabläufe oder auch einer geänderten Aufbauorganisation in der Umsetzungsphase scheitern oder nicht vollumfänglich und nur halbherzig von den zuständigen Führungskräften angegangen werden. Besonders deutlich wird dies, wenn die Restrukturierung zusätzlich mit Personalabbau verbunden ist. Trotz rechtlich einwandfrei geklärter Rahmenbedingungen gelingt es manchen Führungskräften nicht, die vorgegebenen Veränderungen im eigenen Einflussbereich konsequent zu verwirklichen

oder auch die avisierten Personalreduzierungen zu realisieren. Recht häufig wird auch inhaltlich nachjustiert, bis es endlich wieder passt; so werden zum Beispiel alte Prozesse wiederbelebt. Dabei bleibt jedoch von den ursprünglich angedachten Veränderungen häufig nur noch ein Torso übrig, sodass sich die angestrebten Verbesserungen und Synergieeffekte gar nicht oder zumindest nicht in dem beabsichtigten Umfang einstellen.

Notwendige Trennungsgespräche werden zudem nur zögerlich geführt oder auch ohne klare Absprache an die jeweilige Personalbetreuung delegiert. Zu häufig noch vermeiden Führungskräfte schwierige Mitarbeitergespräche oder sind aufgrund mangelnder Erfahrung nicht in der Lage, solche Gespräche zielführend zu gestalten. Wesentliche Einsparziele hinsichtlich der Personalkosten und letztlich der Unternehmensziele werden dadurch jedoch verfehlt.

Konsequenz fällt schwer

Was ist nun die Ursache dafür, dass Restrukturierungen in dem von der Unternehmensleitung beschlossenen Umfang häufig nicht konsequent genug angegangen werden? Ein wichtiger Grund liegt sicherlich in der bisweilen unzureichenden internen Kommunikation und der fehlenden frühzeitigen Partizipation der Führungskräfte am Gesamtprozess der Restrukturierung. So sah sich im Rahmen einer großen Restrukturierung bei einem namhaften Maschinenbauunternehmen im süddeutschen Raum auch fünf Wochen nach Abschluss eines Interessenausgleichs und Sozialplanes kaum eine Führungskraft in der Lage, die wesentlichen Inhalte vom Geltungsbereich über die Höhe möglicher Abfindungszahlungen bis hin zu Umzugshilfen bei Versetzungen wiederzugeben oder gar den disziplinarisch zugeordneten und betroffenen Mitarbeitern zu erläutern.

Im Mittelpunkt der Managementdiagnostik steht die Veränderungskompetenz: Ist sie bei den Führungskräften nicht entwickelt, drohen Restrukturierungen in der Regel zu scheitern.

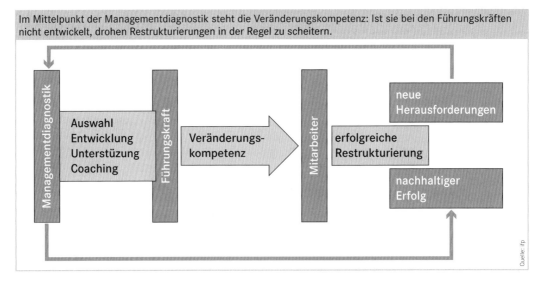

Quelle: ifp

Doch auch wenn eine vorbildliche interne Kommunikation zur Restrukturierung stattgefunden hat, zeigt sich immer wieder das Phänomen, dass nicht das umgesetzt wird, was beschlossen wurde. „Liegt im System", sagen in solchen Fällen viele Führungskräfte. Stimmt. Doch das System wird durch die handelnden Personen geprägt.

Denn Führungskräfte, die ihre Führungsrolle selten hinterfragen und nicht gelernt haben, ihre Aufgaben als sich ständig verändernd wahrzunehmen, können nur schwer die Kraft und den Mut aufbringen, Mitarbeitern Veränderungen zu vermitteln – sei es die neue Zuordnung im Team, ein Standortwechsel oder, natürlich, auch der Arbeitsplatzverlust. Vielmehr neigen sie dazu, den Status Quo zu festigen. Sie beschwichtigen mit Zusagen, die oft nicht zu halten sind, etwa dem Versprechen höherer Abfindungssummen trotz eindeutiger Regelung im Sozialplan. Oder sie neigen in solchen Situationen zur Illoyalität: So stehlen sich manche Führungskräfte aus der unternehmerischen Verantwortung, indem sie vor den Mitarbeitern die beschlossene Restrukturierung für unsinnig erklären.

Restrukturierung braucht Beratung

Eine konsequent angewandte, professionelle Beratung kann Unternehmen dabei unterstützen, die geschilderten Probleme zu minimieren. Maßgeblich für den Erfolg ist zunächst die professionelle Auswahl der handelnden Führungskräfte: Im Rahmen gezielter und auf die Bedürfnisse des Unternehmens zugeschnittener Auswahlverfahren ist es möglich, die geeigneten internen oder externen Kandidaten für diese Führungsaufgaben zu finden.

Noch zu häufig verlassen sich Unternehmensleitungen bei der Auswahl von Führungskräften fast ausschließlich auf das Votum von Fachspezialisten, die die nichtfachlichen Aspekte der Personalauswahl wie Führungskompetenz, Veränderungsbereitschaft oder Gestaltungswillen jedoch aus Mangel an ausreichender Erfahrung und diagnostischem Know-how nur selten sicher beurteilen können. Häufig spielen bei den Entscheidern in der Personalauswahl auch persönliche Vorlieben für aktuelle Kollegen, ehemalige Weggefährten oder die Sympathie für bestimmte Charaktertypen – Stichwort „Prinzip der Ähnlichkeit" – eine nicht unwesentliche Rolle. Dies ist jedoch einer professionellen Personalauswahl nur selten dienlich.

Königsweg Management Review

In der Folge werden immer wieder Führungskräfte intern und extern rekrutiert, die insbesondere in Veränderungsprozessen und Krisenzeiten hinsichtlich ihrer persönlichen Fertigkeiten wie Überzeugungskraft, Ziel- und Ergebnisorientierung oder Flexibilität über ihre Leistungsgrenzen geführt werden. Das Resultat zeigt sich nicht zuletzt im Scheitern von Restrukturierungen. Denn dort ist von den Führungskräften vor allem unternehmerisches Denken, persönliche Stabilität, Empathiefähigkeit und Konsequenz gefordert. Auf all das kann bereits im Auswahlprozess im Rahmen einer fundierten und aussagekräftigen Managementdiagnostik geachtet werden.

Möchte ein Unternehmen sich für zukünftige Krisenzeiten und Herausforderungen auf den Führungsebenen besser aufstellen, ist es sinnvoll, das vorhandene sowie auch potenzielle Management-Know-how ebenenspezifisch einer systematischen und neutralen Bewertung zu unterziehen, um daraus personelle Konsequenzen und Personalentwicklungsmaßnahmen ableiten zu können. Branchenübergreifend gilt dabei das Management Review das am besten geeignetes Instrument: Es ermöglicht den Entscheidungsträgern eines Unternehmens die Identifikation und Prognose von Führungskompetenz und Führungspotenzial.

Von ganz besonderer Bedeutung bei der Durchführung eines Management Reviews sind die konsequente Ausrichtung an der Unternehmensstrategie, die sorgfältige Vorbereitung und die maßgeschneiderte Konzeption auf der Grundlage eines überprüfbaren Kompetenzmodells. Auf dieser Basis können konkrete Aussagen über Verhaltenspräferenzen der teilnehmenden Führungskräfte gemacht werden. Die Unternehmensführung wird mit den Ergebnissen des Management Reviews dabei unterstützt, sichere Entscheidungen zur Besetzung von Führungspositionen zu treffen. Nur so wird die Führung des Unternehmens in die Lage versetzt, Veränderungsprozesse und Krisen noch professioneller mit der geeigneten Führungsmannschaft zu managen.

Krisen führen auch an persönliche Grenzen

Oft ist es ebenfalls sinnvoll, Führungskräfte im Rahmen einer individuellen Entwicklungsplanung konsequent auf den Umgang mit unternehmerischen Veränderungsprozessen und Restrukturierungen – bis hin zu Entlassungsgesprächen –vorzubereiten, beziehungsweise in der Phase der Restrukturierung unterstützend zu begleiten. Denn in aller Regel mangelt es den Führungskräften nicht an dem Willen und der Einsatzbereitschaft, unangenehme Führungsaufgaben auch anzupacken. Vielmehr nähern sich Führungskräfte in unternehmerischen Krisen auch persönlich ihren Grenzen. Sie strahlen dadurch Unsicherheit aus und verlieren an Handlungskompetenz. Doch gerade in Phasen unternehmerischer Veränderungen ist es mehr denn je notwendig, ein Führungsteam zu haben, das belastbar, zupackend und stabilisierend agiert.

Die managementdiagnostische Beratung kann auch hier für die betroffene Führungskraft mit sehr individuellen Maßnahmen unterstützend wirken. Dies geschieht zum Beispiel im Rahmen des sogenannten Krisen-Coachings. Dabei geht es darum, die Führungskraft in einem überschaubaren Zeitraum hinsichtlich einer konkreten Krisenthematik zu begleiten. Dies können unter anderem die Gestaltung schwieriger Veränderungsprozesse, Verhandlungen mit Mitbestimmungsgremien oder auch der eigene Statusverlust wie etwa der Verlust der Führungsposition sein. Im Vordergrund des Krisen-Coachings steht der konkrete Situationsbezug, die schnelle Entlastung der Führungskraft sowie die Wiederherstellung beziehungsweise Stabilisierung der Handlungsfähigkeit.

Hilfe bei Grabenkämpfen

Unternehmerische Veränderungen und Krisen machen jedoch selten Halt bei der einzelnen Führungskraft, sondern haben häufig Einfluss und Wechselwirkungen auf Führungsteams und abteilungsübergreifende Arbeitsgruppen oder führen zu Verteilungskämpfen über Ressortgrenzen hinweg. Etwa wenn es im Rahmen einer betrieblichen Restrukturierung darum geht, für die neu geordneten Aufgaben einer Abteilung die richtigen Mitarbeiter auf die eigene Seite zu ziehen. Hier kann managementdiagnostische Beratung auf individueller oder auf Teamebene, etwa im Rahmen geleiteter Workshops, helfen, Grabenkämpfe schneller zu überwinden und sich wieder der eigentlichen Aufgabe zuzuwenden: nämlich der konstruktiven Gestaltung der Restrukturierung.

Das Ziel sollte dabei auf Seiten aller Beteiligten fest im Blick behalten werden. Letztlich geht es um die Befähigung der Führungskraft, die Unternehmensvorgaben auch in Krisenzeiten konsequent umzusetzen, dabei menschlich wertschätzend zu bleiben und die Veränderungen in das eigene Bewusstsein zu integrieren. Dies kann aber nur dann gelingen, wenn neben professionell ausgearbeiteten Restrukturierungsmaßnahmen auch Führungskräfte vorhanden sind, die anspruchsvolle Vorgaben mutig und mit klarer Zielvorstellung anpacken. ■

Der Autor

Burkhard Birkner ist als Geschäftsbereichsleiter der ifp Personalberatung Managementdiagnostik in Köln tätig. Seine Tätigkeitsschwerpunkte sind in der Managementdiagnostik sind (Top-)Management-Audits, Einzel- und Gruppen-Assessments im Rahmen der Personalauswahl und Personalentwicklung, Management-Development-Verfahren, (Top-Management-)Coachings sowie die Organisationsberatung bei der Einführung von Personalentwicklungsinstrumenten. Birkner studierte Psychologie in Bonn, Amsterdam und Marburg und arbeitete vor seinem Eintritt bei ifp sowohl bei Mittelständlern wie Konzernen in unterschiedlichen HR-Führungspositionen. Zuletzt verantwortete er die Bereiche Personalentwicklung, Arbeitsrechts- und Grundsatzfragen sowie Personalcontrolling in einem neu gegründeten Shared-Service-Center.

Vom Executive Onboarding zur Accelerated Transition

Viele Geschäftsführer und Vorstände von außen scheitern im neuen Unternehmen. Misslungenes „Onboarding" ist aber in der Regel für das Unternehmen kostenintensiv und für den Manager nicht nur mental sehr belastend. Wie der Prozess des Onboardings von beiden Seiten professionell bestritten werden kann, zeigt dieser Beitrag.

Rund 35 Prozent der neu eingestellten Manager verlassen nach 18 Monaten wieder das Unternehmen. Dieses Phänomen ist in Deutschland aufgrund einer mangelnden Fehlertoleranzkultur noch ausgeprägter als in anderen Ländern. Nach einer Studie der Unternehmensberatung Booz ist die Vorstandsverweildauer in keinem anderen Land so kurz wie in Deutschland. Nach einer eigenen Untersuchung ist der Posten eines DAX-Vorstandes ein Schleudersitz. Was sind die Gründe und was kann man tun?

Ein Hauptgrund für das Scheitern so vieler Top-Manager nach einem Unternehmenswechsel ist die negative Seite der inneren Vorsätze: „Je größer die Herausforderung, desto besser" – „Ich weiß, dass ich nicht alle Voraussetzungen mitbringe, aber ich bin ja ein Kämpfer!" – „Ich wachse mit den Aufgaben". Nichts gegen ein ausgeprägtes Selbstvertrauen, aber es ist ein Muster wirklich erfolgreicher Manager, dass sie eine sehr präzise Selbsteinschätzung besitzen und sich Aufgaben suchen, die sie auch gut bewältigen können. „Wer nicht wagt, der nicht gewinnt" – das

stimmt oft. Aber in Bewerbungsprozessen geht gelegentlich der Sinn für die Realität verloren. Das Unternehmen hübscht sich auf und fokussiert auf das, was funktioniert – nicht auf die Probleme. Der Kandidat verhält sich ebenso und ignoriert alle Indikatoren, die auf größere Schwierigkeiten schließen lassen. Und plötzlich kommt man in der Wirklichkeit an.

Die beste Versicherung gegen Fehlbesetzungen sind professionelle, sich der Objektivität nähernde Rekrutierungsprozesse. Es gibt Untersuchungen, die belegen, dass Unternehmen, die einen hohen Aufwand bei der Rekrutierung ihrer Mitarbeiter betreiben, eine höhere Marktkapitalisierung erzielen. Wenn der oder die Richtige gefunden wurde, muss er oder sie zudem in das Unternehmen integriert werden. Die Bank of America beispielsweise konnte durch die Einführung eines Executive Onboarding-Programms die Ausfallquote auf ein Drittel reduzieren. Eine echte Fehlbesetzung wird auch ein solches Programm nicht ausbügeln können, aber die richtigen Kandidaten kommen schneller zum Fliegen.

So kann ein externes Executive Onboarding-Programm aussehen

	Pre-Period	First 100 days	Follow-up Period
Thema	• Mentale Vorbereitung • Persönliche Infrastruktur • Informationssammlung	• Komplettierung der Informationssammlung • Beziehungsaufbau • Erste Erfolge	• Beziehungsmanagement • Messbarer Erfolg • Emotionale Integration
Prozess	• Coachinggespräche • Strukturierte Interviews • Debriefing	• Coach als Sparringspartner • Entwicklung von effizienten Handlungsstrategien • Feedback durch Coach • Unterstützung im Teamaufbau	• Analyse der Netzwerkbildung • Aktive Begleitung im finalen Team-Building-Prozess • Bewusstmachende Coachinggespräche zur Entwicklung von Handlungsalternativen
Ereignis	• Optimal informiertes und vorbereitetes Placement	• Das Placement hat die wichtigsten Beziehungen konstruktiv entwickelt, seinen Team Building-Prozess gestartet und zeigt erste Erfolge	• Das Placement ist emotional und intellektuell als Führer der Organisation intergriert, das Alignment zwischen Strategie, Organisation und Human Capital erreicht und sein Führungsteam arbeitet stabil

Quelle: Heidrick & Struggles

In der Tabelle wird deutlich, dass jede der unterschiedlichen Phasen spezifische Anforderungen an die neue Führungskraft stellt. Und dass diesen auf eine adaptive Weise begegnet wird. Dabei ist es wichtig, eine konstruktive Balance zwischen den aktuellen, individuell auftretenden Themen einerseits und den strukturellen Themen des Programms andererseits zu gewährleisten.

Das Accelerated Transition Programm

Nach einer Analyse aller bisherigen Executive Onboarding-Prozesse wurde von Heidrick & Struggles ein neues Programm entwickelt: Accelerated Transition. Dieses Programm hebt ab auf zwei Hauptdimensionen: Systemverständnis und Systembewirkungskompetenz.

Systemverständnis bedeutet das Verstehen von Facetten der Herausforderung, die das Unternehmen von einem neuen Placement abverlangt. Dies mag einfach klingen, ist es aber nicht! Denn es gibt hier eine gepflegte Sprachlosigkeit auf Firmenseite. Der Neue soll erst einmal reinkommen, sich zurechtfinden, bevor man ihn mit den echten, detaillierten Anforderungen konfrontiert. Selbst wenn diese Phase vorbei ist, sind viele Vorgesetzte nicht in der Lage, klar und deutlich zu artikulieren, was sie denn wollen. Den Bereich verbessern, neue Akzente setzen, das Ganze nach vorne bringen, lauten die Formeln. Aber was heißt das? In welchen Dimensionen, mit welchen Mitteln, zu welchen Zeitpunkten, mit welchen Schritten? Oft ist es das Unvermögen der einstellenden Führungskraft, diese Dimension zu artikulieren.

Wie schon eingangs erwähnt, ist der Kandidat aber häufig nicht viel besser. Manchmal verwundert schon der Mut und der Glaube an die eigenen Kompetenzen bei der Übernahme neuer Aufgaben. Aber selbst wenn man eine realistische Einschätzung der Probleme und seiner eigenen Kompetenzen hat und die beiden Dimensionen übereinstimmen, stehen sich viele neue Placements selbst im Wege. Viele neue Manager hören einfach nicht zu – oder nur dann, wenn das Angeforderte zu ihren Interessen passt. Diese Faktoren stehen einem erfolgreichen Wechsel vehement entgegen. Onboarding lebt von der Spannung, einerseits offen und um Verständnis bemüht zu sein und auf der anderen Seite seinen Weg auch mit einer gewissen Entschiedenheit gehen zu können. Die meisten Manager entscheiden sich zugunsten der letzteren Dimension. Hier hilft nur Klarheit.

Der zweite wesentliche Faktor ist die Systemkompetenz. Nach einer Untersuchung von Heidrick & Struggles hat die Unternehmensprägung im Kompetenzfeld des Managers eine höhere Kraft als Ausbildung, Geschlecht und Nationalität. Wir reden hier nicht von den soften, kulturellen und wertgeprägten Faktoren, sondern lediglich von Kompetenzausprägungen. Diese These ist also eindeutig: Die Art zu managen kann von Unternehmen zu Unternehmen sehr unterschiedlich sein. Das neue Placement muss sich folglich nicht nur sehr gut vorstellen können, was man von ihm will (wohin soll das Unternehmen gesteuert werden?), sondern auch, wie er die Firma steuern soll (welche Knöpfe muss ich drücken, damit es sich in die richtige Richtung bewegt?). Bei diesen Aufgaben hilft das Accelerated Transition-Programm.

Wie in der Grafik ersichtlich, sind es verschiedene Interventionsarten, die den Prozess kennzeichnen:

- **Befragung:** Diese Informationssammlung dient der Präzisierung des Verständnisses, was die neue Führungskraft erreichen soll und wie in diesem System geführt wird. Zu diesem Zweck stellt man in einem persönlichen Gespräch von ein bis zwei Stunden vorher definierte Fragen eines Katalogs zu obigen Themenbereichen. Hierbei ist es nützlich, von den harten, quantitativen Faktoren zu den weichen Faktoren überzugehen. Besonders wichtig ist dabei, die Operationalisierung der Erwartung und als zweiter Schritt, die Operationalisierung der Erwartung in Verknüpfung mit den entsprechenden Zeitschritten darzustellen. Bis wann soll der Neue was erreicht haben, um dadurch eine Art

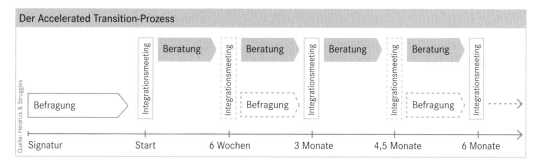

Der Accelerated Transition-Prozess

Quelle: Heidrick & Struggles

Befragung — Integrationsmeeting — Beratung — Integrationsmeeting — Beratung — Integrationsmeeting — Beratung — Integrationsmeeting — Beratung — Integrationsmeeting

Befragung — Befragung

Signatur | Start | 6 Wochen | 3 Monate | 4,5 Monate | 6 Monate

Messkalibrierung zu erreichen, die als Grundlage für die nachfolgenden Leistungstands-Erhebungen wesentlich sind.

- **Erstes Integrations-Team-Meeting (ITM):** In den ITMs trifft sich das Integrationsteam, bestehend aus dem neuen Placement, seinem Chef, dem verantwortlichen HR-Manager und falls vorhanden, einem Mentor. Diese Gruppe wird durch den Accelerated Transition Consultant unterstützt. Dieser trägt zu Beginn des Meetings die Ergebnisse seiner Befragung vor und schafft damit eine gemeinsame, verbindliche Struktur für das Erwartungsmanagement gegenüber dem neuen Placement.

  Neben den weichen Stilfaktoren, die auch im Detail diskutiert werden, sind die Ressourcen zur Zielerreichung, die das Unternehmen zur Verfügung stellt, ein weiteres Thema. Am Schluss des ersten ITM wird eine klare Vereinbarung über diese Themen getroffen und protokolliert.

- **Beratungsgespräch:** Der Accelerated Transition Consultant und die neu im Unternehmen platzierte Führungskraft haben in den Beratungsgesprächen die Möglichkeit, im vertraulichen, individuellen Austausch die Herausforderungen der Situation in beruflichen und persönlichen Dimensionen zu diskutieren. Hier geht es darum, mit dem Berater als Gegenspieler die Herausforderungen und deren Verständnis zu konkretisieren und die Möglichkeiten der Zielerreichung zu thematisieren. Falls sich in diesen Gesprächen Muster herauskristallisieren, die der weiteren Entwicklung des neuen Placements hinderlich sind, werden auch diese vom Consultant angesprochen und soweit der Rahmen dieser Gespräche dies möglich macht, aufgelöst.

- **Weitere ITMs:** Wie oben erwähnt finden weitere ITMs persönlich oder telefonisch statt. Bei den telefonischen Konferenzschaltungen geht es darum, schnell einen Abgleich mit den Anforderungen zu finden. In den persönlichen Meetings werden in der Regel folgende Themen besprochen:
  - Wie ist die Leistung der neuen Führungskraft?
  - In welchem Bereich ist sie erfolgreich?
  - Wo gibt es Raum für Verbesserungen?
  - Wie hat sie sich sich mit der Firma verbunden?
  - Hat sie eine gewisse Visibilität erzeugen können?
  - Hat sie alle wirklich wichtigen Menschen in der Organisation kennen gelernt?
  - Was kann die Organisation tun, um die Leistung der neuen Führungskraft zu unterstützen?
  - Was verhindert im Moment ihren Erfolg?

- **Weiterführende Informationssammlung:** Nicht nur vor dem ersten ITM, sondern auch vor dem 3-Monats-Meeting und dem 6-Monats-Meeting gibt es eine Phase der Informationssammlung. Vor dem dreimonatigen telefonisch, vor dem sechsmonatigen persönlich. Diese Befragungen werden mit derselben Gruppe durchgeführt, die zu Beginn befragt wurde und man stellt dieser Gruppe im Prinzip die immer wiederkehrende Frage: Wie ist der Leistungsstand und wie hat die neue Führungskraft sich in seinem Führungsverhalten in die Organisation integriert?

- **Letztes ITM:** Das letzte ITM ist von besonderer Bedeutung, denn es erlaubt eine nachhaltige Rückschau auf die Performance der ersten sechs Monate, gestützt durch die oben erwähnte persönliche Befragung. Des Weiteren bietet sich hier die Möglichkeit einer genauen Definition der Erwartung für die nächsten sechs Monate, die bis zum Abschluss des ersten Beschäftigungsjahres, wie im Bereich Executive Onboarding erwähnt, eine besonders kritische Phase darstellen.

Zusammenfassung und Bewertung

Die Integration neuer Führungskräfte ist für die beteiligten Personen und für das Unternehmen von entscheidender Bedeutung. Leider ist die Praxis mit hohen finanziellen, persönlichen und mentalen Kosten verbunden.

Wie wir aufzeigen konnten, gibt es Programme, die in der Lage sind, diese schwierige Situation unterstützend zu meistern. Das kann mit Hilfe von externen Consultants geschehen. Aufgrund der Objektivität und Neutralität hat dies bestimmte Vorteile. Es kann aber auch in wesentlichen Teilen durch das Unternehmen selber geleistet werden. Ideal ist die Kombination von State of the Art Onboarding-Prozessen des Unternehmens mit externer Unterstützung.

Unsere Feedbacks auf die ersten abgeschlossenen Accelerated Transition-Prozesse sind durchweg positiv und scheinen einen noch größeren Wirkungsgrad zu haben als das klassische Executive Onboarding. Allerdings erfordern sie eine Kultur, in der man offen über Leistungen reden kann. ■

Der Autor

Dr. Wolfgang Walter ist Partner für Leadership Consulting bei der international tätigen Personalberatung Heidrick & Struggles. Er hat sich dabei unter anderem auf Felder wie Coaching und Onboarding spezialisiert. Walter ist vom Düsseldorfer Büro der Executive Search Firma aus tätig.

Coaching für Führungskräfte gewinnt an Bedeutung

Executive Coaching hat sein „Couch-Image" abgelegt und sich in den letzten Jahren zu einer akzeptierten und messbaren Managementberatung mit hoher Wertschöpfung entwickelt.

Coaching wird nicht mehr als Hilfestellung mit psychotherapeutischem Charakter gesehen, sondern als aktive Unterstützung im Beruf mit genauer Auftragsklärung, Zieldefinition und Evaluation. Die Gründe für die zunehmende Akzeptanz und Nachfrage sind schnell aufgezählt: Erstens ist der Erfolgsdruck auf Führungskräfte durch unterschiedlichste Parameter – wie die abnehmende Verweildauer in Top-Positionen, der kurzfristige Ergebnisdruck sowie interkulturelle Herausforderungen – stark gestiegen. Zweitens lässt sich vor allem in Top-Positionen der klassische Vereinsamungsprozess der Manager stärker beobachten, der häufig mit einem fehlenden Regulativ einhergeht. Drittens nimmt das Konkurrenzdenken und Ellbogenverhalten inner- und außerhalb des Unternehmens stetig zu. Und schließlich erfordern immer komplexer werdende Arbeitswelten und Unternehmenssituationen schnelle Entscheidungen und Verhaltensanpassung von den Leistungsträgern.

Coaching für Führungskräfte – was ist das?

Das Coachen von Führungskräften, auch Executive Coaching genannt, findet ausschließlich im beruflichen Umfeld statt und konzentriert sich auf die Realisierung einer konkreten Aufgabe oder die Lösung von akuten Problemen im Führungsalltag. Dabei erfolgt die Zusammenarbeit zwischen Coach und Klient (Coachee) auf höchster Vertrauensebene sowie auf der Grundlage einer freiwilligen und von beiden Seiten gewünsch-

ten Vereinbarung. Ein Executive Coach beschränkt sich streng auf die Problembewältigung und tritt als klarer Feedbackgeber und Berater auf der Prozessebene auf. Er gibt Hilfestellung und zeigt dem Coachee Potenziale durch Entwicklung seines Verhaltens auf.

Unterschiedliche Ausgangssituationen erfordern genaue „Maßarbeit" des Executive Coachings. Herauskristallisiert haben sich in den letzten fünf Jahren drei Varianten: Career Coaching, Business Coaching und das sogenannte Onboarding Coaching.

Die Beratungsinhalte des Executive Coachings haben sich in den letzten Jahren stark verändert. Während früher eher die persönliche Entwicklung und Motivation des Coachees im Vordergrund standen, liegen die Schwerpunkte heute sehr gezielt im Bereich der erfolgsrelevanten Herausforderungen im unternehmerischen Umfeld.

Career Coaching

Im Career Coaching begleitet der Coach den Coachee bei der Realisierung seiner Karriereplanung. Career Coaching kann bei akuten Entscheidungen unterstützen, ist jedoch im Normalfall eine längerfristige Aufgabenstellung, die sich bis zu 18 Monate ausdehnen kann.

Die Beratungsschritte des Career Coaching sind in dem folgenden Praxisbeispiel erläutert: Ein Coachee führte als Leiter eines internationalen Projekts im Spezialanlagenbau mehrere Teams und verantwortete

Bedeutung der Coaching-Arten im Executive Coaching

Business Coaching	43 %
Onboarding Coaching	38 %
Career Coaching	19 %

Quelle: Odgers Berndtson, Stichprobe > 180 Projekte

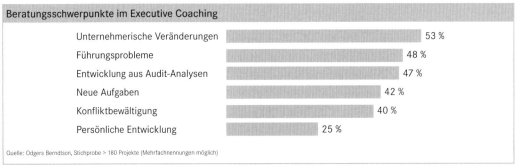

Beratungsschwerpunkte im Executive Coaching

Unternehmerische Veränderungen	53 %
Führungsprobleme	48 %
Entwicklung aus Audit-Analysen	47 %
Neue Aufgaben	42 %
Konfliktbewältigung	40 %
Persönliche Entwicklung	25 %

Quelle: Odgers Berndtson, Stichprobe > 180 Projekte (Mehrfachnennungen möglich)

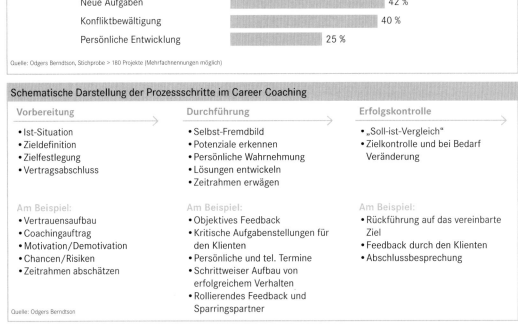

Schematische Darstellung der Prozessschritte im Career Coaching

Vorbereitung
- Ist-Situation
- Zieldefinition
- Zielfestlegung
- Vertragsabschluss

Am Beispiel:
- Vertrauensaufbau
- Coachingauftrag
- Motivation/Demotivation
- Chancen/Risiken
- Zeitrahmen abschätzen

Durchführung
- Selbst-Fremdbild
- Potenziale erkennen
- Persönliche Wahrnehmung
- Lösungen entwickeln
- Zeitrahmen erwägen

Am Beispiel:
- Objektives Feedback
- Kritische Aufgabenstellungen für den Klienten
- Persönliche und tel. Termine
- Schrittweiser Aufbau von erfolgreichem Verhalten
- Rollierendes Feedback und Sparringspartner

Erfolgskontrolle
- „Soll-ist-Vergleich"
- Zielkontrolle und bei Bedarf Veränderung

Am Beispiel:
- Rückführung auf das vereinbarte Ziel
- Feedback durch den Klienten
- Abschlussbesprechung

Quelle: Odgers Berndtson

die Bereiche Akquisition, Vertragsgestaltung und Konzeption. Im Krisenjahr 2009 wurde die gesamte Geschäftseinheit umstrukturiert. Es ergab sich eine Karriereoption, die der Coachee als ideal empfand. Für den nächsten Schritt sprachen folgende Kompetenzen: Der Coachee war international bei schwierigsten Projekten erfolgreich, flexibel und einschließlich der Familie mobil, hoch anerkannt in der zweiten Vorstandsebene und besaß außerdem erste Erfahrungen in der Position. Die Entscheider waren eher skeptisch: Der Coachee sei zu jung, erst zwei Jahre in der aktuellen Position tätig und innerhalb der Peergroup existierten langjährige Anwärter. Da weder eine Entscheidung fiel noch konstruktiv mit dem Coachee diskutiert wurde, war dieser zunehmend demotiviert. Konkrete Überlegungen, das Unternehmen zu verlassen waren das unschöne Ergebnis.

Insgesamt wurde der Klient über 15 Monate begleitet, die gekennzeichnet waren von einer intensiven Anfangsphase mit Standortbestimmung, Selbst- und Fremdbild-Analyse, Verhaltenswahrnehmung und Zieldefinition, einer ruhigen Mittelphase mit Feedbackroutinen sowie einer erfolgreichen Abschluspha-

se, in welcher der Coach nur noch sporadisch als Sparringspartner in Anspruch genommen wurde. Beendet wurde die Coachingbeziehung mit der Erfolgsmeldung „Berufung zum Regionalmanager" und der zeitgleichen Verabschiedung des Coachees nach Asien.

Business Coaching

Beim Business Coaching auf Executive-Ebene treten die klassischen Inhalte, wie Erhöhung der sozialen Kompetenz oder Verbesserung der Selbstwahrnehmung des Coachees, in den Hintergrund. Stattdessen wird der Coachee bei der Lösung konkreter Managementaufgaben, Entscheidungssituationen und Führungsthemen begleitet und unterstützt.

Ein Beispiel aus der Praxis: Ein fachlich hoch anerkannter Experte wurde in die oberste Führungsebene berufen, um zwei schwerwiegende Probleme der Firma zu lösen: qualitative Defizite der entwickelten Systeme zu beseitigen und eine grundlegende Umorganisation des Bereichs durchzuführen. Das Unternehmen sah das Risiko in dem extrem dominanten Führungsstil des Kandidaten, der selbst außerhalb seines Bereichs bekannt war, und in der Tatsache, dass er eine vergleichbare Aufgabendimension noch nie verantwortet hatte. Zudem sollte der bisherige Stelleninhaber, der über ein exzellentes Netzwerk verfügte, im Unternehmen verbleiben und „Kunde" auf einer nachrangigen Ebene werden.

Ziele dieses Business Coachings waren, dem Coachee sein Sozialverhalten und seinen Führungsstil bewusst zu machen, Political Engineering auf unterschiedlichen Ebenen im Handlungsschema des Coachees zu verankern und dessen Kommunikationsstil in Form und Inhalt kompatibel zur Aufgabenstellung zu entwickeln. Der Ablauf unterschied sich hierbei nicht wesentlich von dem im Career Coaching, stand jedoch unter höherem Zeit- und Erfolgsdruck, da es hier um die Zielerreichung in einem bestimmten Zeitkorridor mit Vorgaben und Budgets handelte.

Die Erfolgsfaktoren bei der Durchführung des Coachings waren ein schneller Vertrauensaufbau zum Coachee, eine genaue Problemanalyse und klare Rückmeldung des Verhaltens sowie ein hohes Durchhaltevermögen des Coachees trotz diverser Störmanöver aus der Unternehmensorganisation.

Unter der intensiven Begleitung durch den Coach meisterte der Coachee schrittweise seine Herausforderungen und erreichte seine Ziele effizient, ohne die scheinbar unvermeidlichen „Flurschäden".

Onboarding Coaching

Onboarding Coaching kommt zunehmend bei der Besetzung von Top-Führungspositionen mit externen Managern zum Einsatz. Ziel des beauftragenden Unternehmens ist es, den neuen Manager erfolgreich zu integrieren und potenzielle Kultur- und Verhaltensfehler zu vermeiden. Darüber hinaus soll die neue Führungskraft mit Hilfe eines Coachs in möglichst kurzer Zeit arbeits- und ergebnisfähig sein.

Onboarding Coaching ist klar abzugrenzen von firmeninternen Einarbeitungs- oder Integrationsprogrammen. Es ist langfristiger ausgerichtet und startet schon vor dem Eintritt in das neue Unternehmen. Eine erfolgreiche Integration hängt im wesentlichen von zwei Parametern ab: Zum einen von dem Verständnis, der intellektuellen Eroberung, der Organisationsstruktur, und zum anderen von dem individuellen, emotionalen „Wohlfühlfaktor" des Coachee.

Ein Beispiel aus der Praxis zeigt, was bei Schwierigkeiten ohne Onboarding Coaching geschehen kann:

Ein Kandidat aus dem Mittelstand trat mit hoher Dynamik eine Top-Position in einem Konzern an. Von kleineren Störungen abgesehen, lief die Integration des Managers positiv – bis zu dem Zeitpunkt, in dem die Führungskraft die „Eroberung der Organisation"

für sich abgeschlossen hatte und seine Ideen mit raschen Entscheidungen in die Tat umsetzen wollte. Dabei missachtete der Manager die relevanten Entscheidungsroutinen des Konzerns und vernachlässigte es, sein Umfeld einzubeziehen und den Veränderungsprozess in der Firma transparent zu machen. Die Folgen war eine breite Ablehnung von Kollegen sowie der Aufbau von Kommunikationsblockaden. Dabei waren beide Seiten davon überzeugt, für das Wohl des Unternehmens richtig gehandelt zu haben.

Die Situation eskalierte, und der Kandidat wurde aus der Position des COOs abgelöst – für die Firma eine schmerzliche Erfahrung mit hohem finanziellem Schaden. Der Nachfolger setzte identische Themen durch, jedoch mit höherem Kulturverständnis, passendem Verhalten und der nötigen Organisationsempathie.

Nutzen des Executive Coachings

Unternehmen und Coachee profitieren gleichermaßen von den Maßnahmen des Executive Coachings. Für das unternehmerische Umfeld kaum wahrnehmbar, werden Erfolge unterstützt und unternehmerische Ergebnisse abgesichert. Gerade in den Bereichen Business Coaching und Onboarding Coaching sind die Erfolge der gecoachten Führungskräfte für das Unternehmen deutlich sichtbar und messbar.

Der große Vorteil für den Coachee selbst liegt darin, in einem Coaching-Prozess viel über sich selbst zu erfahren, die eigenen Chancen und Potenziale zu erkennen und sich in einen kontinuierlichen Lernprozess zu begeben. Ein Coach, der als verantwortungsvoller Sparringspartner mit klarem Feedback agiert, ist im Management-Alltag eine effektive Hilfe zum Querdenken und dazu, den entscheidenden Vorsprung zum Wettbewerb zu finden. ■

Die Autoren

Franz-Josef Nuß, Geschäftsführer der Odgers Berndtson Unternehmensberatung GmbH. Als Mitglied der Industry Practices Automotive und Industrial besetzt er Führungspositionen in Automobilkonzernen, bei Zulieferern und im Bereich Retail. Er ist verantwortlich für die Management Audit Practice und das Executive Coaching.

Dr. Martina Schütze, Manager bei der Odgers Berndtson Unternehmensberatung GmbH. Die Expertin für Management Audits ist zertifizierte Trainerin und Coach und unterstützt in dieser Rolle Führungskräfte in allen Branchen bei der Bewältigung von Herausforderungen ihres Management-Alltags.

Zeitgemäßes Vergütungsmanagement: In fünf Schritten zur marktorientierten Gehaltsstruktur

Eine faire und wettbewerbsfähige Vergütung ist einer der wichtigsten Faktoren für die Mitarbeiterbindung und -gewinnung. Wie ein effizientes Vergütungssystem als Teil der strategischen Unternehmensführung erfolgreich gestaltet und implementiert werden kann.

In den letzten 20 Jahren haben die meisten mittelständischen und großen Unternehmen eine marktorientierte Gehaltsstruktur aufgebaut. Dass dies unerlässlich ist, um qualifizierte Mitarbeiter zu gewinnen und im Unternehmen zu halten, zeigt etwa die Studie „Global Workforce Study 2010" von Towers Watson eindrücklich. Demnach zählt ein wettbewerbsfähiges Gehalt zu den wichtigsten Gründen, weshalb sich ein Bewerber für einen Arbeitgeber entscheidet. Für die Entscheidung, dem Unternehmen treu zu bleiben, spielen die „faire Vergütung im Vergleich zu Kollegen" und die „monetäre Anerkennung von Spitzenleistungen" nach einer guten Mitarbeiterführung eine herausragende Rolle.

Dieser hohe Stellenwert des Gehalts macht es notwendig, dass Unternehmen ihre Vergütungspolitik auf ihre Strategie und den relevanten Markt zuschneiden. Die folgenden fünf Projektschritte führen zu einer marktbasierten Gehaltsstruktur.

1. Festlegung der Vergütungsphilosophie

Die Vergütungsphilosophie stellt die Verbindung zwischen strategischen unternehmenseigenen Herausforderungen und der monetären Komponente der Personalinstrumente her. Sie legt beispielsweise fest, welche Vergütungselemente das Unternehmen nutzen wird oder wie stark gute Leistungen monetär belohnt oder schlechte Leistungen sanktioniert werden sollen.

Um die Personalinstrumente richtig auszurichten und die gewünschte Steuerungswirkung zu erreichen, lohnt es sich, in einem Workshop zunächst aus Personalsicht die strategischen Herausforderungen zu identifizieren und zu priorisieren. Anschließend werden die entsprechenden, aus vergütungspolitischer Sicht geeigneten Personalinstrumente ausgewählt, etwa eine Vergütung oberhalb des Marktmedians oder Einführung langfristiger Vergütungselemente.

Neben der Ausrichtung des Grundgehalts und der variablen Gehaltskomponenten sollte auch festgehalten werden, wo sich das Unternehmen mit seinem Vergütungsangebot im Markt positionieren will. Hierbei muss zunächst der zu vergleichende Markt definiert werden, wobei sowohl der direkte Wettbewerb als auch der für die Mitarbeiter relevante Arbeitsmarkt zu berücksichtigen ist. So wechselt ein Vertriebsmitarbeiter seine Position eher innerhalb der Branche, während einem Spezialisten für Corporate Finance auch branchenfremde Positionen offen stehen.

2. Aufbau einer „Gradingstruktur" mit Hilfe der Funktionsbewertung

Auf der Vergütungsphilosophie baut im zweiten Schritt die Funktionsbewertung auf. Dadurch wird die relative Wertigkeit von Funktionen in einem Unternehmen anhand von nachvollziehbaren Kriterien analysiert und transparent gemacht. Die Funktionsbewertung dient dazu:

- die unterschiedlichen Beiträge und Wertigkeiten von Funktionen zu beschreiben
- bei der Strukturierung von Funktionen konsistent und für die unterschiedlichen Interessensgruppen (innerhalb und außerhalb des Unternehmens) nachvollziehbar und glaubwürdig vorzugehen
- eine einheitliche Basis für eine marktgerechte Vergütung und andere Human Resources-Instrumente (HR) zu schaffen
- Geschäftsstrategie, Unternehmenskultur und Wertesystem der Organisation zu unterstützen und zu verstärken

Für den Aufbau dieser internen Wertigkeitsstruktur gibt es unterschiedliche Ansätze. Für welche Methodik sich ein Unternehmen entscheidet, hängt von der Komplexität der Organisation sowie den Anwendungen ab, die mit den Ergebnissen der Funktionsbewertung verknüpft werden sollen. Dieser Beitrag legt die von Towers Watson entwickelte Career Map-Methodik zugrunde. Sie baut für die Gesamtorganisation eine durchlässige Karrierelandschaft auf, wobei unterschiedliche Karrierewege die differenzierten Anforderungen an die einzelnen Funktionen von der Firmenzentrale bis zur kleinsten Geschäfteinheit reflektieren. Unterschiedliche Karriereleitern für die einzelnen Funktionsfamilien (Produktion, Vertrieb und andere) umfassen jeweils mehrere Wertigkeitsstufen (beispielsweise vom Azubi bis zum Werksmeister), die sich anhand der Kriterien

- Fachkenntnis
- Geschäftsorientierung
- Problemlösungsverhalten
- Arbeitsbeziehungen (inklusive Kommunikationsverhalten und Teamarbeit) sowie
- Führung und Verantwortung

beschreiben lassen. Dabei sind horizontale und vertikale Entwicklungsschritte möglich. Für die Etablierung der Grading-Struktur werden die Ergebnisse auf den einzelnen Stufen horizontal in unterschiedlichen Levels oder Grades zusammengefasst.

Mit Hilfe der Funktionsbewertung entsteht in der Organisation ein Rahmen, der für das Vergütungsmanagement, aber auch für andere HR-Instrumente genutzt werden kann (wie Kompetenzmanagement,

Personalentwicklung, Positionstitelstruktur und andere). Je mehr HR-Instrumente mit der Funktionsbewertung vernetzt werden, desto größer ist der positive strukturelle Effekt in der Organisation.

3. Durchführung eines Marktvergleichs

Im nächsten Schritt wird zur internen Wertigkeitsstruktur auch die externe Dimension, der relevante Markt, mit einbezogen. Dazu bietet sich die Teilnahme an Gehaltsstudien und/oder die Erstellung von Vergütungsempfehlungen durch sogenannte „Markt-Assessments" an.

Für die Teilnahme an einer Gehaltsstudie werden zunächst die relevanten Funktionen sowie der zu vergleichende Markt definiert. Die Funktionen und Gehälter im Unternehmen werden sorgfältig in die für die Studie verwendete Systematik eingestuft, damit nur tatsächlich vergleichbare Funktionen verglichen werden. Anschließend wird eine Datenanalyse und -auswertung erstellt. Markt-Assessments werden hingegen meist nur für ausgewählte Ankerfunktionen durchgeführt, da ihre Erstellung einen deutlich höheren Aufwand verlangt, allerdings auch validere Ergebnisse bringt.

Als Ergebnis erhält das Unternehmen einen Marktbericht mit Gehaltsinformationen (siehe Bild), der einen guten Überblick über Gehaltspakete der einzelnen

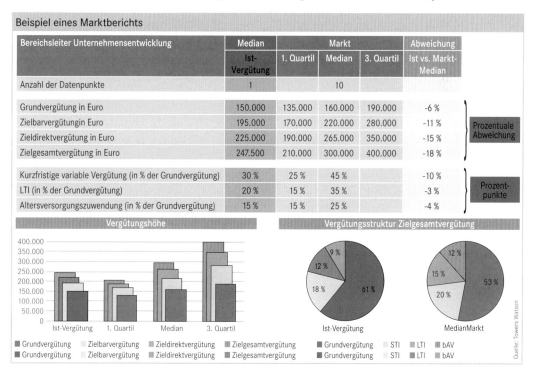

Funktionen bietet. Diese bestehen in der Regel aus Grundvergütung und kurzfristiger variabler Vergütung (Short Term Incentive, kurz: STI), die zusammen die Zielbarvergütung ausmachen. Hinzu kommt für Positionen ab dem mittleren Management sowie die wichtigsten Fachexperten die langfristige variable Vergütung (Long Term Incentive, kurz: LTI), so dass im Endergebnis die Zieldirektvergütung ersichtlich wird.

4. Entwicklung von Gehaltsbändern und Etablierung der Gehaltsstruktur

Nun werden die in den ersten Projektschritten gewonnenen Erkenntnisse zusammengefasst und in eine Vergütungsstruktur umgemünzt. Dabei wird die in der Vergütungsphilosophie festgelegte Marktorientierung in den meisten Organisationen über Gehaltsbänder abgebildet. Gehaltsbänder ermöglichen die visuelle Positionierung einzelner Mitarbeiter auf marktbasierten und dem Anforderungsprofil entsprechenden Vergütungsbandbreiten. Das Anforderungsprofil wird dabei im Rahmen der Grading-Struktur festgelegt. Die Mittelwerte der Gehaltsbänder werden auf die aus dem Gehaltsvergleich bezogenen Marktdaten ausgerichtet.

Für die Ausrichtung der Gehaltsbänder gibt es unterschiedliche Modelle. Die Wahl des jeweiligen Modells richtet sich nach der definierten Vergütungsphilosophie. Hier ist zu berücksichtigen, wie stark die unterschiedlichen Funktionen ausdifferenziert sind und wie die Vergütung ausgerichtet ist (Kostenfokus vs. Entwicklungsfokus). So kann beispielsweise für ein Callcenter mit wenig differenzierten Positionen ein System mit engen Bandbreiten gut geeignet sein. Eine komplexe Organisation mit einem sehr großen Bereich „Forschung und Entwicklung" könnte hingegen breitere Bänder nutzen.

Für die Festlegung der Gehaltsbänder sind folgende Schritte erforderlich:

- Definition der Bemessungsgrundlage (Grundgehalt oder Zielgehalt)
- Beschluss, ob nur Marktgehälter oder auch interne Gerechtigkeitsaspekte bei der Festlegung der Gehaltsbänder zu berücksichtigen sind
- Übertragung der Marktpositionierung und der Vergleichsgruppen aus der Vergütungsphilosophie
- Definition der Gehaltsbänder (Funktionsfamilien, Anzahl, Bandmittelwerte, Gehaltsspanne, minimale/maximale Progression, Überlappung zwischen den Bändern)
- Simulation (optional: Berechnung mehrerer verschiedener Szenarien)
- Berechnung der Kostenimplikation bei einer Implementierung

Im Ergebnis erhält das Unternehmen eine Gehaltsstruktur für die betrachtete Geschäftseinheit, Funktionsgruppe oder den jeweiligen Karrierepfad, die einen genauen Überblick über die Soll- und Ist-Situation ermöglicht.

5. Umsetzung, Kommunikation, Implementierung eines Regelprozesses

In der letzten Projektphase wird die neue Vergütungsstruktur implementiert, innerhalb des Unternehmens kommuniziert sowie ein Regelprozess zu ihrer Überprüfung im Zeitablauf etabliert.

Wie bei vielen anderen Projekten empfiehlt es sich auch bei der Entwicklung einer marktorientierten Gehaltsstruktur, wichtige Entscheidungsträger und Multiplikatoren im Unternehmen frühzeitig einzubinden. Für die Kommunikation des neuen Systems an die Mitarbeiter sollten die Führungskräfte entsprechend geschult werden. So sollte etwa die Verbindung zwischen der Gehaltsentwicklung in einer Bandstruktur und der Personalentwicklung erläutert werden. Im Idealfall entwickelt sich das Gehalt synchron mit der Kompetenz des Mitarbeiters. Beförderungen können mit der neuen Gehaltsstruktur ebenso abgebildet werden wie horizontale Personalentwicklungsschritte, zum Beispiel der Wechsel von einer Marketingposition auf die Vertriebslaufbahn.

Nach der erfolgreichen Einführung sollte die neue Gehaltsstruktur regelmäßig überprüft und gegebenenfalls überarbeitet werden. Insbesondere in Ländern mit starken Gehaltsschwankungen und dynamischen Marktentwicklungen gilt es, die korrespondierenden Marktdaten und Bandbreiten jährlich zu ermitteln. Auch in Deutschland überprüfen die meisten Unternehmen ihrer Vergütungsstruktur jährlich. ■

Der Autor

Martin Hofferberth ist Senior Consultant und Vergütungsexperte bei Towers Watson in Frankfurt. Als Service Line Manager betreut er internationale Kunden unter anderem in den Beratungsfeldern Positionsbewertung, Aufbau von marktorientierten Gehaltsstrukturen, Entwicklung von neuen variablen Vergütungssystemen und der Effizienzsteigerung der Vertriebsvergütung.

„Gut gemachte Kundenzeitschriften werden gern gelesen. So einfach ist das."

Wilfried Lülsdorf, Chefredakteur corps

Deutsches Rotes Kreuz

Deutsche Börse AG

WGZ BANK AG

Bundes-/Länderarchitektenkammern

BASF Coatings GmbH

KfW Bankengruppe

Journalistische Medien gedruckt und digital. Für Kunden und Mitarbeiter. Für Unternehmen und Institutionen. Für Ihre Marken- und Imagebildung. Rufen Sie uns an und informieren Sie sich über Konzepte erfolgreicher Unternehmenskommunikation.

corps.

Holger Löwe | +49 (0) 211-54 227-600 | holger.loewe@corps-verlag.de | www.corps-verlag.de   Corporate Publishing Services GmbH

„Nur jeder dritte HR-Businesspartner füllt seine neue Rolle wirklich aus"

Flächendeckend setzen die Unternehmen auf das ursprünglich von Dave Ulrich entwickelte Modell des HR-Businesspartner – ohne jedoch alle seine Vorteile zu nutzen, ergab eine aktuelle Studie von PricewaterhouseCoopers. Wie der Umbau des Personalbereichs gelingt, erklärt PwC-Partner und Personalmanagement-Experte Till Lohmann.

Herr Lohmann, geht der Personalreferent alter Schule endgültig in Rente?
Noch nicht ganz. Aber das Personalmanagement ist im Wandel. Der Trend zum Businesspartner im Personalbereich geht weiter, stellt die HR-Organisation aber auch vor Herausforderungen. Das Ziel vieler Personalabteilungen ist es, sich als Partner des Linienmanagements und der Unternehmensführung zu etablieren, der mit Hilfe von taktischen und strategischen Personalführungsinstrumenten sowie zielführenden Informationen über die Belegschaft dem Unternehmen Wert bringt. Dies gelingt allerdings noch nicht überall, das hat unsere Studie „Personalmanagement im Wandel" eindeutig gezeigt. Insbesondere muss der HR-Businesspartner zeigen, wo er Wert schaffen kann. Zentrale Fragen sind hier vor allem Ersatz- und Nachfolgemöglichkeiten von Schlüsselkräften oder die Darstellung von langfristigen, im Spiegel der Strategie fehlenden Fähigkeiten im Unternehmen.

Die klassischen Personalbereiche erfüllen seit Langem nicht mehr die Erwartungen der CEOs und Geschäftsleitungen, bilanziert Ihre Studie.
Es gibt dafür zwei Gründe: 90 Prozent der Führungskräfte in den Unternehmen wünschen sich noch immer den Personaler, der als Experte die klassischen HR-Fragestellungen löst und mitunter auch schwierige Personalgespräche übernimmt. Gleichzeitig stehen die Unternehmen vor der Herausforderung, dem künftig erheblichen, demografisch bedingten Fach- und Führungskräftemangel zu begegnen. 70 Prozent der Personaler wollen diese Probleme proaktiv aufnehmen, unternehmensspezifisch bewerten, transparent machen, notwendige Schritte aufzeigen und schließlich umsetzen. Da sie aber noch immer viel zu stark in operative Abläufe und Aufgaben eingebunden sind, bleibt ihnen für diese zentrale Aufgabe kaum Zeit.

Ein Problem, das der HR-Businesspartner nicht hat?
Der Businesspartner ist weniger involviert in operative und administrative Personalarbeit. Er nutzt seine Zeit und fokussiert sich auf die wertbringenden Themen wie Talentmanagement, Vergütungsmanagement oder Performance Management.

Sind die neuen HR-Businesspartner auf diese neue Rolle überhaupt gut genug vorbereitet und für sie genügend qualifiziert?
Viele der HR-Businesspartner waren vorher in dezentralen HR-Bereichen tätig. Auf ihre neue Aufgabe und die damit verbundenen anderen Anforderungen sind sie kaum vorbereitet und können diese nicht immer erfüllen. Wir gehen davon aus, dass nur ein Drittel der HR-Manager diese neue Rolle ausfüllen können. Ein weiteres Drittel kann durch entsprechende Qualifizierung auf das erforderliche Niveau gebracht werden. Eine umsichtige Auswahl geeigneter Personen sowie eine gezielte Entwicklung ihrer persönlichen und fachlichen Kompetenzen sind notwendig. Entscheidende Fähigkeiten sind hier Beratungskompetenz, Kundenorientierung und Teamfähigkeiten. Zentrale Herausforderungen sind dabei aber nicht nur zielgerichtete Qualifizierungsmaßnahmen wie etwa die HR-relevanten Fragestellungen bei der Entwicklung von Business-Strategien oder durch Job Rotation, sondern vielmehr die Wandlung des eigenen Images bei Linienmanagern und Führungskräften. Nur wenn es gelingt, dort die eigene Rolle weg vom Administrator hin zum wertschaffenden Partner zu festigen, werden wir Erfolge sehen.

Mit anderen Worten: Beide Seiten, Führungskräfte und HR-Mitarbeiter, müssen umdenken?
In der Tat. HR muss deutlich machen, wo der Mehrwert des Businesspartner-Modells liegt. Die Führungskräf-

te müssen akzeptieren, dass ihre neue Rolle weniger umfangreiche strategische Aufgaben umfasst, sondern vor allem die personalwirtschaftliche Umsetzung der Geschäftsstrategie mit Hilfe geeigneter und mitunter innovativer Instrumentarien beinhaltet. Dazu zähle ich zum Beispiel unser People Value-Konzept zur Steigerung der Effektivität und Bindung von Mitarbeitern, insbesondere von Schlüsselkräften.

Zudem müssen die Unternehmen organisatorisch und strukturell nachbessern?
Das ist eine wesentliche Voraussetzung. Prozesse müssen optimiert und automatisiert werden, gebündelt in einer zentralen Shared Services-Funktion. Das ist in deutlich mehr als der Hälfte der Unternehmen noch immer nicht zufriedenstellend gelungen. Diese zentrale Stelle übernimmt die weniger wertschaffenden, eher administrativen und von Compliance geprägten Aufgaben. Die Businesspartner sind im Geschäft angesiedelt und führen Konzepte aus, beispielsweise im Talent- oder im Vergütungsmanagement.

Was sind Ihrer Erfahrung nach die wichtigsten Schritte, damit das Businesspartnermodell sein Potenzial auch voll entfalten kann?
Da gibt es fünf wesentliche Stellhebel. Erstens: Die Kunden der HR-Businesspartner sind die Führungskräfte des Unternehmens. Sie sind deshalb auch der Schlüssel zum Erfolg. Ihre Erwartungen müssen mit passenden Angeboten beantwortet werden. Sie müssen aber auch vom Mehrwert des HR-Businesspartners überzeugt werden.
Zweitens kann das HR-Businesspartner-Modell nur dann erfolgreich eingeführt werden, wenn auch die gesamte HR-Organisation entsprechend umgestaltet wird. Ohne ein konsequentes Change Management geht das nicht.
Drittens müssen die Prozesse und Schnittstellen aller Funktionen im HR-Bereich – neben denen der Businesspartner auch die der Shared Services und Centers of Expertise – klar definiert, aufeinander abgestimmt, vollständig implementiert und auch durch benutzerfreundliche IT-Systeme zielgerichtet und effizient unterstützt werden.
Viertens kommt es bei der Auswahl, Positionierung und Weiterqualifizierung der HR-Businesspartner darauf an, die richtigen Personen auch an die richtige Stelle zu setzen. Dabei können einerseits spezifische Skill- und Kompetenzprofile, die Beurteilung mit Hilfe von Potenzialanalysen und Management Audits sowie andererseits ein maßgeschneidertes Curriculum hilfreich sein.

Und fünftens benötigen die HR-Businesspartner Tools und Instrumente, die sie in ihrer strategischen Arbeit für ihre Kunden aktiv unterstützen. Dabei denke ich zum Beispiel an ein aussagefähiges Benchmarking, eine integrierte Talentmanagement-Suite sowie präzise HR-Controlling-Instrumente.

Und was müssen Unternehmen beachten, die erst noch auf das HR-Businesspartnermodell umstellen wollen?
Beim Auf- und Ausbau sind vier Aspekte entscheidend: Orientierung, Strukturierung, Vitalisierung und Kultivierung. Sie bilden die Grundlage für ein umfassendes Strategieverständnis. Lebensfähige Strukturen, Prozesse, Systeme und Ressourcen müssen definiert, festgelegt und eingerichtet werden. Die Kompetenzen und das Verhalten der HR-Businesspartner – auch der zukünftigen – müssen ermittelt und weiterentwickelt werden. Und letztendlich müssen entsprechende Werte und Verhaltensweisen im gesamten Unternehmen das Modell unterstützen. Wird all dies berücksichtigt, wird ein erheblicher positiver Wandel die Folge sein.

Bleibt zum Schluss die Frage: Wie sehen Sie generell die weitere Umsetzung des Businesspartner-Modells?
Das Ziel sollte die vollständige Einbindung der HR in das Geschäft sein. Das heißt, die Businesspartner sollten an allen Entscheidungen und Planungen der Geschäftsführung beteiligt werden. Nur dann wird der Businesspartner zum strategischen Partner. Alle operativen Prozesse laufen dagegen weitgehend technisch unterstützt und automatisiert ab. Bis dahin ist es allerdings noch ein Stück Weg. ■

Der Autor

 Till Lohmann ist Partner bei der Wirtschaftsprüfungs- und Beratungsgesellschaft PricewaterhouseCoopers (PwC) und leitet dort den Bereich People & Change für Deutschland und Europa. Er hatte Führungspositionen sowohl in der Industrie als auch bei anderen globalen Beratungshäusern inne und kann auf mehr als 15 Jahre Erfahrung in der Durchführung personalwirtschaftlicher Beratungsprojekte unterschiedlicher Komplexität an verschiedenen geografischen Schwerpunkten zurückgreifen. Seine Beratungsschwerpunkte sind Talentmanagement, HR-Transformation und Change Management.

Checkliste: So managen Sie erfolgreich Veränderungen im Employer Branding

Die durch den demographischen Wandel bedingten Veränderungen in der Arbeitswelt stellen Unternehmen zunehmend vor die Herausforderung, ihr Employer Brand Management konsequent neu- und umzuorientieren.

Was sind Ihre Employer Brand Management Ziele?
Stellen Sie sich diese Frage: Welche Auswirkungen hat die demographische Entwicklung für mein Employer Branding? Reflektieren Sie Ihre derzeitige Rekrutierungsstrategie und überdenken Sie Ihre Präsentation als Arbeitgeber auf dem Arbeitsmarkt. Leiten Sie daraus die zentralen Herausforderungen ab, um Ihre Wettbewerbsfähigkeit im War for Talents abzusichern.

Mit wem wollen Sie diese Ziele realisieren?
Erfassen Sie, wie sich Ihre Personalstruktur kurz- bis längerfristig entwickeln wird und wo Handlungsbedarf entsteht, zum Beispiel durch zeitgleiches Ausscheiden relevanter Wissensträger, wachsenden Personalbedarf oder erhöhte qualifikatorische Engpässe. Legen Sie auf dieser Basis die erfolgskritischen Zielgruppen fest, Ihre sogenannten „Right Potentials".

Was denken und tun Ihre (potenziellen) Mitarbeiter?
Finden Sie heraus, nach welchen Faktoren Ihre Zielgruppe den Arbeitgeber auswählt. Achten Sie dabei besonders auf die sogenannten „Soft Facts": Eine Untersuchung von Batten & Company hat gezeigt, dass deren Bedeutung bei Bewerbern stark zugenommen hat. Zur Erhebung bieten sich qualitative Befragungen potenzieller Bewerber wie auch bestehender Mitarbeiter an.

Was sollen Ihre Mitarbeiter morgen denken und tun?
Richten Sie Ihr Arbeitsangebot konsequent an den maßgeblichen Faktoren Ihrer Zielgruppen aus und schaffen Sie ein einzigartiges Arbeitgeberprofil. Orientieren Sie sich hierbei an den bewährten Gütekriterien des klassischen Branding: Ihr Arbeitgeberprofil muss zielgruppenrelevant und differenzierend sein, Ihre Besonderheiten herausstellen und zu Ihrer Firmen- und Markenstrategie passen. Entscheidend ist, dass Sie versprochene Leistungsvorteile belegen können. Sonst riskieren Sie Ihre Glaubwürdigkeit.

Welche Informationen und Erfahrungen brauchen Ihre (potenziellen) Mitarbeiter?
Überführen Sie das fundierte Profil in ein Kommunikationskonzept zur direkten Ansprache geeigneter Bewerber. Leiten Sie dazu auf Basis des ausformulierten Arbeitgeberversprechens drei bis fünf konkrete Botschaften an Ihre Zielgruppe ab und gewährleisten Sie einen einheitlichen Auftritt auf allen Kanälen.

Welche Kontaktpunkte lassen sich möglichst effektiv und effizient ansteuern?
Fokussieren Sie sich bei der Ansprache der Right Potentials auf Instrumente und Maßnahmen mit dem größten Wirkungshebel. Prüfen Sie insbesondere die Einsatzmöglichkeiten der Web 2.0-Instrumente – die Bedeutung dieser Informationskanäle wird in den nächsten Jahren weiter zunehmen.

Wie lässt sich Ihre Employer Branding-Strategie zu wirkungsvollen Programmen konkretisieren?
Erfassen Sie sämtliche Kommunikations- und Rekrutingaktivitäten in einem Maßnahmenplan. So schaffen Sie eine zentrale Steuerung und konsistente Umsetzung. Etablieren Sie darüber hinaus ein stetiges Controlling zur faktenbasierten Erfolgsmessung und systematischen Optimierung Ihres Employer Brandings. ■

Die Autoren

Adel Gelbert, Managing Partner und **Dr. Maike Benz,** Manager der Batten & Company.

Kapitel IV

Unternehmensberatungen stellen sich vor

Nach Alphabet

Nach Kategorien

Accenture
Campus Kronberg 1
D-61476 Kronberg
Telefon: +49 6173 94-99
Internet: www.accenture.de

accenture
High performance. Delivered.

MANAGEMENTBERATUNG

TECHNOLOGIEBERATUNG

Fakten

Umsatz:	21,6 Milliarden US-$ weltweit (zum 31.8.2010)
Mitarbeiter:	204.000 (davon rund 5.000 im deutschsprachigen Raum)
Standorte:	weltweit in 52 Ländern; in Deutschland in Kronberg bei Frankfurt, Düsseldorf, Berlin, München

Firmenprofil

Accenture ist ein weltweit agierender Managementberatungs-, Technologie- und Outsourcing-Dienstleister. Das Unternehmen bringt umfassende Projekterfahrung, fundierte Fähigkeiten über alle Branchen und Unternehmensbereiche hinweg und Wissen aus qualifizierten Analysen der weltweit erfolgreichsten Unternehmen in eine partnerschaftliche Zusammenarbeit ein. So schafft Accenture für seine Kunden nachhaltigen Markterfolg.

High Performance als Ziel

Accenture berät und begleitet seine Kunden auf dem Weg zu High Performance und greift dabei auf die zukunftsweisenden Ergebnisse seiner internationalen Forschungsinitiative zurück. Mit tiefgehendem funktionalem Fachwissen und langjähriger Praxiserfahrung in allen Branchen ist Accenture in der Lage, nicht nur Konzepte zu liefern, sondern sie auch in funktionierende Lösungen mit messbaren Ergebnissen umzusetzen. So begleitet Accenture Unternehmen von der strategischen Planung bis zur praktischen Umsetzung, damit sie ihre Leistungsfähigkeit zielgerichtet und langfristig verbessern.

In einem ganzheitlichen Ansatz verzahnt Accenture Managementberatung, Technologie- und Outsourcing-Dienstleistungen nahtlos miteinander. Ziel sind dabei immer schnelle, konkrete Ergebnisse mit nachhaltiger Wirkung.

Beratung

Accenture unterstützt Unternehmen sowohl bei der Entwicklung der Strategie oder des Geschäftsmodells als auch bei der Einführung neuer Prozesse oder innovativer Technologien. Managementberatung umfasst u.a. Themen wie operative Leistungsfähigkeit, nachhaltiges Kostenmanagement, M&A, Customer Relationship Management (CRM), Supply Chain Management, Personalführung und Talentmanagement.

Technologie

Accenture sorgt mit umfassenden Dienstleistungen im Bereich Technologieberatung und Systemintegration dafür, dass die IT-Systeme eines Unternehmens seine strategischen Zielsetzungen optimal unterstützen und IT-Investitionen sich wirklich bezahlt machen. Das Unternehmen entwickelt mit seinen Kunden individuell zugeschnittene, innovative Technologielösungen – ob es um die IT-Strategie, die Optimierung der Infrastruktur oder die Implementierung und den Betrieb der passenden Software geht.

Outsourcing

Accenture begleitet seine Kunden im Rahmen langfristiger Geschäftsbeziehungen über den gesamten Outsourcing-Prozess hinweg, ausgehend von der Unternehmensanalyse über die Festlegung der gewünschten strategischen Effekte bis zur operativen Umsetzung und zum Betrieb einzelner oder mehrerer Geschäftsprozesse (Business Process Outsourcing).

Messbare Erfolge

Zu den Kunden von Accenture zählen weltweit über 4.000 öffentliche und privatwirtschaftliche Organisationen, darunter 96 Unternehmen aus dem Fortune-Global-100-Index, mehr als drei Viertel der Fortune-Global-500- und 28 der DAX-30-Unternehmen. Accenture arbeitet mit ihnen in oft langjährigen, partnerschaftlichen Geschäftsbeziehungen zusammen und hilft ihnen, durch herausragende Leistungen die entscheidenden Wettbewerbsvorteile zu erzielen – High Performance. Delivered.

Arthur D. Little GmbH

Gustav-Stresemann-Ring 1

65189 Wiesbaden

Telefon: +49 (0) 611 7148-0

Fax: +49 (0) 611 7148-290

E-Mail: adlittle.wiesbaden@adlittle.com

Internet: www.adlittle.de

Arthur D Little

Unternehmen	
Gründungsjahr:	1886
Umsatz 2009:	Deutschland: 67,5 Mio. €,
	Weltweit: 350 Mio. €
Geschäftsführung:	Dr. Fabian Dömer,
	Dr. Diethard Bühler, Dr. Michael Träm
Beschäftigte:	215 im deutschsprachigen Raum,
	Weltweit: über 1000
Standorte:	Düsseldorf, München, Wien,
	Wiesbaden, Zürich; Weltweit: über 30
Verbände:	BDU (Bundesverband deutscher
	Unternehmensberater e.V.)

Firmenprofil

Arthur D. Little ist eines der weltweit führenden Managementberatungsunternehmen mit Fokus auf Strategie, Innovation und Technologie.

Arthur D. Little verbindet globale Präsenz mit einer starken Position im deutschsprachigen Raum. Unser weltweites Netzwerk ermöglicht es uns, unsere Expertise grenzüberschreitend über die wichtigsten Trends aus den verschiedenen Wirtschaftsräumen und Industrien in unsere Beratungsprojekte einzubeziehen. Wir garantieren unseren Klienten weltweit eine maßgeschneiderte und auf die Gegebenheiten des jeweiligen Landes ausgerichtete Strategieberatung und deren Umsetzung.

Unsere Berater verfügen über ein ausgeprägtes Branchen- und Technologieverständnis. 75 Prozent unserer Berater haben vor ihrem Eintritt bei Arthur D. Little bereits in der Industrie gearbeitet.

Arthur D. Little hilft Unternehmen sich strategisch neu auszurichten und die Zukunft zu gestalten – von der Entwicklung der Strategie über Innovation der Prozesse und Verbesserung der Leistungsfähigkeit bis zur Implementierung. Gemeinsam mit den Klienten entwickelt Arthur D. Little Lösungen, welche die Leistungsfähigkeit der Organisation und den Unternehmenswert nachhaltig steigern. Arthur D. Little arbeitet mit einem tiefgreifenden Industrieverständnis, innovativen Managementmethoden und mit Beratern, die über eine langjährige Erfahrungsbasis verfügen. Das Unternehmen wurde 1886 durch den MIT-Professor Arthur Dehon Little in Cambridge, Massachusetts, gegründet und ist damit die älteste Unternehmensberatung der Welt.

Kompetenzen

Unsere Beratungsarbeit ruht auf zwei Pfeilern: unsere profunde Kenntnis der jeweiligen Branche und unsere funktionale Kompetenz, mittels derer wir Best Practices aus einer Branche auf eine andere Branche übertragen.

Branchen:

► Automotive

► Chemical Industry

► Energy & Utilities

► Engineering & Manufacturing

► Financial Services

► Telecommunication, Information, Media & Electronics (TIME)

► Travel & Transportation

Expertise:

► Strategy & Organisation

► Sustainability & Risk

► Technology & Innovation Management

► Information Management

► Operations Management

Besonderheiten

Ein deutliches Differenzierungsmerkmal im Vergleich zum Wettbewerb besitzt Arthur D. Little im Bereich Technologie- und Innovationsmanagement. Über das Altran-Netzwerk kann Arthur D. Little auch bei Fragen der Produkt- und Verfahrensentwicklung hoch innovative Lösungen anbieten. Seit Mai 2002 ist Arthur D. Little Mitglied der Altran Gruppe, einem weltweiten Netzwerk von Technologieberatungsunternehmen. Dadurch können wir bei Projekten auf die profunde Technologie- und IT-Implementierungsexpertise von mehr als 17.000 Mitarbeitern zurückgreifen und unseren Klienten ein durchgehendes Beratungsangebot von der Strategieentwicklung bis zur Maßnahmenumsetzung offerieren.

Asia-Pacific Management Consulting GmbH (APMC)

Königsallee 28
40212 Düsseldorf
Telefon: +49 (0) 211-828942-0
Fax: +49 (0) 211-828942-15
E-Mail: APMC@asia-pacific.de
Internet: www.asia-pacific.de

Asia-Pacific Management Consulting GmbH

Ansprechpartner

Name:	Sandra Kuhls, Branch Manager
Telefon:	+49 (0) 211 828942-20
E-Mail:	kuhls.sandra@asia-pacific.de

Fakten

Geschäftsführung:	Dr. rer. pol. Kuang-Hua Lin
Gründungsjahr:	1997
Mitarbeiter:	Deutschland: 13, Weltweit: 35
Umsatz:	Deutschland: 2 Mio. Euro
Standorte:	Düsseldorf, Shanghai, Beijing, Suzhou, Ningbo, Hangzhou, Shenzhen, Tokyo, Mumbai

Firmenprofil

Die Asia-Pacific Management Consulting GmbH (APMC) in Düsseldorf ist eine auf Asien spezialisierte Unternehmensberatung. Seit der Gründung 1997 haben wir mehr als 300 deutsche und europäische Unternehmen erfolgreich bei ihrer Expansion unterstützt. Unsere starke Präsenz vor Ort in Asien mit qualifizierten deutschen und asiatischen Mitarbeitern ermöglicht eine optimale Kundenbetreuung.

Unsere Dienstleistungen zeichnen sich aus durch professionelle und zügige Abwicklung, absolute Diskretion sowie handfeste Ergebnisse (Umsatz- und Gewinnsteigerung, Kostensenkung, konkrete Problemlösungen sowie Geschäfts-/Joint-Venture-Abschlüsse).

Beratungsschwerpunkte

Wir bieten unseren Klienten Asienlösungen aus einer Hand, d. h. von der Personalberatung (Executive Search, Management Audit, Mitarbeiterbindungsprogramme, Gehaltsstudien, Management Development Programme für asiatische Mitarbeiter) und Strategieberatung über Implementierungshilfe bis hin zur Schulung. Alle unsere Maßnahmen sind von höchster Qualität und individuell auf den Kunden zugeschnitten.

Ihr Vorteil: Asien-Lösungen aus einer Hand

▶ **Management Consulting:**
Marktforschung, Wettbewerbsanalysen und Strategie-Beratung, Suche und Auswahl strategischer Partner (u.a. Vertriebs- und Joint-Venture-Partner sowie Lieferanten), Restrukturierungsmaßnahmen

▶ **Human Resources Consulting:**
Executive Search, Management Audit, Salary and Compensation Consulting, Mitarbeiterbindungs- und Mitarbeiterentwicklungsprogramm, Campus Recruitment Program

▶ **Merger & Acquisition (M&A):**
Identifizierung der Ziele, Direktansprache sowie Ansprache über Beziehungsnetzwerke, Due Diligence, Verhandlungsunterstützung, Post Merger Integration (PMI)

▶ **Gründung von Fabriken und Niederlassungen:**
Projektmanagement und Erledigung aller Formalitäten, Machbarkeitsstudien, Umwelt- und Sicherheitsgutachten, Factory Recruitment, Local Sourcing

▶ **Operational Support:**
Buchhaltung in China/Indien sowie Berichterstattung an Deutschland in HGB oder IFRS, Vertriebscontrolling, ausgestattete Arbeitsplätze sowie Backoffice-Dienstleistungen in China und Indien

Branchen

Unsere fachliche Expertise umfasst diverse Industrien von Automobil, Chemie und Elektronik über Konsumgüter, Verpackungen, Maschinenbau, Pharma und Medizintechnik bis hin zu Telekommunikation und Textil.

Unsere Klienten (Auszug)

AHT Cooling Systems, Atlas Copco Energas, BASF, Brose Automotive, Bystronic, ESK Ceramics, Flextronics, Hauni Maschinenbau, Harting, Hoerbiger, Kathrein, KNF Neuberger, Küster, Lohmann, Neuman & Esser, SAM Electronics, Schüco, SEDUS Stoll, Seepex, Sievert, Sirona Dental, Staedtler Mars, ThyssenKrupp, Vitakraft, Wacker Chemie, Wärtsilä, Wieland, Wiha Werkzeuge u.a.

Referenzen auf Anfrage

avantum consult AG

Alt-Niederkassel 67
40547 Düsseldorf
Telefon: +49/(0) 211/68 78 38-0
Fax: +49/(0) 211/68 78 38-88
E-Mail: post@avantum.de
Internet: www.avantum.de

Ansprechpartner	
Vorstandsprecher:	Michael Sinß
Telefon:	+49/(0) 211/68 78 38-0
E-Mail:	michael.sinss@avantum.de

Niederlassungen	
Büro München	Augustenstraße 46, 80333 München
Telefon:	+49/(0) 89/12 59 42-0
Büro Zürich	Hornbachstrasse 50, 8034 Zürich
Telefon:	+41/(0) 44/3 89 84-72

Firmenprofil

avantum consult ist Spezialist für Corporate Performance Management (CPM) und Business Intelligence (BI). Wir verfolgen einen ganzheitlichen Beratungsansatz von der Steuerungsphilosophie (z.B. Balanced Scorecard, wertorientierte Unternehmenssteuerung) über die Entwicklung betriebswirtschaftlicher Fachkonzepte bis hin zur IT-technischen Umsetzung. Diese Verbindung aus betriebswirtschaftlicher und technologischer Kompetenz unterscheidet avantum consult von anderen Beratungsfirmen. Wir pflegen langjährige vertrauensvolle Beziehungen zu unseren Kunden aus dem gehobenen Mittelstand und Großkonzernen. Mit mehr als 900 nationalen und internationalen Beratungsprojekten und über 50 festangestellten Mitarbeitern gehört avantum consult zu den führenden Dienstleistern in diesem Markt.

Produkte und Services

avantum consult trägt mit jedem einzelnen Projekt dazu bei, einen messbaren Beitrag zur Steigerung des Unternehmenserfolgs zu leisten. Basis hierfür ist die enge Zusammenarbeit mit dem Kunden. Dies gelingt nur, wenn die Interessen sowohl aus den Fachbereichen (Finanzen, Controlling, etc.) und dem IT-Bereich im Projektvorgehen berücksichtigt werden. Basierend auf der langjährigen Projekterfahrung wurde ein eigener Projekt- und Changemanagementansatz entwickelt. Die Komplexität eines Projektes wird reduziert und der kontinuierliche Austausch und Know-how-Transfer sichergestellt.

Unsere Leistungen für Sie:

▶ CPM- und BI-Strategie
▶ Planung, Forecasting und Simulation
▶ Kennzahlensysteme und Dashboards
▶ Managementreporting
▶ Corporate Reporting & Konsolidierung nach HGB, IFRS und US GAAP
▶ Risikomanagement und Compliance
▶ Prozessanalyse und -optimierung

Referenzen

Auszug aus unserer Referenzliste:

▶ 1&1 Internet	▶ LEG Landesentwicklungs-
▶ Arcor/Vodafone	gesellschaft NRW
▶ Bayer	▶ Merck
▶ DC DruckChemie	▶ Metro
▶ Dräxlmaier Group	▶ Nationale Suisse
▶ Endemol	▶ RAG Aktiengesellschaft
▶ E.ON	▶ Randstad
▶ Ernst & Young	▶ REWE Group
▶ EVONIK	▶ RWE Power
▶ F.S. Fehrer	▶ Tempton Holding GmbH
▶ GAG Immobilien	▶ ThyssenKrupp IS
▶ GARANT Schuh + Mode	▶ TimePartner
▶ HONSEL	▶ T-Systems
▶ Knauf Gruppe	▶ WDR mediagroup
▶ Leaseplan	▶ Xella International

Weitere Referenzen und Projektbeispiele finden Sie auf www.avantum.de

Partner

▶ Cognos Platinum Partner
▶ IBM Premier Partner
▶ SAP Business Partner
▶ Cubeware Certified Partner

Die CPM-Lösungsschmiede – das Forum für die kaufmännische Unternehmensführung.
Auszug aus der Liste der aktiven Mitglieder und Referenten:
Betz, Dietrich O., Leiter Corporate Controlling Services, Knauf Gruppe; **Hahn, Rüdiger,** Leiter Interne Revision, REWE-Group; **Löhnig, Dr. Volker,** Leiter Rechnungswesen, Xella International GmbH; **Matthies, Mathias,** CFO, Ernst & Young GSA; **Neubeck, Constantin,** Head of Controlling, F.S. Fehrer Automotive GmbH; **Nottscheidt, Rüdiger,** Leiter Controlling, endemol Deutschland GmbH; **Schwarze, Jürgen,** Leiter Konzernrevision, Metro AG

Barkawi Management Consultants GmbH & Co. KG
Baierbrunner Str. 35
81379 München
Telefon: +49-89-749826-0
Fax: +49-89-749826-709
E-Mail: info@barkawi.com
Internet: www.barkawi.com

Fakten

Gründungsjahr:	1994
Umsatz 2009:	16,0 Mio. €
Mitarbeiter/davon Berater:	90/70 (Stand 2009)
Standorte:	München, Shanghai, Neu Delhi, Moskau, Atlanta
Verbände:	ISLA International Service Logistics Association, BVL Bundesvereinigung Logistik e.V.

Firmenprofil

Barkawi Management Consultants GmbH & Co. KG ist eine international tätige Managementberatung mit den Schwerpunkten Supply Chain Management und After Sales Services. Barkawi ist für Unternehmen aus technologieorientierten Branchen tätig. Hierzu zählen Maschinen- und Anlagenbau, Hightech und Telekommunikation, Schienenverkehr, Luft- und Raumfahrt sowie Automobilbau und Medizintechnik. Zu den Kunden von Barkawi gehören global agierende Großunternehmen mit kapitalintensiven und logistisch komplexen Geschäftsmodellen.

Beratungsansatz

Barkawi versteht sich als Spezialanbieter im Markt für Managementberatung.

Das Unternehmen begleitet seine Kunden bei logistischen Aufgabenstellungen von der Strategieentwicklung bis zum Abschluss der Implementierung. Barkawi wendet dabei die etablierten Methoden der klassischen Managementberatung an und kombiniert diese mit speziellen Optimierungsansätzen und IT-Lösungen aus dem Bereich Supply Chain Management.

Beratungsportfolio

Supply Chain Management & Logistik

▶ Design und Aufbau globaler Distributionsnetzwerke
▶ Integration und Synchronisation von Lieferketten
▶ Outsourcing von logistischen Leistungen
▶ Auswahl von Logistikdienstleistern und Vertragsgestaltung
▶ Optimierung von Logistikprozessen
▶ Entwicklung und Umsetzung von Vendor Managed Inventory Konzepten (VMI)
▶ Implementierung globaler Supply Chains
▶ Schaffung von Transparenz entlang der Supply Chain
▶ Aufbau von logistischen Kennzahlensystemen
▶ Optimierung von Planungs-, Dispositions- und Bestandsmanagementverfahren

After Sales Services

▶ Entwicklung von Wachstumsstrategien für Serviceorganisationen
▶ Engineering von Serviceprodukten
▶ Kundensegmentierung und Optimierung von Produktportfolien
▶ Entwicklung und Implementierung von Serviceprozessen
▶ Aufbau und Optimierung der Serviceinfrastruktur
▶ Restrukturierung von Serviceorganisationen
▶ Aufbau von Lifecycle-Management-Systemen

Information Technology

▶ Erarbeitung und Spezifizierung von IT-Anforderungen
▶ Auswahl von IT-Lösungen für Supply Chain-Anwendungen
▶ Implementierung von IT-Systemen
▶ Entwicklung und Betrieb von Supply Chain IT-Lösungen
▶ Bewertung und Redesign von Systemlandschaften
▶ Integration globaler IT-Strukturen
▶ Reduktion von IT-Kosten
▶ Datenmanagement, -bereinigung und -migration

Baumgartner & Partner Unternehmensberatung GmbH
Kurze Mühren 13
D-20095 Hamburg
Telefon: +49 (40) 28 41 64 0
Fax: +49 (40) 28 41 64 11
Internet: www.baumgartner.de

BAUMGARTNER ⊕ PARTNER
performance management worldwide

Kontakt

	Katja Hinkelthein
Telefon	+49 40 28 41 64-0
E-Mail:	katja.hinkelthein@baumgartner.de

Fakten

Gründungsjahr:	1958
Mitarbeiter:	k. A.
Umsatz:	k. A.
Standorte:	Hamburg
Verbände:	k. A.

Firmenprofil

Die Baumgartner & Partner Unternehmensberatung GmbH ist eine führende HR-Managementberatung. Baumgartner & Partner trägt seit Jahrzehnten zur Wert- und Leistungssteigerung seiner Kunden mit strategischen Konzepten, profunden Analysen, kreativen Ideen, anerkannten Methoden, effektiven Instrumenten und zeitgemäßen Prozessen bei.

Leistungsschwerpunkte

1. HR Strategy: Dynamik und Komplexität, Internationalisierung, Risikomanagement, demographischer Wandel, Fachkräftemangel, digitale Vernetzung und Informationsgesellschaft – anhand einer einfachen Auflistung von Schlüsselbegriffen lässt sich darstellen, dass Unternehmen zur Bewältigung dieser Herausforderungen verstärkt auf die Fähigkeiten, Erfahrungen und Kompetenzen ihrer Mitarbeiter angewiesen sind. HR Leistungen werden mehr und mehr zum strategischen Erfolgsfaktor.

Baumgartner & Partner unterstützt Unternehmen in allen strategischen Aspekten der Personalarbeit.

2. HR Operational Excellence: Die Entwicklung der HR Funktion vom internen Abwickler zum strategisch eingebundenen HR Business Partner ist das Ziel. Auf dem Weg dahin sind zunächst effiziente und effektive Strukturen, Prozesse und Technologien unbedingt erforderlich. HR wird als strategischer Partner erst dann die entsprechende Anerkennung erhalten, wenn HR selbst Operational Excellence erreicht hat und Leistungen kundenorientiert und effizient erbringen kann.

Baumgartner & Partner hilft HR Funktionen durch exzellente Aufbau- und Ablauforganisation zu erhöhter Effizienz und Effektivität.

3. Talent & Performance Management: In einem ganzheitlichen Ansatz müssen gerade große und komplexe Organisationen in der Lage sein, die richtigen personalwirtschaftlichen Instrumente und Systeme aufeinander abgestimmt zur Verfügung zu stellen, um Talente und Leistungsträger identifizieren und entwickeln zu können. Dabei stehen die Integration des Instrumentebaukastens sowie die Vermittlung des Nutzens dieser Instrumente als Erfolgsfaktoren für das Business im Vordergrund.

Baumgartner & Partner strukturiert den Einsatz personalwirtschaftlicher Instrumente.

4. Compensation Management: Moderne anforderungs- und leistungsgerechte Vergütungssysteme gehören zu den wettbewerbsrelevanten Kriterien im „War for Talent". Hierzu steht ein breiter Werkzeugkasten zur Verfügung: Funktions- und Stellenbewertung und -beschreibung, Gehaltsstrukturdesign, Grundgehaltskonzepte, Tarifeingruppierung, wHaustarif, TVöD-Leistungsentgelt, variable Vergütungskonzepte, Erfolgs- und Leistungsvergütung, ziel- und verhaltensorientierte Bonussteuerung, Vertriebsvergütung, Vorstands- und Aufsichtsratsvergütung, Marktgehaltsanalysen, Compensation Online und Expatriation.

Baumgartner & Partner optimiert Vergütungssysteme umfassend.

5. HR Benchmarking: HR Benchmarking Online ist ein etabliertes Benchmarking-Instrument, dessen Teilnehmerspektrum vom globalen Konzern bis zum Mittelstandsunternehmen reicht. 16 der EURO-STOXX-50 Unternehmen und 25 der DAX-30 Unternehmen sowie über 100 weitere Unternehmen nutzen HR Benchmarking Online als Benchmarking-Werkzeug und die Benchmarking-Communities von Baumgartner & Partner zum regelmäßigen Best Practice Austausch.

Baumgartner & Partner ist Marktführer im HR Benchmarking

BearingPoint GmbH

Speicherstraße 1
D-60327 Frankfurt am Main
Telefon: 069 13022-0
Fax: 069 13022-1013
E-Mail: contact.germany@bearingpointconsulting.com
Internet: www.bearingpoint.de

Management
&Technology
Consultants

Geschäftsführung Deutschland, Österreich, Schweiz:

Peter Mockler (Vorsitzender)

Marcel Nickler (Stellvertretender Vorsitzender)

Wilfried Erber, Werner Kreutzmann, Hans-Werner Wurzel

Fakten

Gründungsjahr:	1969 (Deutschland)
Umsatz 2009:	ca. 196 Mio. Euro (Deutschland)
Mitarbeiter:	ca. 1400 (Deutschland)

Firmenprofil

BearingPoint ist eine unabhängige, partnergeführte Unternehmensberatung, die Management- und Technologiekompetenz vereint. Unsere Kunden sind namhafte, weltweit agierende Unternehmen, Finanzinstitutionen und Organisationen der öffentlichen Hand. Wir sind „Business Consultants": Ausgehend von den Geschäftszielen unserer Kunden entwickeln und implementieren wir neue Geschäftsstrategien. Wir optimieren bestehende Organisationsmodelle und IT-Prozesse und führen Veränderungsprozesse zum Erfolg. Dabei zielen wir stets darauf ab, nachhaltige, messbare Ergebnisse und damit den größtmöglichen Wertbeitrag für unsere Kunden zu erreichen. Unternehmerisches Denken und beraterische Unabhängigkeit tragen zur Entwicklung und Umsetzung maßgeschneiderter Empfehlungen und Lösungen bei. Dies bildet die Grundlage für vertrauensvolle, langfristige Partnerschaften und eine außergewöhnliche Kundenzufriedenheit, die uns immer wieder bestätigt wird.

Mehr als 130 Partner tragen die persönliche Verantwortung für unser Beratungsgeschäft. Wir betreuen rund 1.000 Kunden und beschäftigen 3.200 Mitarbeiter an 25 Standorten in 14 europäischen Ländern. In Deutschland ist BearingPoint mit 1.400 Mitarbeiter an acht Standorten vertreten.

Beratungsgebiete

Von der Geschäftsstrategie bis hin zur Umsetzung bieten wir umfassende, flexible und individuelle Lösungen. Ausgerichtet auf die Branchenanforderungen erarbeiten wir gemeinsam mit unseren Kunden zukunftsorientierte Lösungen auf folgenden Beratungsgebieten:

- ▶ Business Strategy & Transformation
- ▶ Customer Management
- ▶ Supply Chain Management

- ▶ Finance Transformation, Human Capital & Real Estate
- ▶ Risk, Compliance & Security
- ▶ Information Management
- ▶ IT Strategy & Transformation
- ▶ Advisory for SAP

Branchen

Commercial Services: Automobilindustrie, Chemie & Pharma, Konsumgüter & Handel, Telekommunikation, Produzierende Industrie, High Tech

Financial Services: Banken, Versicherungen, Kapitalmarkt

Public Services: Öffentliche Verwaltung, Postdienstleistungen & Transport, Energieversorger, Gesundheitswesen, Luftfahrt & Verteidigung

Allianzen

Auch wenn unsere Wurzeln in Europa liegen: Unsere Beratungsleistungen bieten wir rund um den Globus an. Dafür arbeiten wir bei Bedarf eng mit strategischen Allianzpartnern zusammen. So kooperieren wir bei Projekten mit internationaler Reichweite in Nord- und Südamerika sowie Südeuropa unter anderem mit den Beratungsunternehmen West Monroe Partners und Business Integration Partners.

Um unseren Kunden die besten Technologielösungen anzubieten, haben wir ein Allianzprogramm mit den führenden Anbietern im Markt entwickelt. Strategische Partner sind: Hewlett Packard, IBM, Microsoft, Oracle und SAP. Darüber hinaus arbeiten wir mit mehr als 40 führenden Technologieanbietern zusammen.

> **To get there. Together.**
>
> Als Management- und Technologieberatung entwickeln wir anspruchsvolle Strategien, stellen die dafür notwendigen Lösungen bereit und setzen diese auch erfolgreich für unsere Kunden um. Unser klares Ziel: In enger Zusammenarbeit mit unseren Kunden schaffen wir nachhaltigen und messbaren Mehrwert – langfristig.

Capgemini

Neues Kranzler Eck
Kurfürstendamm 21
10719 Berlin
Telefon: +49 (0) 30/887 03-0
Telefax: +49 (0) 30/887 03-111
Internet: www.de.capgemini.com

CONSULIING.TECHNOLOGY.OUTSOURCING

Fakten

Vorsitz:	Antonio Schnieder
Gründungsjahr:	1967 (Frankreich)
Mitarbeiter weltweit:	über 100.000
Umsatz weltweit:	8,4 Mrd. Euro (2009)
Standorte weltweit:	mehr als 300 in über 30 Ländern
Verbände:	Bundesverband Deutscher
	Unternehmensberater (BDU), BITKOM

Standorte (deutschsprachiger Raum):
Berlin, Düsseldorf, Frankfurt/Offenbach, Hamburg, Hannover, Köln, München, Stuttgart, Wien, Zürich,

Firmenprofil

Capgemini ist einer der weltweit führenden Dienstleister für Management- und IT-Beratung, Technologie-Services sowie Outsourcing und ermöglicht seinen Kunden den unternehmerischen Wandel durch den Einsatz von Technologien. Capgemini stellt Wissen und Fähigkeiten zur Verfügung, um seinen Kunden die notwendigen Freiräume für Wachstum und geschäftlichen Erfolg zu schaffen. Ein wesentliches Element dafür ist die besondere Form der Zusammenarbeit, genannt Collaborative Business Experience™. Über das globale Liefermodell Rightshore® arbeiten bei Capgemini die kompetentesten Mitarbeiter aus den unterschiedlichen Niederlassungen weltweit als ein Team zusammen, um für die Kunden die optimale Lösung zu erzielen.

Beratungsgebiete

Capgemini ist in drei Geschäftsfelder gegliedert: Consulting, Technology und Outsourcing. Branchenschwerpunkte sind die Bereiche Automotive, Distribution & Transportation, Energy, Utilities & Chemicals, Financial Services, Life Sciences, Manufacturing & High Tech, Public Sector, Retail & Consumer Products, Telecom, Media & Entertainment.

Capgemini Consulting

Capgemini Consulting ist die globale Strategie- und Transformationsberatung der Capgemini-Gruppe. Über 4.000 Consultants beraten und unterstützen Organisationen bei ihrer Weiterentwicklung auf dem Weg zur zukunftsorientierten Veränderung. Diese umfasst alle Leistungen des Transformationsmanagements von der Entwicklung innovativer Strategien und bis zur erlebbaren Veränderung bei der Um-

setzung. Dabei stehen Nachhaltigkeit und Langfristigkeit des Erfolges im Vordergrund. In der Zusammenarbeit mit führenden Unternehmen und öffentlichen Institutionen bringt Capgemini Consulting eine Kombination aus innovativen Methoden, moderner Technologie und weltweiter Expertise ein.

Technology Services

Technology Services liefert für seine Kunden moderne IT-Lösungen, die perfekt zu den individuellen Anforderungen passen und Organisationen helfen, zukünftige Herausforderungen zu bewältigen. Mit globalen Teams entwickelt Technology Services für seine Kunden ganzheitliche Lösungen auf Grundlage von paketbasierten oder individuell entwickelten Software-Applikationen. Die Services reichen von der prozessorientierten Technologieberatung über die Gestaltung von IT-Architekturen, Implementierung und Roll-out von Standardsoftware bis hin zu Systemintegration und Application Management.

Outsourcing Services

Outsourcing Services betreut Infrastrukturen, Anwendungen und Prozesse, die in spezialisierte Outsourcing Center von Capgemini ausgelagert werden. Dies hilft, sowohl Zeit als auch Geld für Wartung und Weiterentwicklung zu sparen. Outsourcing Services greift auf die Expertise von mehr als 25.000 Mitarbeitern zurück, um IT-Systeme wie auch Geschäftsprozesse für Kunden zu betreiben, zu verbessern sowie innovative Leistungen anzubieten. Das Portfolio umfasst Dienste vom Application und Infrastructure Outsourcing über Business Process Outsourcing bis hin zum Transformational Outsourcing.

Rightshore® ist eine eingetragene Marke von Capgemini

CTcon GmbH
Burggrafenstraße 5a
40545 Düsseldorf
Telefon +49 211 577903-0
Telefax +49 211 577903-20
Email: kontakt@ctcon.de
Internet: www.ctcon.de

Fakten

Gründungsjahr:	1992
Standorte:	Bonn, Düsseldorf, Frankfurt, München, Vallendar
Ansprechpartner:	Dr. Christian Bungenstock

Firmenprofil

CTcon ist die Top-Managementberatung für Unternehmens-steuerung. Als Spin-off der WHU – Otto Beisheim School of Management 1992 in Vallendar bei Koblenz gegründet, sind wir heute mit weiteren Büros in Bonn, Düsseldorf, Frankfurt und München für unsere Klienten weltweit aktiv.

Spezialist für Unternehmenssteuerung

CTcon ist branchenübergreifend und international als kompetenter Partner großer Industrie- und Dienstleistungsunternehmen sowie bedeutender öffentlicher Institutionen tätig. Zu unseren Klienten zählt die Hälfte der im DAX-30 notierten Konzerne. Mittels maßgeschneiderter Beratungs- und Trainingsleistungen erreicht CTcon gemeinsam mit den Klienten anhaltend wirksame Erfolge. Gefragt sind abgestimmte Vorgehensweisen und praxiserprobte Lösungen statt standardisierter Produkte. Das Erreichen der Best Practice in Unternehmenssteuerung ist Leitbild unseres ebenso differenzierten wie ganzheitlichen Beratungsansatzes. Dieser folgt dem in einer Vielzahl von Projekten langjährig bewährten CTcon-Steuerungsrahmen (siehe Abbildung).

Branchen

Die Eckpfeiler erfolgreicher Unternehmenssteuerung tragen über alle Branchen hinweg stabil. Unsere spezifische Expertise wird daher von Kunden aus Automotive, Chemie, Energie, Finanzdienstleistung, Handel, Logistik, Pharma, Public Sector, Telekommunikation und Verkehr nachgefragt.

Tätigkeitsspektrum

Im Geschäftsfeld Unternehmensberatung setzen wir Unternehmenssteuerung integrativ und nachhaltig um:
▶ von der Strategie bis zu Systemen und Anreizen
▶ von der Zielsetzung bis zur Verantwortung
▶ von der Holding bis zur Tochtergesellschaft
Wir begleiten Projekte von der Analyse und Konzeption bis zur Umsetzung und Verankerung.

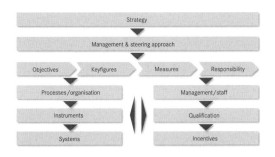

Im Geschäftsfeld Managementtraining bieten wir unternehmensinterne Qualifizierung nach Maß für Führungskräfte und Spezialisten. Hier gehören wir zu den erfahrensten Anbietern Europas.

Unternehmensberatung und Managementtraining bieten ein konsistentes Leistungsspektrum, das gesamthaft in Veränderungsprojekten oder auch unabhängig voneinander nachgefragt wird.

Verzahnung von Praxis und Forschung

Ein bis heute enger Kontakt zur WHU und zu weiteren bekannten Universitäten im In- und Ausland sichert uns den unmittelbaren Zugang zu modernster Theorie. Den Vorsitz unseres wissenschaftlichen Beirats führt Prof. Dr. Dr. h.c. Jürgen Weber, Leiter des Instituts für Management und Controlling (IMC) an der WHU.

Laufend pflegen wir den Erfahrungsaustausch mit Spitzenunternehmen verschiedenster Branchen im Rahmen von Arbeitskreisen und Interessengemeinschaften; beispielsweise sind wir Gründungsmitglied des CCM (Center for Controlling & Management) an der WHU und der IGC (International Group of Controlling).

Detecon International GmbH
Oberkasseler Str. 2
D-53227 Bonn
Telefon: +49 228 700 0
Fax: +49 228 700 1017
E-Mail: info@detecon.com
Internet: www.detecon.com, www.detecon-dmr.com

Consulting
DETECON

Fakten

Gründungsjahr:	1954: Diebold
	1977: DETECON
	2002: Detecon International GmbH
Umsatz 2009:	171 Mio. Euro
Mitarbeiter/davon Berater:	ca. 800 Berater weltweit
Nationale Standorte:	Bonn, Dresden, Eschborn, München
Internationale Standorte:	Abu Dhabi (Vereinigte Arabische Emirate), Ankara (Türkei), Bangkok (Thailand), Johannesburg (Südafrika), Moskau (Russland), Peking (China), Reston (USA), Riad (Saudi-Arabien), San Francisco (USA), Singapur, Zürich (Schweiz)
Verbände:	Auf Anfrage

We make ICT strategies work

Detecon ist ein Beratungsunternehmen, das klassische Managementberatung mit einem hohen Technologieverständnis vereint.

Unsere Unternehmensgeschichte beweist dies: Detecon International ging aus der Fusion der 1954 gegründeten Management- und IT-Beratung Diebold und der 1977 gegründeten Telekommunikationsberatung Detecon hervor. Unser Leistungsschwerpunkt besteht demnach in Beratungs- und Umsetzungslösungen, die sich aus dem Einsatz von Informations- und Kommunikationstechnologien, engl. Information and Communications Technology (ICT), ergeben. Weltweit profitieren unsere Kunden aus nahezu allen Branchen von unserer Kompetenz in Fragen der Strategie und Organisationsgestaltung.

Das Know-how der Detecon bündelt das Wissen aus erfolgreich abgeschlossenen Management- und ICT-Beratungsprojekten in über 160 Ländern. Wir sind global durch Tochter- und Beteiligungsgesellschaften sowie Projektbüros vertreten. Detecon ist ein Tochterunternehmen der T-Systems International, der Großkundenmarke der Deutschen Telekom. Als Berater profitieren wir daher von der weltumspannenden Infrastruktur eines Global Players.

Know-how und Do-how

Die rasante Entwicklung von Informations- und Telekommunikationstechnologien beeinflusst in immer stärkerem Maße sowohl die Strategien von Unternehmen als auch die Abläufe innerhalb einer Organisation. Die daraus folgenden komplexen Anpassungen betreffen dementsprechend nicht nur technologische Anwendungen, sondern auch Geschäftsmodelle und Unternehmensstrukturen.

Unsere Dienstleistungen für das ICT-Management umfassen sowohl die klassische Strategie- und Organisationsberatung als auch die Planung und Umsetzung von hochkomplexen, technologischen ICT-Architekturen und -Anwendungen. Dabei agieren wir herstellerunabhängig und sind allein dem Erfolg des Kunden verpflichtet.

Die Competence Practices der Detecon befassen sich intensiv mit den aktuellen Problemstellungen der Kunden und antizipieren die Entwicklung neuer Trends und technologischer Innovationen.

Zu den Top-Themen gehören u.a.
▶ die langfristige Entwicklung wegweisender IT- und TK-Technologien sowie deren Auswirkungen auf die Organisation und bestehenden Geschäftsprozesse von Unternehmen,
▶ die Entwicklung und Einführung flexiblerer Geschäftsmodelle auf der Basis neuer Technologien,
▶ die Auswirkung innovativer ICT-Technologien auf die Produktentwicklung in den Bereichen Industrie und Dienstleistungen,
▶ das Outsourcing und Outtasking kompletter Netzinfrastrukturen sowie
▶ die Entwicklung von Chancen und Risiken, die sich aus der Konvergenz von Festnetz- und mobilen Diensten ergeben.

Zu unseren Kunden gehören Unternehmen aus den Branchen Informations- und Kommunikationstechnologie, Digital Media & Online, Automotive & Manufacturing, Financial Services, High Tech Industries, Travel & Transport, Utilities sowie der Öffentliche Sektor.

Referenzen
Auf Anfrage

Devoteam Danet GmbH
Gutenbergstraße 10
64331 Weiterstadt
Telefon: 06151/868-0
Fax: 06151/868-131
E-mail: DevoteamGermany@devoteam.com
Internet: www.devoteam.de

Fakten

Geschäftsführung:	Jürgen Hatzipantelis, Dr. Burkhard Austermühl, Patricia Emmel
Gründungsjahr:	1981
Umsatz 2009:	33,7 Millionen Euro
Mitarbeiter:	320
Standorte:	Weiterstadt, Hamburg, Köln, Stuttgart, München

Firmenprofil

Die Verbindung von Beratungsdienstleistungen mit technischen Lösungen ermöglicht es Devoteam, seine Kunden mit unabhängiger Beratung und effektiven Lösungen zu unterstützen. Kompetenz und über 25 Jahre Erfahrung machen uns zum innovativen Partner von komplexen IT-Anwendungen. Wir konzipieren, entwickeln, implementieren und betreiben fundierte Geschäftslösungen über die gesamte Wertschöpfungskette unserer Kunden hinweg. Das Leistungsangebot umfasst Consulting, IT Solutions und IT Services – vor allem in den Branchen Automotive, Finanzdienstleistungen, Telekommunikation & Medien, Transport & Logistik und Utilities. Seit Januar 2009 gehören wir zur Devoteam Group, einem führenden Consulting- und IT-Unternehmen in Europa.

Unsere Mission

Wir verstehen die Geschäftsmodelle und Anforderungen unserer Kunden und stellen Informationstechnologie in den Dienst deren Unternehmensziele. Dabei bieten wir unseren Kunden maßgeschneiderte Projektunterstützung in technischen, organisatorischen und finanziellen Fragen.

Unsere Geschäftsfelder

▶ Consulting

Wir unterstützen unsere Kunden bei der Auswahl von Technologien und der Entwicklung von Lösungen in den Arbeitsgebieten Strategie, Organisation und Geschäftsprozessen. Dabei profitieren unsere Kunden von bewährten Methoden und einer herstellerunabhängigen Beratung.

▶ IT Solutions

Wir konzipieren und implementieren Lösungen, die auf die Anforderungen unserer Kunden zugeschnitten sind. Dabei setzen wir neueste Technologien ein. Im Mittel-

punkt unserer Dienstleistung stehen Wissenstransfer und Ergebnisverpflichtung.

▶ IT Services

Wir arbeiten eng mit unseren Kunden zusammen. Im Geschäftsfeld IT Services bieten wir betriebliche und administrative Sourcing Dienstleistungen bei der Planung, Einführung und dem Betrieb von technischen Lösungen für Großkunden.

Unsere Themenfelder

▶ Business Strategy Consulting
▶ Marketing & Sales Consulting
▶ Business Operations Consulting
▶ Enterprise Telecommunication Solutions
▶ Order-to-Cash Solutions
▶ Customer Management Solutions
▶ Service Fulfillment
▶ Security & Identity Management
▶ Transport & Logistik Solutions
▶ Utility Solutions
▶ IT Service Assurance & Quality
▶ Testing Services
▶ Enterprise Portfolio Management
▶ IT-Infrastructure Services
▶ Business Intelligence & Information Management

Devoteam Group

Seit Januar 2009 gehört Devoteam Danet zur Devoteam Group, einem führenden Consulting- und IT-Unternehmen in Europa. Das Unternehmen hat seinen Hauptsitz in Levallois-Perret (Paris). Devoteam erwirtschaftete 2009 einen Umsatz von 460 Millionen Euro. Die operative Marge lag bei 6,2 Prozent. Das Unternehmen beschäftigt in 23 Ländern in Europa, Nordafrika und dem Nahen Osten über 4.440 Mitarbeiter.

DONHAUSER management consultants
DONHAUSER services & sales GmbH

Rilkeweg 1
D-93128 Regenstauf
Tel: +49 (0) 94 02 / 78 88-0
E-Mail: info@donhauser-gmbh.de
Internet: www.donhauser-gmbh.de

DONHAUSER

MANAGEMENTBERATUNG

Fakten

Gründungsjahr:	1989
Mitarbeiter:	über 120
Verbände:	BDU, Creditreform

Firmenprofil

DONHAUSER management consultants und DONHAUSER services & sales GmbH sind spezialisiert auf Filialunternehmen in Einzelhandel und Dienstleistung und verbinden Beratungskompetenz und Umsetzungsstärke mit umfangreicher Erfahrung im Retail Business.

Durch die Spezialisierung auf Filialunternehmen und deren Endkunden können wir unseren Mandanten vollständige Lösungen bieten, die einen nachhaltig wachsenden Filial-Betrieb garantieren.

Im operativen Beratungsbereich arbeiten wir darüber hinaus mit Freiberuflern und von uns ausgebildeten Inhouse-Consultants zusammen.

Strategische Beratung und Umsetzung

Management Consulting

Zusammen mit unseren Partnern beraten wir unsere Mandanten von Steuer- und Finanzangelegenheiten über betriebswirtschaftliche Fragen bis hin zur strategischen Ausrichtung.

Operative Consulting

Unsere Stärken liegen in der Analyse der Filialen unserer Mandanten und deren Wettbewerber. Mit den Auswertungen und unseren Erfahrungen leiten wir zielgerichtete Handlungsempfehlungen ab.
Mit Betreuungsteams, die sich aus Führungspersonal des Mandanten und unseren Berater zusammensetzen, sorgen wir für kontinuierliche Optimierung der Filialbetriebe.

Personalberatung

Qualifizierte und motivierte Mitarbeiter sind entscheidend für Ihr Unternehmen. Erfolgsgeschichten von engagierten Mitarbeitern begründen Ihre Erfolge im Retail Business.
Unsere Personalberatung sucht geeignete Kandidaten für Ihre Anforderungen und qualifiziert sie mit Coachings und Trainings.

Services & Sales

Unsere Service-Center betreuen Filialen und realisieren den Multikanal-Vertrieb via Hotline, eMail, internetbasierten Datenbanken und Schnittstellen zum CRM- und ERP-System. Dies gewährleistet Kundenservice: von der Info-Hotline über Bestellannahme bis hin zur Beschwerde-Aufnahme - immer freundlich und korrekt.

DONHAUSER   DONHAUSER
MANAGEMENT CONSULTANTS   **SERVICES & SALES GMBH**

Zielgerichtete Beratung und operative Betreuung:

- ▶ Management Consulting
- ▶ Operative Consulting
- ▶ Personalberatung
- ▶ Promotion- und Markenservice
- ▶ Service-Center für Filial-/Agentur-Service und Kundenservice
- ▶ Research und Development
- ▶ Steuer- und Rechtsberatung durch unsere Partnerkanzleien

HUMAN RESOURCES-BERATUNG

HCL GmbH

Frankfurter Straße 63-69
D-65760 Eschborn
Telefon: +49(0)6196-76997 0
Telefax: +49(0)6196-76997 52
E-Mail: hplieske@hcl.com
Internet: www.hcl.de

Ansprechpartner

Name:	Thomas Becker ,Dir. Business Development
Telefon:	+49(0)6196-76997 69
E-Mail:	tbecker@hcl.com

Fakten

Vorstand/Geschäftsführung:	Horst Plieske,
	Country Manager Central Europe
Gründungsjahr:	1976
Mitarbeiter:	Deutschland: 185, Weltweit: 62.000
Umsatz:	Weltweit: 5 Milliarden US-Dollar
Standorte:	Frankfurt/Eschborn, Köln, München,
	Weltweit: 26 Länder, Büros: mehr als 500
Verbände:	BDU, Bitkom, Feaco

Firmenprofil

Unsere Leistung – Ihr Wettbewerbsvorteil

HCL ist ein führendes, globales Technologie- und IT-Unternehmen und erzielte 2010 einen Umsatz von mehr als fünf Milliarden U.S. Dollar. Das Unternehmen gliedert sich in zwei Firmen: HCL Technologies und HCL Infosystems.

Das 1976 gegründete Unternehmen ist ein indisches Vorzeigeunternehmen, das einst in einer ‚IT Garage' gestartet wurde. Seine Dienstleistungen umfassen Produkt-Engineering, Individualsoftware, BPO, IT-Infrastruktur-Dienstleistungen, IT-Hardware, Systemintegration und Vertrieb von Informations- und Kommunikationstechnik. HCL beschäftigt an seinen über 500 Standorten in Indien und in 26 Ländern mehr als 62.000 Mitarbeiter und ist der beliebteste Arbeitgeber in Indien und einer der besten in Asien. Wahrscheinlich liegt es daran, dass es bei HCL heißt: „Employees First": Mitarbeiter stehen an erster Stelle. Hierzu schrieb CEO Vineet Nayar einen gleichnamigen, weltweiten Bestseller.

Zu den Kunden von HCL gehören Spitzenunternehmen der Fortune 1000, darunter führende IT- und Technologieunternehmen. Im diesjährigen Black Book of Outsourcing landete HCL auf Platz 1.

Wertschöpfung

In einer Branche – fokussiert auf Volumen – hat HCL bewusst ein wertschöpfendes, nicht lineares Geschäftsmodell gewählt, welches heute weltweit von den Kunden anerkannt wird. Gartner würdigt unsere Strategie auf ein Co-Sourcing Model zu setzen, welches die enge Zusammenarbeit mit den Kunden sicherstellt. IDC berichtet, dass unsere Bereitschaft mit unseren Kunden sogenannte "risk-reward" oder „self-funding transformation contracts" (Transformationen, die sich aufgrund ihrer Einsparungen selbst finanzieren) Verträge abzuschließen, uns zu einem aufstrebenden Unternehmen machen, welches man beachten sollte. IDC lobt unseren Fokuswechsel vom Volumen zu nachhaltiger Wertschöpfung und unsere Stärke in Asien. Gartner sagt, dass HCL eine klare Vision hat und einen Umsetzungsmethodik etabliert hat, welches die nachhaltige Wertschöpfung anstelle von Volumen bei Application Services verfolgt. Laut Ovum bewegt sich HCL vom gewöhnlichen ADM-Dienstleister zum höherwertigen Transformations Outsourcing. Und die Anerkennungen gehen weiter...

Expertise:

Seit der Unternehmensgründung und verstärkt nach dem Börsengang 1999, konzentriert sich HCL auf das Transformationsoutsourcing, verbunden mit Innovations- und Wertsteigerung, und bietet integrierte Services einschließlich Software basierender Lösungen, Infrastrukturmanagement, Engineering, R&D-Services und BPO an. HCL setzt dabei seine umfangreiche, globale Offshore-Infrastruktur und sein Netzwerk ein.

Branchen:

Finanzdienstleistungen, Investitionsgüterindustrie, Luftfahrt & Verteidigung, Telekommunikation, Handels- und Konsumgüter, Life Science & Pharmabranche, Media & Entertainment, Reiseunternehmen, Transport & Logistik, Automobilindustrie, öffentlicher Sektor & Verwaltung und Energie & Versorgungsunternehmen

Referenzen:

Zu den Kunden gehören Allianz, Braun, Commerzbank, Continental, Deutsche Bank, Linde, Novartis, Tech Data, Siemens, Syngenta, VW und viele führende Unternehmen der Fortune-Liste. Allianzen und Partnerschaften bestehen unter anderem mit: BT, Cisco, HP, IBM, Intel, Microsoft, Nokia und SAP.

TECHNOLOGIEBERATUNG

Horváth & Partners

Phoenixbau, Königstraße 5
70173 Stuttgart
Telefon: 0711 66919-0
Fax: 0711 66919-99
E-mail: info@horvath-partners.com
Internet: www.horvath-partners.com

HORVÁTH & PARTNERS
MANAGEMENT CONSULTANTS

Fakten

Gründungsjahr:	1981
Umsatz 2009 / 10 (31.3.):	84,3 Mio. Euro
Mitarbeiter/davon Berater:	mehr als 400
Standorte:	Berlin, Budapest, Bukarest, Dubai, Düsseldorf, Frankfurt, München, Stuttgart, Wien, Zürich
Verbände:	keine

Firmenprofil

Wir sind eine unabhängige, internationale Management-Beratung mit mehr als 400 hochqualifizierten Mitarbeitern und langjähriger Erfahrung. Unser Beratungsansatz stellt sicher, dass sich Lösungen aus den Feldern Strategisches Management und Innovation, Prozessmanagement und Organisation sowie Controlling und Finanzen zur Steigerung der Gesamtperformance Ihrer Organisation ineinander fügen. Dabei begleiten wir Sie von der betriebswirtschaftlichen Konzeption bis hin zur Realisierung und sorgen für die nachhaltige Verankerung durch die Verbindung mit dem Steuerungssystem. Durch die Mitgliedschaft bei „Highland Worldwide", einem internationalen Netzwerk unabhängiger Beratungsgesellschaften, sind wir darüber hinaus in der Lage, Beratungsprojekte in weiteren wichtigen Wirtschaftsregionen der Welt mit höchster fachlicher Expertise und genauer Kenntnis der lokalen Gegebenheiten durchzuführen.

Was wäre die Beratungsleistung ohne die Integration in das Unternehmen? Was wären die maßgeschneiderten Managementkonzepte ohne die Umsetzung in passende IT-Systeme? Eben! Aus diesem Grund befassen wir uns mit den Informationstechnologien in Ihrem Unternehmen, schlagen Ihnen geeignete Lösungen vor, suchen die besten Implementierungsspezialisten aus und managen die kostenbewusste und punktgenaue Einrichtung.

Unser Beratungsangebot für IT-Verantwortliche umfasst spezifische Lösungen im Bereich des strategischen IT-Managements, von der IT-Strategie über die IT-Prozesse und IT-Organisation bis zum IT-Controlling. Wir unterstützen Sie dabei, die Performance der IT zu verbessern und den Wertbeitrag der IT für den Geschäftserfolg sichtbar zu machen. Dabei liegt eine besondere Stärke darin, dass wir sowohl IT-Experten als auch betriebswirtschaftliche Spezialisten in unserem Haus haben.

Branchen:

Automotive, Chemicals, Oil, Pharmaceuticals, Consumer & Industrial Goods, Financial Industries, Media & Telecom, Public Management, Retail, Transportation, Utilities, Other Services

Referenzen:

Zahlreiche Großunternehmen und Mittelstand aus Industrie, Dienstleistung und Handel sowie Organisationen des öffentlichen Sektors. Details siehe Unternehmens-Homepage.

Beratungsschwerpunkte

Strategisches Management und Innovation, Prozessmanagement und Organisation, Controlling und Finanzen.

Unsere Beratungsthemen im Überblick

Strategisches Management und Innovation	Prozessmanagement und Organisation	Controling und Finanzen
• Strategieentwicklung und Strategieprozessgestaltung	• Restrukturierung/ Reorganisation	• Steuerungskonzepte
• Markt- und Unternehmensanalysen	• Geschäftsprozessoptimierung	• Kennzahlensysteme
• Vision, Mission, Werte	• Post Merger Integration	• Konzerncontrolling
• Geschäftsmodelle	• Organisationsgestaltung	• Leistungssteigerung und Benchmarking des Controllings
• Strategisches Marketing	• Einkaufs-, Operations- und Supply Chain Management	• Finance Excellence
• Strategieimplementierung inkl. Strategy Maps/Balanced Scorecards	• Vertriebsoptimierung/ CRM	• Controlling- und Finanzorganisation
• Wertmanagement	• Optimierung der Shared Services	• IFRS und Harmonisierung
• Anreizsysteme	• Prozess-Benchmarking	• Working Capital Management
• Innovationsmanagement	• Lean Management, Six Sigma	• Advanced Budgeting
• Begleitung der Innovationsentwicklung	• Prozesskostenrechnung	• Kosten- und Ergebnisrechnung
	• Process Performance Management	• Reporting
	• Industrialisierung von Geschäftsprozessen	• Risikomanagement
		• Value Chain Controlling

Summary

Wir helfen Ihnen, die Leistung (Performance) Ihrer Organisation nachhaltig zu verbessern. Deshalb verstehen wir uns als „Performance Architects". Sie erhalten funktionierende Lösungen, weil wir Konzept und Umsetzung eng miteinander verzahnen.

IBM Deutschland GmbH

IBM-Allee 1
71139 Ehningen
Telefon: 07034-15-1848
Kontakt: Antje Mages
E-Mail: Antje.Mages@de.ibm.com
Internet: ibm.com/consulting/de

Fakten

Gründungsjahr:	1911
Umsatz/Weltweit:	$ 95,8 Milliarden
Mitarbeiter/Weltweit:	399.409
Standorte:	weltweit in 170 Ländern, in Dtl. rund 40 Standorte
Verbände:	auf Anfrage

Firmenprofil

WARUM WIR DER RICHTIGE PARTNER FÜR SIE SIND

IBM ist ein weltweit führender, innovativer Technologiekonzern. Global integriert löst IBM die Herausforderungen von Unternehmen und Institutionen aller Branchen und Größen. Das Unternehmen ist gleichzeitig die weltweit größte Management- und IT-Beratung und damit ein kompetenter, strategischer Berater für die Unternehmensführung. Mit Experten in über 170 Ländern bietet IBM Beratungs- und Umsetzungs- und Finanzierungskompetenz aus einer Hand. Gemeinsam mit seinen Partnern und Kunden entwickelt der Konzern innovative Strategien und realisiert tragfähige Geschäftsmodelle. Ausgestattet mit umfassender Branchen- und Prozessexpertise ist IBM dabei kompetenter Ansprechpartner für alle Unternehmensbereiche und Geschäftsprozesse entlang der gesamten Wertschöpfungskette eines Unternehmens. Die Kunden der IBM profitieren messbar durch Kostenreduzierung, Effizienzsteigerung, Wettbewerbsdifferenzierung und mehr Flexibilität.

Beratungsschwerpunkte

Der Unternehmensbereich IBM Global Business Services ist das weltweit größte Beratungshaus. Er wurde im Jahr 2002 nach der Übernahme von PwC Consulting durch IBM gegründet. IBM Global Business Services bietet Strategie- und Prozess-Know-how in Kombination mit technologischer Expertise. Mit den Beratungsfeldern Strategy & Change, Supply Chain Management, Customer Relationship Management, Financial Management, Human Capital Management, Business Analytics & Optimization sowie den entsprechenden IT-Services (Integration und Management von Applikationen einschließlich Outsourcing) deckt IBM Global Business Services die komplette Wertschöpfungskette von Unternehmen und Organisationen ab. Insgesamt ist IBM Global Business Services in fast 20 Einzelbranchen aktiv.

IBM Global Business Services versteht sich als „Alles-aus-einer-Hand" Gesamtdienstleister mit hoher Branchenkompetenz und breiter Technologie-Expertise. Das Angebot umfasst von der Beratung und dem Erarbeiten von Lösungen bis hin zur Umsetzung und einer kontinuierlichen Kundenbetreuung das gesamte Spektrum unternehmensrelevanter Abläufe und Prozesse. Im Zentrum steht der Anspruch, den gesamten Wertschöpfungsprozess eines Unternehmens von der (strategischen) Beratung bis zum operativen Betrieb als Partner zu begleiten. IBM Global Business Services leistet damit mehr als klassische Unternehmens- oder IT-Beratungshäuser: Mit einem starken Technologie-Hintergrund, der flexiblen Nutzung globaler Ressourcen, internationalem Know-how und dem Zugriff auf wissenschaftliche Kompetenzen ihrer Forschungs- und Entwicklungsabteilungen bietet IBM GBS eine neue Qualität in Sachen Beratung.

Referenzen

IBM betreut Großunternehmen, den Mittelstand und die öffentliche Hand. Die Referenzkunden und -projekte können Sie der IBM Webseite entnehmen oder erhalten Sie auf Anfrage.

ifp | Personalberatung Managementdiagnostik

DISCH HAUS Brückenstraße 21, D 50667 Köln
Telefon: 0221/20506-0
Fax: 0221/20506-33
E-Mail: info@ifp-online.de
Internet: www.ifp-online.de

Fakten

Gründungsjahr:	1964
Umsatz 2009:	keine Angabe
Mitarbeiter/davon Berater:	100/keine Angabe
Standorte:	Köln sowie 50 Büros weltweit durch enge
	Anbindung an verschiedene internationale Netzwerke
Verbände:	keine Angabe

Firmenprofil

Über den Erfolg von Führungskräften entscheidet deren Persönlichkeit oftmals mehr als ihr Fachwissen. Mit dieser Idee gründete Horst Will im Dezember 1964 das ifp, um Unternehmen bei der Suche und Auswahl von Entscheidungsträgern professionell zu beraten. Heute beraten wir nationale und internationale Organisationen – Konzerne sowie den Mittelstand – aus unterschiedlichen Branchen bei der Suche und Auswahl von Führungskräften sowie in Fragen der Managementdiagnostik und -entwicklung. Wir zählen mit 11 Partnern und etwa 100 Mitarbeitern zu den größten deutschen Personalberatungsgesellschaften. Neben unserem wissenschaftlich basierten Vorgehen bilden unsere professionellen Methoden und Prozesse und unsere Branchenexpertise dabei die Grundlage unserer Beratungsqualität.

Branchenschwerpunkte

▶ Automotive
▶ Banken & Sparkassen
▶ Energiewirtschaft
▶ Gesundheitswesen
▶ Handel
▶ Immobilienwirtschaft
▶ Industrieller Mittelstand
▶ Kommunale Infrastruktur
▶ Medien
▶ Non-Profit-Organisation & Verbände
▶ Pharmazie & Medizintechnik
▶ Telekommunikation & Informationstechnologie
▶ Versicherungswirtschaft

Um auf die speziellen Bedürfnisse unserer Kunden eingehen zu können, bündelt das ifp sein Know-how in folgende Geschäftsfelder:

Personalberatung

Wir übernehmen die Besetzung von Vorstands- und Geschäftsführungspositionen sowie der beiden nachfolgenden Ebenen. Unser Ansatz ermöglicht den nachhaltigen und über Jahre gewachsenen Zugang zu den Leistungsträgern der jeweiligen Branchen. Das Ziel unserer Beratung ist die Risikominimierung von Personalentscheidungen durch einen qualitativ gesicherten Such- und Auswahlprozess. Bei der Suche bildet die direkte Ansprache von Kandidaten den Schwerpunkt, in Einzelfällen ergänzt durch eine Ausschreibung in ausgewählten Print- und Online-Medien. Dabei setzen wir auf die Leistungen unserer eigenen Researchabteilung sowie unseren seit Jahren gewachsenen exzellenten Marktzugang. In der Auswahl fokussieren wir uns auf die berufsbezogenen Persönlichkeitsmerkmale und stützen unsere Beurteilung auf teilstrukturierte Interviews sowie den Einsatz eignungsdiagnostischer Methoden und Verfahren.

Managementdiagnostik

Im Mittelpunkt unserer diagnostischen und beraterischen Arbeit steht die intensive Auseinandersetzung mit jeder einzelnen Führungskraft. Um der Persönlichkeit umfassend gerecht zu werden sowie die berufsbezogenen Kompetenzen und Potenziale bestmöglich erfassen zu können, verfolgen wir einen multimethodalen Ansatz. Neben wissenschaftlich fundiertem Vorgehen gewinnen wir durch den Einsatz einer speziellen Interviewtechnik ein vertieftes Verständnis der für die berufliche Leistung und Entwicklung zentralen Aspekte der Persönlichkeit. Wir unterstützen unsere Kunden dabei, Managementkompetenzen im Unternehmen systematisch zu erfassen und zu entwickeln sowie Feedback- und Entwicklungsprogramme zu etablieren. Unsere Beratungsleistungen der Managementdiagnostik: Potenzialinterview, Einzel-Assessment, (Top-)Management-Audit, 360°-Befragung, persönliche Standortbestimmung, (Top-) Coaching, Gruppen-Assessment, Management-Development-Verfahren, Intercultural Competency Review, Kulturanalyse, Fusionsbegleitung, und -unterstützung, Change-Management-Beratung.

inGenics AG

Schillerstraße 1 / 15, D-89077 Ulm
Telefon: +49 731 93680-0
Telefax: +49 731 93680-30
E-Mail: kontakt@ingenics.de
Internet: www.ingenics.de

And Future Works.

Fakten

Gründungsjahr:	1979
Umsatz 2009:	22 Mio. Euro
Anzahl Mitarbeiter:	180 Mitarbeiter
Davon Berater:	160 Berater
Standorte:	Ulm, Stuttgart, München, Hamburg, Shanghai, Atlanta
Verbände:	VDI, MTM

Firmenprofil

Unternehmen stehen im Wettbewerb. Und das zunehmend global. Da sind die Regeln so einfach wie hart: Nur wer es schafft, in der Wertschöpfung besser zu sein als andere Anbieter im Markt, kann überleben. Deshalb unterstützt Ingenics als Lieferant von Know-how, Planung und Umsetzung seine Kunden weltweit, die Wettbewerbsfähigkeit permanent zu steigern. Das erreichen wir durch die Etablierung exzellenter Prozesse, die in einem schlanken Unternehmen die Ressourcen auf wertschöpfende Tätigkeiten konzentrieren. Mit einem ganzheitlichen Ansatz bieten wir Ihnen dazu Projekte in den Bereichen Fabrik- und Produktionsplanung, Logistikplanung sowie Effizienzsteigerung in Produktion und Office an.

Die Ingenics AG hilft Ihnen, die Zukunft Ihres Unternehmens erfolgreich zu gestalten. In Strategie, Planung und Umsetzung. Von den visionären unternehmerischen Ansätzen bis zur Realisierung der Ziele im Alltag. Als technisch orientiertes Beratungsunternehmen vereinbaren wir mit Ihnen sehr konkrete Projekte zur Planung, Systemgestaltung und Realisierung. Und das mit einem ganzheitlichen Ansatz, der Nachhaltigkeit in den Ergebnissen garantiert.

Sie können von Ingenics einen in der Beratungsbranche einmaligen Mehrwert für Ihr Projekt erwarten. 30 Jahre Erfahrung und die Ingenics Charta, das interne Regelwerk für höchste Ansprüche an die eigene Arbeit, garantieren eine systematische und gleichzeitig individuelle Projektvorgehensweise mit gesicherter Qualität für die Planungs- und Beratungsergebnisse sowie maximale Effizienz in der Durchführung der Projektarbeit. Sie erhalten quantitativ und qualitativ mehr Output pro Beratertag und damit eine wesentliche Steigerung des Projektnutzens im Verhältnis zur Honorarsumme.

Prozesse optimal zu gestalten ist eine Seite der Ingenics Leistungen. Signifikante Effizienzsteigerung aber gelingt nur, wenn das Zusammenwirken von Mensch und System optimiert wird. Ein wichtiger Baustein dabei ist die bestmögliche Qualifizierung der Mitarbeiter. Die Ingenics Academy sorgt dafür mit einem breit gefächerten Angebot.

Beratungsschwerpunkte

Unsere Aufträge erhalten wir von global aufgestellten mittelständischen Unternehmen und weltweit operierenden Konzernen, mit denen wir teilweise seit unserer Gründung zusammenarbeiten. Bei einer kleiner gewordenen Welt setzt das auch für uns ein hohes Maß an Internationalität voraus. So begleiten wir unsere Kunden an jeden Ort der Erde und betreuen Projekte unter anderem in China, Indien, Osteuropa oder USA.

Internationale Projekte, insbesondere der Aufbau ausländischer Produktionsstätten, sind aber kein leichtes Unterfangen. Deshalb bietet Ingenics das komplette Spektrum eines umfassenden Projektaufbaus an. Wir starten bei Bedarf mit einer Standortanalyse und -auswahl, planen Produktionsprozesse, Anlagen und Gebäude, betreuen die Realisierung und übernehmen auch das Training der Belegschaft.

Das Spektrum unserer Erfahrungen deckt unterschiedlichste Branchen ab, darunter die Automobilindustrie, deren Zulieferer, die Luftfahrtindustrie, Hightech Unternehmen wie den Maschinenbau, Finanzdienstleister, aber auch Bereiche wie Erneuerbare Energien oder CFK.

Summary

„Den internationalen Wettbewerb haben wir nicht erfunden. Wir bieten aber Instrumente an, ihn zu bestehen: Effizienzsteigerung in Unternehmen und damit auch Steigerung des Unternehmenswerts."

INTARGIA Managementberatung GmbH

Max-Planck-Strasse 20
63303 Dreieich
Telefon: +49 (0)6103 - 50860
E-Mail: info@intargia.com
Internet: www.intargia.com

Ansprechpartner

Name:	Dr. Thomas Jurisch
	(Geschäftsführender Gesellschafter)
Telefon:	06103-50860
E-Mail:	thomas.jurisch@intargia.com,

Fakten

Gründungsjahr:	1989
Umsatz:	3,2 Mio €
Mitarbeiter:	21
Standorte:	Dreieich bei Frankfurt, München
Verbände:	Deutsche Gesellschaft für Projektmanagement, Gesellschaft für Informatik, CAST e.V., Gesellschaft für Datenschutz und –sicherung, Deutsche Institution für Schiedsgerichtsbarkeit DIS-ARB

Firmenprofil
Business drives IT drives Business!

Wir von INTARGIA glauben an die untrennbare Einheit von strategischem Unternehmenserfolg, konsequenter Prozessinnovation, dem Einsatz zukunftsweisender IT-Systeme - und perfektem Management der dafür erforderlichen Projekte. Seit 1989 steht unser Name für exzellente, unabhängige Beratung und hervorragende Referenzen in diesem Kontext.

Für unsere Kunden
- entwickeln und implementieren wir Strategien, unternehmerische Konzepte und effiziente Geschäftsprozesse
- konzipieren wir - unter dem Leitbild der digitalen Transformation - innovative IT-Systeme und -Strukturen und begleiten deren Planung und Umsetzung
- sichern wir die Qualität ihrer Projekte von der Planung bis zur erfolgreichen Zielerreichung

Corporate Perfomance

Ein stabiles strategisches Fundament und effiziente Prozesse sind die Voraussetzung für unternehmerische Stabilität und nachhaltiges Wachstum. INTARGIA berät Sie umfassend bei der Findung und Implementierung Ihrer Strategien, Ziele und Wachstumspfade sowie der darauf abgestimmten Geschäftsprozesse.

In allen Phasen der Unternehmensentwicklung, ob Gründung, Wachstum oder in einer Phase notwendiger Restrukturierungen, verbinden wir den Blick auf strategische Ausrichtung, Organisation, operative Leistungsfähigkeit und Finanzen. Um das beste Ergebnis für unsere Kunden zu erzielen.

IT-Management Beratung

Die strategische Steuerung des IT-Einsatzes und der IT-Projekte im Unternehmen gehört zu den herausforderndsten Managementaufgaben unserer Zeit. INTARGIA berät und unterstützt Unternehmer und Führungskräfte mit IT-Verantwortung dabei, in diesem Kontext Chancen zu erkennen, Ideen zu entwickeln, Umsetzung zu steuern sowie Risiken zu erkennen und zu mindern.

Project Engineering & Governance

Jedes Projekt, ob zur Erarbeitung einer neuen Vertriebsstrategie, zur Sanierung eines Unternehmens oder zur Finführung eines neuen ERP-Systems, ist individuell und einmalig. Erfolgreiche Projekte jedoch sind durch gemeinsame „best practices" in Kultur, Vorgehen und Werkzeugeinsatz gekennzeichnet.

Mit einem klaren Fokus auf eine stringente, ingenieurhafte Herangehensweise, beraten wir Sie bei der Konzeption und Strukturierung Ihrer Projekte – und begleiten diese – im Sinne bester Governance – insbesondere als Qualitätssicherer, Controller und Risikomanager.

Ausgewählte Referenzen:

Deutsche Lufthansa AG
Deutsche Post AG
Deutsche Forschungsgemeinschaft e.V.
Deutscher Akademischer Austauschdienst
Messe Frankfurt GmbH
expert AG
Universität Kassel
Berner Kantonalbank AG
neckermann.de GmbH
Eintracht Frankfurt Fußball AG
alimex GmbH
BRITA GmbH

IsoPart GmbH

Hammer Dorfstraße 39
D-40221 Düsseldorf
Telefon: +49 (211) 239 229-0
Telefax: +49 (211) 239 229-11
E-Mail: isopart@isopart.com
Internet: www.isopart.com, www.imagisopart.com

ISOPART
Veränderung. Verantwortung. Ergebnisse.

Fakten

Geschäftsführer:	Dipl.-Kfm. Stefan Feinendegen
	Dipl.-Ing. Oliver Oechsle
Gründungsjahr:	2003
Mitarbeiter:	Deutschland: ca. 15
Standorte:	Düsseldorf, München, Stuttgart
Verbände:	TMA Deutschland, BRSI

Firmenprofil

Wir machen Unternehmen erfolgreich!

IsoPart als unabhängiges Beratungshaus berät und unterstützt Unternehmer, Gesellschafter, Investoren und Finanziers im Mittelstand. Ziel ist es, Herausforderungen (inter)national zu meistern sowie Leistung und Wert des Unternehmens zu steigern. Wir werden in Phasen der Veränderung beauftragt, um Lösungen zu entwickeln und diese erfolgreich umzusetzen. Wir begleiten unsere Kunden dabei als Berater, Projektmanager oder in operativer Verantwortung (auch als Organ auf Zeit).

Das Ganze ist mehr als die Summe seiner Teile:
Wie wir arbeiten

Wir sind keine „Nadelstreifenberater", sondern leidenschaftliche und begeisterte Macher aus Betriebs-/Finanzwirtschaft und Technik, die ihr Beratungs-Know-how, ihre Beteiligungskompetenz sowie ihre Erfahrungen im insolvenznahen Umfeld gewinnbringend für ihre Kunden einsetzen.

Wir agieren pragmatisch, mit einer einfachen aber wirksamen Methodik in 3 Schritten:

1. Zuhören: Für uns sind nicht nur die Zahlen wichtig. Nur wenn wir unseren Kunden und ihr Umfeld verstehen, schaffen wir eine solide Vertrauensbasis für gemeinsame Entscheidungen und Aktivitäten

2. Analysieren/Planen: Wir machen die Ausgangssituation transparent, analysieren objektiv die Voraussetzungen und geben klare Handlungsempfehlungen für das weitere Vorgehen

3. Handeln: Unser Anspruch ist es, nicht nur Wege aufzuzeigen, sondern diese gemeinsam mit unseren Kunden zu gehen – bis zum Erfolg.

Erfolg kommt mit „ich kann", nicht durch „ich kann nicht"!

Typische Ergebnisse unserer Arbeit aus über 100 Projekten sind:

▶ Schnelle Transparenz durch gezielte Quick Checks
▶ Zukunftsfähigkeit durch Fortführungsprognose und Sanierungsgutachten (entsprechend den erforderlichen Standards)
▶ Vertrauensgewinn bei Finanziers, Investoren und Gesellschaftern nach Einführung neuer Steuerungs- und Controllingmodelle
▶ Umsatzsteigerungen durch systematische Vertriebsmaßnahmen („Sales-up")
▶ Schnellere Realisierung von Verbesserungspotentialen in kritischen Unternehmenssituationen durch Verstärkung von Managementteams auf Zeit
▶ Nachhaltige Sanierung durch ein vorbereitetes Insolvenzplanszenario (sog. „pre-packaged plan") bei Erhalt des Rechtsträgers
▶ Nennenswerte Erhöhung der Finanzkraft durch unser Working-Capital-Management
▶ Entscheidungssicherheit durch Unterstützung in Fragen strategischer Weichenstellungen

Expertise

Komplexe Restrukturierungen, Turnaround-Management, Konzeption und Begleitung von Insolvenzszenarien, strategische Neuausrichtung, Ergebnisverbesserung, Controlling und Reporting, Umsetzungsmanagement

Branchen

Anlagenbau, Automobilindustrie, Baunebengewerbe, Chemie, Dienstleistungen, Handel, Konsumgüter, Verpackungen, Luftfahrt, Medizintechnik, Pharma/Healthcare, Schiffsbau, sonst. verarbeitende Industrie

Referenzen

Eine Auswahl unserer Kunden: Hawesta, Fakir Hausgeräte, Reuther Verpackung, Witex, Lloyd Werft, Extra Flugzeugbau, Remos, Lachenmaier, führende Insolvenzverwalter

J&M Management Consulting AG

Willy-Brandt-Platz 5
D-68161 Mannheim
Telefon: +49 621 / 12 47 69 0
E-Mail: info@jnm.com
Internet: www.jnm.com

Ansprechpartner	
Name	Frank Braun, Marketing-Director
Telefon:	+49 621 12 47 69 0
E-Mail:	frank.braun@jnm.com

Fakten	
Vorstand:	Dr.-Ing. Frank Jenner (Sprecher),
	Dr. Andreas Müller (Sprecher),
	Dr. Christoph Kilger
Gründungsjahr:	1997
Umsatz:	28,3 Mio
Mitarbeiter:	200 Mitarbeiter
Standorte:	Mannheim, Düsseldorf, München,
	Nürnberg, Brüssel, London, Paris, Shanghai, Zürich
Verbände:	BME, BVL, GOR, DSAG, VDA, DLA, FZI

Firmenprofil

J&M verbindet exzellente Managementberatung mit innovativem IT-Consulting entlang der gesamten Wertschöpfungskette von Unternehmen. Durch optimal gestaltete Geschäftsprozesse und deren Unterstützung mit modernen IT-Lösungen ermöglichen wir unseren Kunden, ihre strategischen Ziele schneller und mit nachhaltigem Erfolg umzusetzen. Das macht uns zur führenden Managementberatung für Value Chain Management und unsere Kunden zu Value Chain Champions.

J&M verfügt über erstklassige fachliche Expertise im Supply Chain Management (SCM) und den damit verbundenen Geschäftsprozessen wie Vertrieb, Marketing, Einkauf & Beschaffung, Finanzen und Controlling.

CAPITAL und WirtschaftsWoche haben J&M als beste Managementberatung für Supply Chain Prozesse bzw. Strategie ausgezeichnet.

Zu den Kunden von J&M gehören sowohl internationale Großkonzerne als auch renommierte mittelständische Marktführer in den Branchen Chemie, Pharma, Konsumgüter & Handel, Hightech & Electronics, Telekommunikation, Maschinen- & Anlagenbau, Baustoffe sowie Automobil- und Zulieferindustrie.

J&M ist eine unabhängige, partnerschaftlich organisierte Unternehmensberatung. 2010 beschäftigten wir rund 200 Mitarbeiter. Wir sind in den wichtigsten Industrieregionen der Welt tätig. Hauptsitz und historische Wurzeln von J&M liegen in Mannheim. Niederlassungen befinden sich in Düsseldorf, München, Nürnberg, Brüssel, London, Paris, Shanghai und Zürich.

Angebot auf einen Blick

Expertise:

Business Strategy, Supply Chain Management, Manufacturing & Logistics, Sourcing & Procurement, Marketing & Sales, Financial Management, Business Performance Management, IT Strategy

Branchen:

Chemie, Pharma, Konsumgüter & Handel, Automobil, Hightech & Elektronik, Maschinen-/Anlagenbau, Telekommunikation, Baustoffe

Referenzen

Bayer, Behr, Boehringer Ingelheim, Coca-Cola, Fujitsu Siemens, Grammer, Hella, Infineon, Lanxess, OMV, Siemens

MANAGEMENTBERATUNG

Kerkhoff Consulting GmbH
Grafenberger Allee 125
40237 Düsseldorf
Telefon: +49 211 621 8061 - 0
E-Mail: info@kerkhoff-consulting.com
Internet: www.kerkhoff-consulting.de

kerkhoff
CONSULTING

Ansprechpartner

Name:	Matthias Rüter
Telefon:	+49 211 621 8061 - 0
E-Mail:	m.rueter@kerkhoff-consulting.com

Fakten

Gründungsjahr:	1999
Umsatz:	17, 3 Millionen (Deutschland)
Mitarbeiter:	108 (Deutschland)
Standorte:	Düsseldorf, Wien, St. Gallen, Warschau, Shanghai, Atlanta, Johannesburg, Mumbai, São Paulo, Istanbul
Verbände:	BDU, BME, BDI

Firmenprofil

Kerkhoff Consulting ist der Qualitätsführer der Unternehmensberatungen für Einkauf, Beschaffung und Supply Chain Management. 2009 ist Kerkhoff Consulting von der Zeitschrift CAPITAL mit dem Titel „Hidden Champion des Beratungsmarktes" ausgezeichnet, 2010 beim Wettbewerb „Best of Consulting" von der Wirtschaftswoche zur besten Beratung für Supply Chain Management gekürt worden.

Nicht nur Konzepte, sondern Umsetzung

Die Unternehmensberatung hat ihren Hauptsitz in Düsseldorf und ist weltweit in zehn Ländern vertreten. Kerkhoff Consulting berät vor allem Kunden aus dem Mittelstand sowie Konzerne und die öffentliche Hand. Die Projekte von Kerkhoff Consulting zeichnen sich durch ihre hohe Umsetzungsorientierung aus: Die Arbeit der Berater endet nicht bei der Präsentation eines Konzeptes, sondern erst dann, wenn dieses vollständig beim Kunden implementiert worden ist. Ganz nach seinen Wünschen fertigen die Unternehmensberater Ausschreibungen an, führen Verhandlungen mit den Lieferanten und trainieren die Einkaufsmannschaft.

Messbarkeit des Projekterfolgs

Der Mehrwert der umsetzungsorientierten Arbeit von Kerkhoff Consulting sind messbare und gewinnwirksame Einsparungen im Einkauf und in der Beschaffung. Qualitative Verbesserungen entstehen durch effiziente Organisationsstrukturen, gezielte Mitarbeiterschulungen und ein Controlling über die Projektarbeit hinaus. Kerkhoff Consulting setzt die Projektziele grundsätzlich gemeinsam mit seinen Kunden um.

Exklusivität des Wettbewerbsvorteils

Um seinen Kunden einen Wettbewerbsvorteil zu verschaffen, garantiert Kerkhoff Consulting Branchenexklusivität: Die Unternehmensberater arbeiten für einen vertraglich garantierten Zeitraum nicht für die direkten Wettbewerber seiner Kunden.

Mit besten Empfehlungen

Der Erfolg von Kerkhoff Consulting beruht auf einer hohen Kundenzufriedenheit. Sie ist der zentrale Indikator für die Qualität und Wirkungskraft der Beratungsleistungen für Einkauf, Beschaffung und Supply Chain Management - und nicht zuletzt Voraussetzung für die Gewinnung neuer Kunden. Denn nur wer zufriedene Kunden hat, ist immer wieder gefragter Gesprächspartner für Projekte.

Ein Auszug aus unseren Referenzen:

Agrana Beteiligungs-AG, AMEOS AG, Gothaer Versicherungen, Henry Lambertz GmbH & Co. KG, hülsta-werke Hüls GmbH & Co. KG, Klöckner & Co. AG, Landschaftsverband Rheinland, Lindner Hotels AG, Maschinenfabrik Bernard Krone GmbH, Schlott Gruppe, SieMatic Möbelwerk GmbH & Co. KG, Trolli/ MEDERER Süßwarenvertriebs GmbH, United Nations, Uzin Utz AG, Wacker Neuson.

Kienbaum Consultants International GmbH
Ahlefelder Str. 47
51645 Gummersbach
Fon: +49 2261 703-0
Fax: +49 2261 703-538
E-Mail: contact@kienbaum.de

Kienbaum

Fakten

Gründungsjahr:	1945
Mitarbeiter:	650
Standorte national:	Berlin, Dresden, Düsseldorf, Frankfurt, Freiburg, Gummersbach, Hamburg, Hannover, Karlsruhe, Köln, München, Rostock und Stuttgart
Standorte:	20 Standorte weltweit
Verbände:	BDU

Firmenprofil

Kienbaum, gegründet 1945, ist heute mit den Beratungsfeldern Executive Search, Human Resource Management, Management Consulting und Communication in allen wichtigen Wirtschaftszentren Deutschlands und Europas präsent.

Kienbaum Executive Search

Als Marktführer in der Suche und Auswahl von Vorständen, Aufsichtsräten, Geschäftsführern und Spezialisten ist die wichtigste Aufgabe der Kienbaum Executive Consultants, für unsere Klienten eine Spitzenqualität im Management zu erreichen, die langfristigen Erfolg sichert. Eine maßgeschneiderte Beratung und Identifikation mit den Zielen und Anforderungen unserer Klienten ist dabei ebenso entscheidend wie der intensive und kontinuierliche Dialog mit den Kandidaten. Wir haben langjährige Projekterfahrung in der Zusammenarbeit sowohl mit mittelständischen Unternehmen als auch mit weltweit agierenden Konzernen. Unsere globale Infrastruktur, modernste DV-Technik, erfahrene Projektleiter sowie eine professionelle Projektadministration sorgen dafür, dass Großprojekte mit der Besetzung kompletter Teams aus allen Fachbereichen und Managementebenen in einem eng definierten Zeitrahmen sicher und effizient realisiert werden. Kienbaum agiert als internationale Organisation mit flächendeckender nationaler Präsenz. Unsere Branchen- und Funktionskompetenz haben wir in Practices gebündelt und bieten unseren Kunden eine integrierte Problemlösungskompetenz entlang der gesamten Wertschöpfungskette.

Kienbaum Management Consultants

Der Bereich Kienbaum Management Consultants verknüpft professionelle Managementberatung, tiefes strategisches und prozessuales Know-how mit ausgewiesener Human Resource-Expertise. Auch im Bereich Human Resource Ma-
nagement (operative und strategische Personalentwicklung, Compensation und HR-Strategie/Organisation) ist Kienbaum in Deutschland führender Anbieter. Die Beratungsfelder von Kienbaum Management Consultants erstrecken sich von Transformationsberatung, Strategie, Organisation, Prozessexzellenz und Marketing & Vertrieb über Business Technology Management bis hin zu HR-Themen wie Management Audits, Personalentwicklung und Vergütungsfragen. Kienbaum verfügt über langjährige Erfahrung und ausgewiesene Expertise in allen Feldern des Veränderungsmanagements. Wir entwickeln Strategien, die den langfristigen Unternehmenserfolg unserer Klienten sicherstellen. Gleichzeitig befähigen wir die Gesamtorganisation zur erfolgreichen Implementierung der Unternehmensstrategie und erhöhen ihre Lern- und Veränderungsfähigkeit für die Zukunft. Kienbaum Management Consultants verfügen über tiefes Erfahrungswissen in den Branchen Automotive, Chemie & Pharma, Engineering/Hightech, Energie & Versorgung, Financial Services & Real Estate, Gesundheitswesen, Industrie/Maschinen- und Anlagenbau, Konsumgüter & Handel, Öffentlicher Sektor und Telekommunikation.

Kienbaum Communications

Kienbaum Communications bietet ganzheitliche Kommunikationsberatung von PR, Presse- und Medienarbeit über Employer Branding und Personalmarketing bis zur Mediaberatung. Als Agentur mit mehr als 40 Jahren Beratungserfahrung verknüpfen wir HR- und Marketing-Kompetenz mit Strategie-, Kommunikations- und Umsetzungs-Know-how.

Kienbaum Communications bietet Strategie, Konzeption und Umsetzung individueller und professioneller Kommunikationslösungen. Wir übernehmen als Full-Service-Agentur die gesamte externe und interne Kommunikation: von der Analyse über die Strategie bis zur täglichen Umsetzung. Kienbaum Communications ist Kommunikationsberater, Media-Partner und kreativer Sparringspartner bei allen Kommunikationsfragen.

KP2 GmbH, Kreuzer & Partners

Fleurystraße 7
92224 Amberg
Telefon: +49 9621 91 770 - 0
Telefax: +49 9621 91 770 – 66
E-Mail: info@key2performance.com
Website: www.key2performance.com

Ansprechpartner

Name:	Siegfried Kreuzer
Telefon:	+49 9621 91 770 - 0
E-Mail:	siegfried.kreuzer@key2performance.com

Fakten

Gründungsjahr:	2005
Umsatz:	2 Mio.
Mitarbeiter:	9 Angestellte, 1 Auszubildender, 12 externe Berater, Zusammenarbeit mit Kooperationsfirmen auf Europa-Ebene
Standort:	Amberg

Firmenprofil

Die Firma KP2 GmbH, Kreuzer & Partners, von Siegfried Kreuzer in 2005 in Amberg gegründet, entwickelt individuelle Vertriebslösungen und Verkaufsstrategien für national und global operierende Unternehmen im B2B Verkauf.

In unserem Beratungsprozess zeigen wir Vertriebsorganisationen auf, wie Sie die Ressourcen ihres Verkaufsteams effektiver nutzen können und helfen Ihnen, leistungsfähige Vertriebsstrukturen und Prozesse zu definieren und anzuwenden.

Dabei stützen wir uns als weltweit größter Alliance Partner von Miller Heiman wesentlich auf die prozessorientierte Vertriebsmethodik von Miller Heiman, deren Anwendung vor allem im komplexen B2B Verkaufsumfeld zum Tragen kommt. Zusätzlich bieten wir im Rahmen unserer KP2 Vertriebsakademie eigene Schulungen und Trainings zu ergänzenden Vertriebsthematiken sowie Coaching-Maßnahmen an.

Leistungsspektrum

Unsere Leidenschaft gehört dem leistungsfähigen Vertrieb.
▶ Zusammen mit Ihrem Unternehmens- und Vertriebsmanagement evaluieren wir vorhandene Vertriebsstrukturen.
▶ Gemäß Ihren Zielsetzungen erarbeiten wir ein Konzept zur Einführung leistungsfähiger und transparenter Verkaufsprozesse, die sich in Ihre vorhandenen Unternehmens-strukturen und Unternehmenskultur einfügen.
▶ Wir übernehmen die Schulung und das Training der Vertriebsmitarbeiter im Unternehmen.

▶ Um den Erfolg sicherzustellen, begleiten wir Sie in der anschließenden Transfer- und Implementierungsphase mittels individuellen bzw. Team-Coaching.
▶ Unsere Vertriebsberater stammen ausschließlich aus dem Vertrieb und kennen als Experten die Herausforderungen des heutigen Verkaufsumfelds.

Alleinstellungsmerkmale

▶ Die KP2 GmbH fokussiert sich als Unternehmensberatung ausschließlich auf die Optimierung des Bereichs B2B-Vertrieb & Verkauf.
▶ Die Miller Heiman Vertriebsmethodik besteht seit mehr als 30 Jahren auf dem internationalen Markt. Unsere Kundenreferenzliste spricht für uns.
▶ Unser Beratungsansatz und unsere Konzepte überzeugten auch die Wirtschaftswoche: die KP2 wurde 2. Sieger bei „Best of Consulting 2010" der Wirtschaftswoche in der Kategorie Marketing und Vertrieb.

Referenzen

▶ Deutsche Industrie Wartung
▶ Jabil Global Services
▶ Osram
▶ Siemens Healthcare Diagnostics SAS
▶ Texas Instruments
▶ Tognum AG
▶ T-Systems
▶ Voith Industrie
▶ MTU

„Seit 2007 unterstützt uns KP2 bei der Optimierung unserer Vertriebsorganisation. KP2 kombiniert ihre Erfahrung in Sales mit dem Wissen um die Miller Heiman Methodik und großem persönlichem Engagement. Auch in Zeiten der Krise erwies sich KP2 als äußerst verlässlicher Partner. Es freut uns, dass das Magazin Wirtschaftswoche unsere Erfahrung mit KP2 durch die Wahl zum „best of consulting 2010" bestätigt. Wir gratulieren KP2 zu dieser Auszeichnung."

Paul Winkler, Manager Strategic Projects, austriamicrosystems AG

Lufthansa Systems

Am Weiher 24
65451 Kelsterbach
Telefon: 069 696 90000
Fax: 069 696 95959
E-Mail: info@LHsystems.com
Internet: www.LHsystems.com

Firmenprofil

Mit einem umfassenden Portfolio bietet Lufthansa Systems maßgeschneiderte IT-Lösungen für verschiedene Branchen an und betreibt eines der modernsten Rechenzentren Europas. Unser Leistungsspektrum deckt die gesamte Palette an IT-Dienstleistungen ab – von der IT-Beratung über die Entwicklung und Implementierung unternehmensspezifischer Anwendungen oder eigener Branchenlösungen bis hin zum Betrieb der Systeme.

Die langjährige Projekterfahrung, das tiefgreifende Verständnis komplexer Geschäftsprozesse und das fundierte Technologie-Know-how sind die Grundlagen für den sukzessiven Ausbau unseres branchenübergreifenden Leistungsangebots. Unternehmen aus den Bereichen Luftfahrt, Transport und Logistik, Industrie, Medien und Verlage, Energie und Health Care haben die Beratungsleistungen von Lufthansa Systems in Anspruch genommen oder ihre Anwendungen zu uns ausgelagert. Unsere Berater verfügen über profunde Branchenkenntnisse. Sie unterstützen die Kunden bei der Optimierung ihrer Prozesse und IT-Landschaften, um mit maßgeschneiderten IT-Lösungen ihre Abläufe effizienter zu gestalten.

Wir stellen unseren Kunden ein lückenloses, exakt auf den jeweiligen Bedarf zugeschnittenes Portfolio zur Verfügung. Dabei entwickeln wir individuelle Lösungen, die die spezifischen Geschäftsprozesse und Anforderungen abdecken, und ergänzen diese durch umfassende Application Management Services. Zudem decken wir als zertifizierter SAP-Partner das gesamte Leistungsspektrum von der Konzeption und Anpassung über die Implementierung und Konsolidierung bis zur Wartung von SAP-Systemen ab. Insbesondere bei komplexen Konsolidierungsprojekten setzen Unternehmen auf unser Know-how für eine effiziente und zuverlässige Migration von sensiblen, geschäftskritischen Datenbeständen.

Referenzen:

Bosch Thermotechnik GmbH
Betreuung der SAP-Systeme:
Verantwortung für geschäftskritische SAP-Applikationen, z.B. für Vertrieb, Logistik, Finanzen

Hamburg Port Authority
Modernisierung von IT-Systemen für den Schienengüterverkehr:
Neuausrichtung und Modernisierung der bahntelematischen Systeme für den Hamburger Hafen

Lufthansa Technik Logistik GmbH
Einführung von RFID-Lösungen:
Aufbau einer ganzheitlichen Architektur für RFID-gestützte Logistik in der Flugzeugwartung und -Instandhaltung

Mediengruppe Madsack
CRM-Lösung:
Implementierung des web-basierten CRM-Systems Contact für den Anzeigenverkauf

Universitätskliniken Heidelberg
SAP-Integration und -Konsolidierung:
Konsolidierung der SAP-Systeme im Rahmen der Fusion der Universitätsklinik Heidelberg und Stiftung Orthopädische Universitätsklinik

Vattenfall Europe
SAP-Projekte:
Neuaufstellung der SAP-IS-U-Systeme gemäß den Anforderungen der Bundesnetzagentur sowie Prozessoptimierung in der Rechnungseingangsverarbeitung.

Management Akademie München GmbH

Consulting, Training, Coaching
Infanteriestrasse 8, 80797 München
Telefon: 089 44108-512
Fax: 089 44108-598
E-Mail: info@mam.de
Internet: www.mam.de

MANAGEMENT
AKADEMIE
MÜNCHEN

Fakten

Gründungsjahr :	1971
Umsatz:	k. A.
Anzahl der Mitarbeiter:	12
Davon Berater:	9
Standort.	München
Verbände:	GPM

Firmenprofil

Seit 1971 unterstützt die Management Akademie München Unternehmen, Führungskräfte, Geschäftsführer und Vorstände in mittelständischen Unternehmen und in der Industrie. Mit dem Ziel, die Wettbewerbsfähigkeit unserer Kunden zu verbessern, unterstützen wir sie aktiv bei der Strategieentwicklung und Optimierung der Geschäftsprozesse.

Unser Leitbild als Berater:

„Die besten Menschenführer sind die, deren Wirkung nicht bemerkt wird. Es sind die zweitbesten, die gelobt werden. Die drittbesten werden gefürchtet. Wenn die besten Menschenführer etwas vollendet haben, sagen die Leute: „Wir haben es geschafft." (Laotse)

Consulting

„Das Ganze ist mehr als die Summe aller Teile." (Aristoteles)

Die globalen Herausforderungen zwingen alle Unternehmen zur permanenten Überprüfung und Anpassung von Zielen, Strategien und Geschäftsprozessen. Wir beraten und begleiten unsere Kunden von der Analyse bis zur Umsetzung der notwendigen Maßnahmen und Veränderungsprozesse und bieten integrierte Lösungen aus einer Hand. Wir unterstützen bei der Integration der einzelnen Geschäftsprozesse zu einer effizienten und kundenorientierten Wertschöpfungskette, da wir immer das Unternehmen als „Ganzes" im Blick behalten.

Dabei verstehen wir uns sowohl als Prozessberater wie auch als Berater der Menschen im Unternehmen.

Projektmanagement

„Nur wer das Ziel kennt, findet seinen Weg!"

Wir bieten professionelles Projektmanagement nach dem internationalen Standard des Projekt Management Instituts PMI®.

Dabei stehen wir unseren Kunden als Experten bei der Implementierung von Projektmanagement und bei der Abwicklung von Projekten sowohl als Berater wie auch als Projektmanager zur Verfügung. Besonderes Augenmerk legen wir auf den Projektstart und die klare Auftragsdefinition.

Unsere Beratungsleistungen umfassen unter anderem:

▶ Strategieentwicklung
▶ Geschäftsprozessmanagement
▶ Projektmanagement (Implementierung, Umsetzung und Qualifizierung)
▶ Begleitung von Joint-Ventures-, Post-Merger und Fusions- Integrationsprozessen
▶ Management Entwicklungsprogramme
▶ Begleitung von Mergern, Out- und Insourcing Projekten
▶ Coaching des Managements in Veränderungsprozessen
▶ Entwicklung von strategischen Personalentwicklungskonzepten
▶ Entwicklung und Implementierung von Ziel- und Beurteilungssystemen (MBO)
▶ Coaching von Führungskräften

Zur Unterstützung unserer Beratungsleistungen bieten wir unseren Kunden in der Umsetzungsphase Seminare/Trainings sowohl Inhouse nach Anforderung wie auch im offenen Programm an.

Referenzen auf Anfrage

Management Engineers GmbH + Co. KG

Hofgarten Palais / Goltsteinstr. 14
D-40211 Düsseldorf
Telefon: +49 211 5300 0
Fax: +49 211 5300 300
E-Mail: info@ManagementEngineers.com
Internet: www.ManagementEngineers.com

MANAGEMENT ENGINEERS
Consulting to Completion

Fakten

Gründungsjahr:	1978
Umsatz:	80 Mio. Euro
Mitarbeiter:	175
Standorte:	Düsseldorf, München, Birmingham, London, Boston, São Paulo, Hongkong, Shanghai, Madrid
Verbände:	k. A

Firmenprofil

MANAGEMENT ENGINEERS sind eine Unternehmensberatung, die ihren Klienten einen messbar überdurchschnittlichen und nachhaltigen Nutzen erbringt. Wir bewirken konkrete Veränderungen, weil für uns das Machbare Vorrang vor Visionen hat. Unsere Beratung gründet auf einer ganzheitlichen Perspektive. Wir setzen auf nachhaltige Wachstumsstrategien und zielen auf die systemische Verknüpfung fünf elementarer Faktoren der Wettbewerbsfähigkeit:

▶ Smarte Geschäftsmodelle
▶ Innovative Produkte
▶ Kreative Wertschöpfung
▶ Optimale Prozesse
▶ Profitable Marktpräsenz

Wir verstehen viel von Lean Management und davon, wie man effizient unternehmerische Ziele erreicht. Als Pragmatiker wissen wir: Eine stabile Steigerung der Profitabilität muss an der kontinuierlichen Fortentwicklung der operativen Geschäfte und an der konzeptionellen Erweiterung des Leistungsportfolios ansetzen. Also berücksichtigt unsere Beratung alle Ebenen der betrieblichen Praxis, von der Strategieausrichtung über das Portfolio-Management und die Corporate Finance bis zu den Operations.

Beratungsschwerpunkte

Als Strategie- und Prozessberater arbeiten wir für namhafte Unternehmen – von global ausgerichteten mittelständischen Firmen bis zu weltweit führenden Konzernen. Drei Viertel unserer Klienten sind in der verarbeitenden Industrie zuhause. Deshalb hat ein Großteil unserer Berater neben betriebswirtschaftlichem Know-how auch einen ingenieurstechnischen Bildungshintergrund. Es sind ausnahmslos kundige Branchen-insider – bestens vernetzt und mit profunden praktischen

Erfahrungen. Unsere Mandate erhalten wir vorwiegend aus der Automobil- und ihrer Zulieferindustrie, dem Maschinen- und Anlagenbau, der Energieversorgung, der Chemie- und Pharma- sowie der Elektronik- und Elektroindustrie. Außerdem nutzen Finanzdienstleister sowie Logistik- und Handelsunternehmen unser Prozess- und Organisations-Know-how.

Unser Leistungsversprechen lautet Consulting to Completion. Wir geben nicht nur produktive Impulse mit individueller und lokaler Passform, wir bringen Ideen auch zum Laufen und begleiten sie bis ins Ziel. Dabei setzen wir auf Kreativität und Leidenschaft sowie auf eine Kultur der Kooperation, bei der alle gewinnen und die alle mitnimmt – insbesondere die Mitarbeiter unserer Klienten.

Vom Hidden Champion zum Aufsteiger der Beraterzunft

Wir galten bislang als Hidden Champion, der bei so entscheidenden Auswahlkriterien wie Expertise, Erfahrung und Umsetzungskompetenz ein Benchmark der Beraterbranche darstellt. Mit diesen Tugenden haben wir viel erreicht: Als Aufsteiger der Beraterzunft wurden wir im Jahr 2009 vom Manager Magazin tituliert und in die Top-Ten der deutschen Strategieberater platziert.

MANAGEMENT ENGINEERS sind zu hundert Prozent im Besitz ihrer 18 operativ verantwortlichen und aktiven Partner. Wir sind unsere eigenen Gesellschafter, also denken und ticken wir auch wie unabhängige Unternehmer. Mit 175 Mitarbeitern sind wir vor Ort präsent – mit Büros in Europa, Nord- und Südamerika und Asien.

Odgers Berndtson Unternehmensberatung GmbH

Olof-Palme-Straße 15

60393 Frankfurt am Main

Telefon: 069/9 57 77 01

E-Mail: info@odgersberndtson.de

Internet: www.odgersberndtson.de

Fakten

Gründungsjahr:	1971
Mitarbeiter/davon Berater:	700/326
Standorte:	Frankfurt, München und Hamburg,
	weltweit: 52 Büros in 27 Ländern

Firmenprofil

Odgers Berndtson ist eine weltweit agierende Personalberatung und gehört seit mehr als 40 Jahren zu den führenden internationalen Gesellschaften im Executive Search und Management Audit. Das Unternehmen besetzt Top-Führungspositionen in allen Branchen, öffentlichen Verwaltungen und Non Profit-Organisationen. Die Gesellschaft wurde 1971 gegründet, ist inhabergeführt und beschäftigt in Deutschland aktuell 100 Mitarbeiter in Frankfurt, Hamburg und München. Weltweit sind 700 Mitarbeiter an 52 Standorten in 27 Ländern für Odgers Berndtson tätig.

Executive Search

Der beste Kandidat, nicht der Nächstbeste

Mit der Besetzung von Top-Führungskräften und hochkarätigen Spezialisten prägen Unternehmen nachhaltig ihre Kultur und ihre strategiekonforme Entwicklung. Odgers Berndtson bietet maßgeschneiderte Lösungen, die den kompletten Prozess von der Formulierung eines individuellen Anforderungsprofils bis zur Präsentation geeigneter Kandidaten umfassen. Für jede Neubesetzung werden nicht nur die persönlichen und fachlichen Fähigkeiten der Kandidaten geprüft, sondern auch der Culture Fit®, die kulturelle Übereinstimmung, von Kandidat und Klient.

Erfahrung und internationale Kontakte

Dabei profitieren die Klienten von Odgers Berndtson von mehr als 40 Jahren Erfahrung in der Personal- und Managementberatung. Sie kommunizieren auf Augenhöhe mit Beratern, die über fundierte Branchenkenntnisse und –erfahrungen verfügen und mit Managern Ihrer Branche eng vernetzt sind. Die Fülle von sorgsam gepflegten, hochkarätigen Kontakten gewährleistet eine hohe Qualität der Ergebnisse.

Branchenkompetenz

Odgers Berndtson verfügt über jahrzehntelange Erfahrungen und Spezialwissen in den einzelnen Branchen. Die Berater arbeiten in international vernetzten Industry Practice, die sich auf die branchenspezifischen Bedürfnisse der Klienten konzentrieren.

Industry Practices:

▶ Business & Professional Services

▶ Consumer Products & Services

▶ Energy & Utilities

▶ Financial Services

▶ Health Care

▶ Industrial

▶ Information & Communications

▶ Media & Entertainment

▶ Public Sector & Not for Profit

▶ Technology

▶ Automotive

Management Audits und Coachings

Mit Human Asset Review® hat Odgers Berndtson ein eignungsdiagnostisches Verfahren entwickelt zur Beurteilung der Veränderungsbereitschaft, der Teamfähigkeit und des Potenzials von Führungskräften. Human Asset Review® unterstützt Unternehmen bei der internen Führungskräfteentwicklung ebenso wie bei Neubesetzungen, hilft ihnen in der Neu- oder Reorganisation, bei Akquisitionen, Fusionen und Integrationen.

Darüber hinaus bietet Odgers Berndtson seinen Klienten Executive Coaching in drei Anwendungsbereichen an: Beim Career Coaching begleiten die Coachs von Odgers Berndtson Führungskräfte bei der Realisierung ihrer Karriereplanung. Im Rahmen eines Business Coachings unterstützen sie bei der Klärung und Lösung konkreter Führungsprobleme sowie Managementaufgaben, während Onboarding Coaching zunehmend zur Absicherung der Besetzung von Top-Positionen mit externen Managern angewandt wird.

PFITZER & PARTNER
Im Sterrich 4
72622 Nürtingen
Telefon   +49 (0) 7022 / 97 91 46
Fax: +49 (0) 7022 / 97 91 45
E-Mail: thomas.pfitzer@pfitzer-partner.de
Internet: www.pfitzer-partner.de

Personalentwicklung
PFITZER & PARTNER
Organisationsentwicklung

Firmenprofil

PFITZER & PARTNER steht für eine solide und leistungsstarke Managementberatung, die in der Organisation auf den Menschen fokussiert und zeitgemäße Antworten auf Führungsfragen anbietet.

Unser Ziel ist es, Wandel und Lernprozesse konsequent und nachhaltig anzuregen und zu gestalten, indem wir mit Unternehmen und Organisationen ins Gespräch kommen und Handlungsbedarfe identifizieren.

Gemeinsam mit Ihnen entwickeln wir Personal- und Organisationsentwicklungsprozesse und erarbeiten tragfähige Lösungen. Aus der engen Vernetzung von Personal- und Organisationsentwicklung lassen sich dabei folgende Arbeitsprinzipien ableiten:

▶ Wirtschaftliche, technische und gesellschaftliche Veränderungen erfordern, dass sich sowohl Menschen als auch Organisationen weiterentwickeln
▶ Unternehmensstrategie und Personalentwicklung stehen in permanentem Austausch
▶ Die Tätigkeitsfelder Personal- und Organisationsentwicklung werden funktional zusammengeführt, um Synergien zu nutzen (Strategie umsetzendes Lernen)

Durch Kooperationen mit internationalen Business Schools und anerkannten Beratungsexperten können wir Führungskonzepte, -methoden und -instrumente an die spezifischen Unternehmensanforderungen anpassen und mit Ihnen optimale Lösungen erarbeiten.

Organisations- und Personalentwicklung

Wir vernetzen Personal- und Organisationsentwicklung in der Praxis. Mit diesem strategisch-konzeptionellen Ansatz wird die klassische Trennung zwischen Mensch und Organisation überwunden und die Umsetzung von Veränderungsinitiativen unterstützt.

Organisationsentwicklung bedeutet...

▶ ein von Management und Mitarbeitern bewusst gelenkter und aktiv getragener Prozess
▶ den Erwerb von Problemlösungstechniken und die Entwicklung der Fähigkeit zur Selbsterneuerung einer Organisation
▶ das Bestreben, durch Veränderung den wirtschaftlichen, fachlichen, sozialen, humanen und kulturellen Anforderungen nach innen und außen gerecht zu werden

Personalentwicklung bedeutet...

▶ die Fokussierung auf Mitarbeiter und Management und deren Lernbedarf (Kenntnisse, Fertigkeiten, Motivation), der für die gegenwärtige und zukünftige Aufgabenerfüllung notwendig ist
▶ die Entwicklung der zur Aufgabenerfüllung notwendigen langfristigen Mitarbeiter- und Führungspotenziale, um das Humankapital für eine nachhaltige Unternehmensentwicklung zu sichern
▶ das Zusammenspiel zwischen den Vorstellungen von qualifiziertem Leistungspotenzial eines Unternehmens einerseits und den persönlichen und individuellen Entwicklungsvorstellungen der Mitarbeiter andererseits

Unser Leistungsspektrum

Durch unsere über 25-jährige Erfahrung können wir Ihnen eine integrative und vernetzte Personal- und Organisationsentwicklung anbieten. In der Planung und Durchführung unserer Beratungsleistungen legen wir dabei den Schwerpunkt auf System- und Personenqualifizierung. Die Begleitung und Beratung bei unternehmensstrategischen Veränderungsprojekten richtet sich nach den Grundsätzen von Organisationsentwicklung. Mit Hilfe von Analyse- und Diagnoseprozesse oder gezieltem (Transition-) Coaching durch unsere Berater werden Veränderungsprojekte und Übergangsphasen geplant, gestaltet und erfolgreich umgesetzt.

Unsere Beratungsleistungen verfolgen einen ganzheitlichen Ansatz und sind optimal auf Ihre Anforderungen abgestimmt. Im Mittelpunkt steht dabei stets der Mensch mit seinen Fähigkeiten als wertvollstes Kapital einer Organisation. Die Entwicklung und Entfaltung dieser Fähigkeiten und Potenziale ist unsere Verpflichtung.

PMC International AG

Carl-Ulrich-Straße 4
63263 Neu-Isenburg
Telefon: +49 (0)6102 5599-0
Telefax: +49 (0)6102 5599-111
E-Mail: info@pmci.de
Internet: www.pmci.de

Fakten

Gründungsjahr:	2003
Umsatz 2010:	k.A.
Mitarbeiter/davon Berater:	28/14
Standorte: Neu-Isenburg, Düsseldorf, Hamburg, München,	Berlin
Verbände: BDU, BVL, DJW, Afrikaverein, Hamburger	Logistikinitiative, Marketing Club

Firmenprofil

Die PMC International AG ist eine Personalberatung, die sich auf die Gewinnung, Integration und Bindung von Führungskräften und Spezialisten aller Funktionen und Hierarchieebenen konzentriert. Wir arbeiten branchenübergreifend, unsere Spezialisierung erfolgt auf Beraterebene. Individuelle Lösungen für Klienten bieten wir u.a. in den folgenden Sektoren:

- ▶ Anlagenbau
- ▶ Automotive
- ▶ Energie
- ▶ Finanzdienstleistungen
- ▶ Informationstechnologie
- ▶ Konsumgüter
- ▶ Logistik
- ▶ Luftfahrt
- ▶ Medien
- ▶ Öffentlicher Sektor
- ▶ Pharma
- ▶ Professional Services
- ▶ Telekommunikation

Marktposition und Größe als Beratungsunternehmen sind uns weniger wichtig als Beratungsqualität und Kundenzufriedenheit. Grundlagen hierfür sind Beurteilungssicherheit, Fachkompetenz, Branchenkenntnis und professionelles Projektmanagement der Berater, was wir durch kontinuierliche Weiterbildung unterstützen.

Beratungsschwerpunkte

Personalbeschaffung: Der Kernbereich unseres Beratungsangebotes ist die Suche und Auswahl von Führungskräften und Spezialisten per Direktansprache, falls sinnvoll auch per Anzeige oder Internet oder Kombinationen dieser Methoden. Auch die Suche nach Interim Managern gehört zu unserem Angebot.

Wir verstehen die Beschaffung von Fach- und Führungskräften als Problemlösungsprozess, den wir im Sinne unserer Auftraggeber so effizient und effektiv wie möglich gestalten. Unsere beratende Mitwirkung erstreckt sich neben der Identifikation geeigneter Kandidaten auch auf deren Beurteilung hinsichtlich Fachkompetenz, Persönlichkeit, Führungspotential und Wertvorstellungen, immer bezogen auf ein konkretes Aufgabenumfeld.

International können wir unsere Kunden bei der Suche nach Führungskräften und Spezialisten ebenfalls begleiten, indem wir auf bewährte Kooperationspartner zurückgreifen, mit denen wir in ungefähr 30 Ländern der Welt zusammen arbeiten.

Human Resources Consulting: Rekrutierung ist nur ein Teil der Sicherung des Unternehmenserfolges. Die erfolgreich eingestellten Mitarbeiter müssen intensiv „gepflegt" und an das Unternehmen gebunden werden. Wir verstehen uns als Unternehmensberater in Sachen Personal und sind daher Ansprechpartner für Unternehmen in allen Personalfragen. Dementsprechend bieten wir über die Rekrutierung hinaus ein umfassendes Leistungsspektrum im Bereich Human Resources Consulting, das wir teilweise mit Kooperationspartnern umsetzen:

- ▶ Unternehmenskommunikation
- ▶ Optimierung von Rekrutierungsprozessen
- ▶ Candidate Relationship Management
- ▶ Personalentwicklung
- ▶ Management Audit
- ▶ Vergütungsberatung
- ▶ Outplacement

Häufig erfordert die adäquate Problemlösung maßgeschneiderte Vorgehensweisen, die eine gezielte Projektplanung und -durchführung bedingen. Wir ziehen, wann immer möglich, Führungskräfte und Mitarbeiter der Kunden heran, um in gemischten Teams internes und externes Wissen zu verbinden und dadurch auch die Akzeptanz für Lösungen zu fördern.

HUMAN RESOURCES-BERATUNG

PUTZ & PARTNER Unternehmensberatung AG
Mittelweg 176
D-20148 Hamburg
Telefon: 040 350814-0
Fax: 040 350814-80
E-Mail: info@PUTZundPARTNER.de
Internet: www.PUTZundPARTNER.de

PUTZ & PARTNER
UNTERNEHMENSBERATUNG AG

Fakten

Gründungsjahr:	1989
Umsatz 2009:	16 Mio. Euro
Mitarbeiter:	100
Standorte:	Hamburg
Verbände:	BVL Bundesvereinigung Logistik e.V., Finanzplatz Hamburg e.V., Hamburger Consulting Club e.V. (HCC), Industrieverband Hamburg e.V., Handelskammer Hamburg, Internationaler Controller Verein e.V., Logistik-Initiative Hamburg e.V.

Firmenprofil

Die PUTZ & PARTNER Unternehmensberatung AG steht seit der Gründung im Jahr 1989 für Eigenständigkeit, Unabhängigkeit und eine kontinuierliche Unternehmensentwicklung. Die Nachhaltigkeit unserer Projekterfolge ist Grundlage unserer langjährigen Kundenbeziehungen. Wir begleiten unsere Kunden in unternehmenskritischen Projekten – von der Strategieentwicklung bis zur operativen Umsetzung. Vom Standort Hamburg aus unterstützen wir unsere über 500 Kunden vor Ort im gesamten Bundesgebiet und in Europa - darunter zehn der 30 DAX-Unternehmen. Das Beraterteam besteht aus gestandenen Managern mit hoher Methodenkompetenz und durchschnittlich 15 Jahren Berufserfahrung. Die Fähigkeit, Methoden mit Augenmaß einzusetzen, das Know-how unserer Kunden einzubinden und Umsetzungshürden abzubauen, ist ein wesentliches Element unserer Beratungserfolge. So erzielen wir bestmögliche Ergebnisse mit effizientem Ressourceneinsatz. Partnerschaft, Wertschätzung, Verbindlichkeit und Vertrauen kennzeichnen unseren Umgang mit Kunden und Kollegen.

Unsere Unternehmensgrundsätze

▶ Eigenständig, unabhängig und neutral seit der Gründung 1989
▶ Gesellschafter sind ausschließlich Führungskräfte und Mitarbeiter
▶ Qualitätsstrategie ist Grundlage für kontinuierliches Wachstum
▶ Solide, hanseatische Geschäftspolitik
▶ Partnerschaftliche Einbindung der Kundenmitarbeiter ist Kernwert
▶ Vertrauensvolle Kundenbeziehungen auf Basis gemeinsamer Erfolge

Unser Beratungsteam

▶ Durchschnittlich 15 Jahre Berufserfahrung
▶ 10 Jahre Berufserfahrung als Einstiegsvoraussetzung
▶ Persönlichkeiten mit breitem fachlichen Hintergrund
▶ Konzeptionelle Fähigkeiten kombiniert mit Umsetzungsstärke
▶ Persönliche Führungserfahrung
▶ Auf gleicher Augenhöhe mit Entscheidern des Kunden
▶ Ausgeprägte Kommunikationsfähigkeiten und Sozialkompetenz

Unsere Beratungsrollen

▶ Unternehmensberater
  • Erarbeiten tragfähiger Unternehmensstrategien
  • Optimieren von Strukturen und Prozessen
  • Erhöhen von Absatz und Effizienz
  • Konzipieren und Steuern von Restrukturierungen
▶ Projektmanager
  • Managen komplexer Projekte in Fachbereichen und IT
  • Begleiten von Unternehmenstransformationen
  • Sanieren notleidender Projekte
▶ Interimsmanager
  • Übernahme von Führungsaufgaben
  • Optimieren von Strukturen aus Linienpositionen
  • Besetzen von Managementpositionen in Sanierungen

Unsere Arbeitsweise

▶ Partnerschaftlich
  • Persönlicher Umgang basiert auf gegenseitiger Wertschätzung
  • Expertise des Kunden fließt in Lösung ein
▶ Methodeneinsatz mit Augenmaß
  • Vorgehen auf Rahmenbedingungen des Kunden ausgerichtet
  • Gespür für betriebliche Praxis minimiert Aufwand, erhöht Akzeptanz
▶ Ergebnisorientiert
  • Fokus auf tragfähigen Strategien
  • Hürden werden antizipiert und abgebaut
▶ Mobilisierend
  • Organisation lernt über das Projekt hinaus
  • Kundenmitarbeiter profitieren persönlich von dem Berater als Coach

SDM Siegfried Diekow Managementberatung GmbH

Grenzertstr. 1+3
D-76597 Loffenau (bei Baden-Baden)
Telefon: 07083-5007-0
Fax: 07083-5007-29
E-Mail: sdm-diekow@sdm-diekow.com
Internet: www.sdm-diekow.com

Fakten

Gründungsjahr:	2001
Mitarbeiter/davon Berater:	11/9
Standorte:	Loffenau (bei Baden-Baden)

Verbände: GPM Deutsche Gesellschaft für Projektmanagement e. V.; BdRA Bundesverband der Ratinganalysten und Ratingadvisor e.V.; EEA European Enterprises Association EWIV; UNITAS Management Consulting Group EWIV, VDU Verband deutscher Unternehmerinnen e.V.

Firmenprofil

Die SDM Siegfried Diekow Managementberatung GmbH setzt mit ihrer Kompetenz und Erfahrung Maßstäbe im Bereich von **Training, Beratung und Realisierung rund um Projektmanagement**. Dabei verstehen wir uns als Multiplikator für Wertschöpfung und Nachhaltigkeit für Ihre vielfältigen und komplexen Aufgaben!

PM intensivieren – Erfolg optimieren. Gleichzeitig Kosten reduzieren und Qualität steigern? **Professionelles Projektmanagement** macht es möglich. Wir helfen Ihnen, die Komplexität der Anforderungen im Gesamtunternehmenskontext und seinen Werten zu managen – und den Nutzen von Projekt-/ Changemanagement und Führung für das Unternehmen erfahrbar zu machen. Neben Analyse und Vision verhelfen gerade unterschiedliche Perspektiven und Know-how die Teile zum Ganzen zu fügen und damit **Zukunftsorientierung** zu schaffen.

Wir schöpfen aus einem breiten Erfahrungsschatz von Management, Beratung und Training unterschiedlicher Branchen. Unsere Berater und Trainer sind zertifiziert im Projektmanagement GPM (Deutsche Gesellschaft für Projektmanagement e.V.) nach IPMA als PM-Fachleute und PM-Manager GPM (Level D bis B), als GPM Trainer und als GPM Projektdirektor Level A. Abgerundet wird dieses durch unsere Kompetenznachweise als Bonitäts- und Ratinganalysten, sowie für Businesscoaching einschließlich dem Umgang mit Persönlichkeitsmodellen. Die konsequente Ausrichtung an den **internationalen best practice** Methoden mit Raum für Kundenspezifika folgt unserem mission statement.

Beratungsschwerpunkte

Wir beraten, trainieren und unterstützen in allen Projektphasen: Von der Analyse, über die Projektmanagement-Methodik bis hin zur erfolgreichen Implementierung der Projekte.

Unser Geschäftsmodell zeigt die Mainstream-Philosophie Projektmanagement in ihren Leistungsausprägungen und Add-on-Produkten – ganz auf die individuellen Bedürfnisse unserer Kunden zugeschnitten:

Die Orientierung am Bedarf unseres Kunden bestimmt unser Handeln – und das immer in Ausrichtung an den maßgeblichen Erfolgskriterien:

▶ Leistungs- und Wertsteigerung
▶ Schnelle, messbare, nachhaltige Ergebnisse
▶ Kosten-/Nutzen-Verhältnis
▶ Wertschätzung aller Beteiligten

Referenzen

Unsere Referenzen können Sie unserer Website entnehmen und nennen wir Ihnen gerne auf Anfrage.

Summary

Die Zukunft kann man zwar nicht voraussehen, aber aktiv mitgestalten! Wir helfen Ihnen dabei, die Komplexität der Anforderungen im Gesamtkontext des Unternehmens und seinen Werten zu managen.

syngenio AG

syngenio AG
Willy-Brandt-Platz 3
81829 München
Telefon: +49(0)800 - syngenio
Fax: +49(0)89 - 43 63 029-49
E-Mail: info@syngenio.de
Internet: www.syngenio.de

Fakten	
Gründungsjahr:	2001
Umsatz 2009:	11,5 Mio. €
Anzahl Mitarbeiter/davon Berater:	120/105
Standorte:	München, Bonn, Hamburg, Stuttgart, Wiesbaden
Mitgliedschaft/Verband:	BVL e.V., bwcon Baden-Württemberg: Connected e.V., ITSM e.V.

Firmenprofil

Die syngenio AG ist ein unabhängiges, inhabergeführtes IT-Beratungs- und Servicehaus für Banken, Versicherungen und Telekommunikationsanbieter sowie der Methoden- und Prozessberater für IT-Organisationen. Das Münchner Unternehmen mit Niederlassungen in Bonn, Hamburg, Stuttgart und Wiesbaden zeichnet sich durch eine gleichermaßen hohe IT- und Branchenkompetenz aus. Damit agiert syngenio erfolgreich zwischen Fach- und IT-Abteilungen sowie innerhalb von IT-Organisationen.

Die Unternehmensphilosophie setzt auf den Mensch im Mittelpunkt und den langfristigen Ausgleich von Interessen zwischen Kunden, Mitarbeitern und Unternehmen, um langfristige Partnerschaften zu leben.

Beratungsschwerpunkte

syngenio ist unabhängiger IT-Lösungspartner für Banken, Versicherungen und Telekommunikationsanbieter sowie der Methoden- und Prozessberater für IT-Organisationen.

Schwerpunkt Banken:

Für Banken realisiert syngenio zukunftsorientierte Lösungen für Kern-Geschäftsprozesse in den Bereichen Kredit, Wertpapier und Zahlungsverkehr vom Backoffice bis zum Portal.

Schwerpunkt Versicherungen:

syngenio bringt Exzellenz und Innovation in alle Bereiche des Versicherungsvertriebs ein. Von mobilen Endgeräten über Direktmarketing und Portale bis hin zu Lösungen rund um den nPA unterstützen wir vielfältige Vertriebskanäle.

Schwerpunkt Telekommunikationsanbieter:

Telekommunikationsanbieter profitieren von der hohen Lösungskompetenz im Vertrags-, Partner- und Kundenmanagement.

Schwerpunkt IT-Organisationen:

IT-Organisationen unterstützt syngenio mit modernen Methoden im Prozess-, Architektur- und Projektmanagement.

Lösungen:

► Application Management
► EMV Enablement
► iPhone-App für Versicherungen
► Betriebsautomation mit der arago Autopilot Engine
► sichere Geschäftsprozesse mittels neuer Personalausweise (nPA)
► EBIT 2.0 für Banken und Versicherungen

Referenzen

Auf die Experten von syngenio vertrauen namhafte Unternehmen wie Deutsche Post, EnBW, FIDUCIA IT, GAD, Hypo-Vereinsbank, Fidelity Information Services KORDOBA GmbH, Santander Consumer Bank, Swiss Post Solutions, TeamBank, Telekom und Yes Telecom.

Summary

Die syngenio AG ist **der** Partner für Beratung, Realisierung und Management anspruchsvoller IT-Projekte in den Branchen Banken, Versicherungen, Telekommunikation und IT-Organisationen.

syngenio – we make IT work.

MANAGEMENTBERATUNG

TECHNOLOGIEBERATUNG

syskoplan AG

Bartholomäusweg 26
D-33334 Gütersloh
Telefon: +49 (0) 5241 5009 - 0
Telefax: +49 (0) 5241 5009 - 1510
E-Mail: sales@syskoplan.de
Internet: www.syskoplan.de

LIVING NETWORK

Fakten

Gründungsjahr:	1983
Umsatz:	55,0 Millionen (2009)
Mitarbeiter:	ca. 420 (2009)
Standorte:	Gütersloh, Hannover, München

Firmenprofil

„Leidenschaft für IT": Das ist es, was syskoplan seit über 25 Jahren antreibt. Die Unternehmen der syskoplan-Gruppe realisieren innovative IT-Lösungen. Sie nutzen dabei adaptive und agile IT-Plattformen und erweitern sie um kundenspezifische Komponenten. Davon profitieren die Kunden der syskoplan-Gruppe vielfach: Sie erhalten eine leistungsfähige, flexible und effiziente IT. Unsere individuell auf die Kundenbedürfnisse zugeschnittenen Lösungen ermöglichen Differenzierung im Markt und schaffen nachhaltige Wettbewerbsvorteile.

Als Netzwerk spezialisierter Unternehmen vereint die syskoplan-Gruppe die Leistungsfähigkeit einer großen Unternehmensgruppe mit der Agilität und Flexibilität kleiner Einheiten. Im Mittelpunkt des Handelns der syskoplan-Gruppe stehen die gemeinsam gelebten Werte. Sie sind die Basis der erfolgreichen Arbeit für unsere Kunden. Rund 420 Mitarbeiter erwirtschafteten im Geschäftsjahr 2009 einen Umsatz von 55,0 Millionen Euro. Im Zentrum der Gruppe steht die syskoplan AG, die 1983 gegründet wurde und seit November 2000 an der Frankfurter Börse notiert ist.

Die Einbindung in das internationale Netzwerk des Hauptaktionärs Reply S.p.A. eröffnet der syskoplan-Gruppe den Zugriff auf das Know-how von etwa 3.000 IT-Experten. Reply ist auf die Entwicklung und die Implementierung von Lösungen, die auf neuen Kommunikationskanälen und digitalen Medien basieren, spezialisiert.

Eine Studie der Experton Group bestätigt der syskoplan AG beste Noten in Kundenorientierung, Kompetenz der Mitarbeiter, Fair Play und Innovation. Seit 2008 gehört die syskoplan AG laut Lünendonk zu den 25 größten IT-Beratungshäusern und Systemintegratoren in Deutschland.

Beratungsprofil

Service-Kompetenz

Die syskoplan-Gruppe verfügt über ein großes Netz an Partnern. Unsere Kunden profitieren von unseren Partnerschaften mit SAP, Microsoft, SAS, CAS oder QlikTech. Unsere Service-Kompetenz umfasst die Bereiche Systemintegration, Consulting und Managed Services. Wir bieten Lösungen rund um

▶ Customer Relationship Management,
▶ Business Intelligence,
▶ Business Process Management,
▶ Supply Chain Management,
▶ IT- und Service-Management,
▶ Facility Management,
▶ Outsourcing,
▶ Dokumentenmanagement,
▶ Compliance,
▶ Digital Asset Management,
▶ Web 2.0,
▶ Mobile.

Industrie-Kompetenz

Die syskoplan-Gruppe berät Unternehmen aus den Branchen Automobilbau, Banken und Versicherungen, Direktmarketing, Direktvertrieb, Diskrete Fertigung/High-Tech, IT-Provider, Konsumgüter, Medien, Handel, Versorger und anderen. Die Herausforderungen unserer Kunden meistern unsere Berater nicht nur auf der Basis ihres spezifischen IT-Know-hows sondern auch mit ihrer tiefen branchenspezifischen Expertise. Zum Kundenkreis der syskoplan-Gruppe gehören unter anderem Volkswagen Financial Services AG, NRW.BANK, Deutsche Börse, SAP, VW, Audi, Melitta, HSE24 und Vorwerk.

TECHNOLOGIEBERATUNG

T-Systems International GmbH
Hahnstraße 43d
60528 Frankfurt

Fakten

Gründungsjahr:	2001
Umsatz 2009:	8,8 Milliarden
Mitarbeiter:	rund 45.300
Standorte:	in mehr als 20 Ländern
Verbände:	u. a. BDU e.V., BITKOM, BVL, VOI, VDMA, ZVEI

Firmenprofil

Wir gestalten die vernetzte Zukunft von Wirtschaft und Gesellschaft und schaffen Wert für Kunden, Mitarbeiter und Investoren durch innovative ICT-Lösungen.

T-Systems ist die Großkundensparte der Deutschen Telekom. Auf Basis einer weltumspannenden Infrastruktur aus Rechenzentren und Netzen betreibt das Unternehmen Informations- und Kommunikationstechnik (engl. kurz ICT) für multinationale Konzerne und öffentliche Institutionen. Mit Niederlassungen in über 20 Ländern und globaler Lieferfähigkeit betreut T-Systems Unternehmen aus allen Branchen – von der Automobilindustrie über Telekommunikation, den Finanzsektor, Handel, Dienstleistungen, Medien, Energie und Fertigungsindustrie bis zur öffentlichen Verwaltung und dem Gesundheitswesen. Rund 46.000 Mitarbeiter weltweit setzen sich mit ihrer Branchenkompetenz und ihrem ICT-Know-how für höchste Servicequalität ein. Im Geschäftsjahr 2009 erzielte T Systems einen Umsatz von rund 8,8 Milliarden Euro.

Über Dialog zur Innovation

Als Triebfeder für Innovation realisiert T-Systems im Konzern Deutsche Telekom ICT-Lösungen zum Vernetzen von Wirtschaft und Gesellschaft. Dabei entstehen Innovationen zunehmend im Dialog mit Experten unserer Kunden und anderer gesellschaftlicher Gruppen – auf so relevanten Feldern wie Bildung und Gesundheit, Umweltschutz, Mobilität und Sicherheit.

So entstand in Kooperation mit dem Automobilzulieferer Continental das Kommunikationsnetzwerk AutoLinQ, das den Weg für die Internet-Vernetzung des Autos ebnet. Damit können Fahrzeuge über eine Mobilfunkverbindung überall und jederzeit mit dem Handy, dem heimischen Computer- und Entertainmentsystem, Online-Datenbanken und vielfältigsten internetbasierten Mehrwertdiensten im Stil der „Apps" moderner Handys vernetzt werden.

Führend im Bereich der Systemintegration

Die Anforderungen an IT-Systeme wachsen. Nach dem Prinzip so viel wie möglich, aber nur so viel wie nötig unterstützt T-Systems seine Kunden bei der Verbesserung ihrer Systeme. Dabei werden optimale Lösungen vollständig in die Systemlandschaft der Kunden integriert. Streng nach den Kundenbedürfnissen erarbeitet ein Team aus Beratern, IT-Architekten und Systemspezialisten die besten Lösungen und sorgt für die reibungslose Implementierung und Integration in die bestehende Systemlandschaft. Standardisierte Vorgehensweisen, Methoden und Tools ermöglichen eine effiziente und zielgenaue Umsetzung. Als in zahlreichen Großprojekten erfahrener und im deutschen Markt führender Komplettanbieter im Bereich der Systemintegration steht T-Systems dabei seinen Kunden zur Seite.

Weltweit Nummer 1
bei SAP-Leistungen nach Bedarf

Der Dienstleister bietet Informations- und Kommunikationstechnik aus einer Fabrik und damit eine hohe Qualität bei komplexen ICT-Projekten, insbesondere großen Outsourcing-Verträgen. So hat T-Systems mit dem Mineralölkonzern Royal Dutch Shell einen Fünf-Jahres-Vertrag über weltweite Rechenzentrums- und Speicherdienstleistungen abgeschlossen. Im Rahmen des IT-Outsourcings für den britischen Energieanbieter Centrica betreut T Systems die IT-Infrastruktur und mehr als 23.000 Arbeitsplatzrechner in Großbritannien. Seit Mitte 2009 betreibt T-Systems auch für MAN weltweit Rechenzentren und Netzwerke. Ganz neue Betriebsmodelle bietet das Unternehmen seinen Kunden bei Softwareanwendungen, zum Beispiel SAP bedarfsgerecht über das Netz zu beziehen. T-Systems ist heute weltweit die Nummer 1, wenn es darum geht, Kunden mit SAP dynamisch skalierbar zu bedienen.

MANAGEMENTBERATUNG

TECHNOLOGIEBERATUNG

Anhang

Autorenverzeichnis

Bernhard Bensch
ist Senior Business Consultant der
syngenio AG.

Dr. Stefan H. Fischhuber
ist Geschäftsführer der Kienbaum
Executive Consultants GmbH.

Dr. Maike Benz
ist Manager der
Batten & Company.

Adel Gelbert
ist Managing Partner der
Batten & Company.

Burkhard Birkner
ist Geschäftsbereichsleiter der
ifp Personalberatung Managementdiagnostik in Köln.

Michael Güttes
ist Vice President von.
Mercuri Urval in Deutschland.

Dr. Hanno Brandes
ist Geschäftsführer der Management Engineers GmbH & Co. KG.

Tina Hindemith
ist Beraterin für den Bereich
Financial Management Services der
Unternehmensberatungssparte
Global Business Services der IBM.

Frank Braun
ist Marketing Director bei
J&M Management Consulting.

Martin Hofferberth
ist Senior Consultant und
Vergütungsexperte bei
Towers Watson in Frankfurt.

Jörg Dietmann
ist Vorstandsvorsitzender von
CIBER Deutschland.

Bernd Jaster
ist Consultant der Competence
Practice Information Technology
der Detecon GmbH.

Dr. Oliver Engels
ist Partner von KPMG Deutschland
und leitet die Abteilung Internal
Audit, Risk & Compliance Services.

Martin Jeske
ist Managing Consultant im Bereich
Strategic Technology der
Detecon GmbH.

Engin Ergün
ist Gründer und geschäftsführender
Gesellschafter der ethno IQ GmbII.

Dr. Tiemo Kracht
ist Geschäftsführer der Kienbaum
Executive Consultants GmbH.

Daniela König
ist Geschäftsführerin der
Mühlenhoff Managementberatung.

Vineet Nayar
ist CEO von HCL Technologies Ltd.
mit Sitz im nordindischen Noida.

Dr. Frank Kurth
verantwortet bei T-Systems die IT-
Anwendungsentwicklung für die
Automobil- und Fertigungsindustrie.

Franz-Josef Nuß
ist Geschäftsführer der
Odgers Berndtson Unternehmensberatung GmbH.

Dr. Kuang-Hua Lin
ist Geschäftsführer der Asia-Pacific
Management Consulting GmbH.

Kai-Oliver Schäfer
ist Vice President von Capgemini.

Till Lohmann
ist Partner bei Pricewaterhouse-
Coopers (PwC) und leitet den
Bereich People & Change für
Deutschland und Europa.

Christian Schreyer
ist Certified Scrum Master und
Management Consultant der
Cirquent GmbH.

Josef Mago
ist Vorstandsvorsitzender der
syskoplan AG.

Dr. Martina Schütze
ist Manager bei der
Odgers Berndtson Unternehmensberatung GmbH.

Jürgen Martin
ist Mitglied der Geschäftsleitung der
Devoteam Danet GmbH.

Uwe-Michael Sinn
ist Geschäftsführer und Gründer
von rabbit eMarketing.

Christian Michalak
ist Geschäftsführer Projekte bei der
Kerkhoff Consulting GmbH.

Helmut Surges
ist Geschäftsführer der Management Engineers GmbH & Co. KG.

Andreas Mohren
ist Senior Manager und Partner bei
der Staufen AG.

Prof. Dr. Rolf-Dieter Reineke
ist Leiter des Executive MBA
Management Consulting International und Geschäftsführer von zwei
Beratungsunternehmen.

Frank Riemensperger
ist Vorsitzender der Accenture-
Ländergruppe Deutschland,
Österreich, Schweiz.

Dr. Wolfgang Walter
ist Partner für Leadership
Consulting bei Heidrick & Struggles.

Robert Wende
ist Head of Applications Transformation & Integration Services bei HP
Enterprise Services für die Region
Deutschland, Österreich, Schweiz.

Tim Wiengarten
ist Unitleiter „Mobile" von
rabbit eMarketing.

Eva Manger-Wiemann
ist Managing Partner der Meta-
Beratung Cardea AG in Zürich.

Stichwortverzeichnis